수학 머리는 어떻게 만들어지는가

MATH-ISH: Finding Creativity, Diversity, and Meaning in Mathematics
Copyright © 2024 by Jo Boaler.
All rights reserved.

Korean translation rights arranged with HarperOne, an imprint of HarperCollins Publishers through Eric Yang Agency.
Korean translation copyright © 2024 by Woongjin Think Big Co., Ltd.

이 책의 한국어판 저작권은 에릭양 에이전시를 통한 저작권사와의 독점 계약으로 ㈜웅진씽크빅에 있습니다. 저작권법에 의해 한국 내에서 보호를 받는 저작물이므로 무단 전재와 무단 복제를 금합니다.

수학에 대한 모든 고정관념을 뒤집는 학습의 과학

MATH-ISH

조 볼러 지음 | 고현석 옮김

수학 머리는
어떻게 만들어지는가

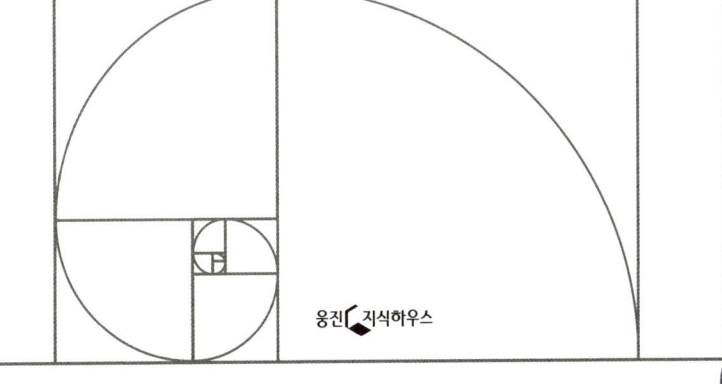

웅진 지식하우스

일러두기

1. 단행본은 겹낫표(『 』)로, 논문·기사·단편·시·장절 등의 제목은 낫표(「 」)로, 신문·잡지 등 정기간행물은 겹꺽쇠(《 》), 영화·음악·미술 등 예술 작품의 제목은 홑꺽쇠(〈 〉)로 표기했다.
2. 원서에서 이탤릭체로 강조한 단어를 이 책에서는 굵은 글자로 표시했다.
3. 각주는 모두 옮긴이의 것이다.

언제나 우리와 함께할 조카딸 이머젠(1995~2021)과
줄리, 빅, 알렉스에게 이 책을 바칩니다.

차례

1장 수학과 새로운 관계 맺기 · 9

다른 방식 / 좁은 의미의 수학 / 전반적인 문화 문제 / 마인드셋과 인지의 연결 고리 / 성공을 위한 새로운 학습 모델

2장 배우는 법 배우기 · 39

메타인지, 새로운 인지 이론 / 메타인지의 실제 적용 / 메타인지를 촉진하는 8가지 수학 학습 전략 / 저널 쓰기 / 성찰과 성장 마인드셋 구축하기 / 그룹 활동을 통해 메타인지를 촉진하는 법: 서로의 생각을 존중하도록 가르치기 / 메타인지를 장려하는 평가란 무엇인가

3장 성장 마인드셋 장착하기 · 85

우리는 왜 애씀을 사랑해야 하는가 / 아이들이 애씀의 버스에 오르게 하려면

4장 세상 속 진짜 수학 · 123

중요한 것을 배우고 가르치기 / 핵심 영역 1: 수 감각 / 핵심 영역 2: 데이터 리터러시 / 핵심영역 3: 선형방정식 / 수학의 쓸모: 데이터 인식

5장 시각적 경험으로서의 수학 ·175

정신적 표현 / 정신적 표현의 신경과학 / 그룹화 / 수학적으로 다양한 연산

6장 수학적 개념을 연결하기 ·225

핵심은 수 감각 / 표준의 문제 / 수학적 연결 / 개념과 연결성을 가르치자 / 개념적 교육과 연계된 성공

7장 연습과 피드백의 재설계 ·267

다양하고 신중한 연습이란 무엇인가 / 다양한 방식의 연습 사례 / 더 많이 보기 / 절차적 문제와 개념적 문제 / 수학 예제에 다양성 적용하기 / 피드백 고리를 통한 평가 / 피드백 고리를 이용해 가르치기

8장 새로운 수학 공부의 미래 ·303

형평성과 전문성을 위한 새로운 모델 / 데이터 조사를 통한 다양한 참여 / 교사 한 명의 영향력 / 수학의 현 상태 뒤집기 / 조직적인 인종차별과 편견 / 효과적인 변화를 위한 5가지 원칙

감사의 말 ·343
주 ·345

1장

수학과
새로운
관계 맺기

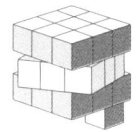

　한 대형 소셜 미디어 플랫폼의 CEO 그리고 그의 아내와 함께 실리콘밸리의 고급 레스토랑에서 저녁을 먹었을 때의 일이다. 그날 저녁 나는 테이블에 앉으면서 그들과 어떤 대화를 나누게 될지 몰라 약간 긴장하고 있었다. 이 저녁 모임은 CEO의 아내와 친분이 있는 내 친구가 주선한 것이었다. 수학 교육을 개선하기 위한 나의 노력에 대해 잘 알고 있었던 그 친구는 CEO와의 만남을 통해 내가 도움을 받을 수 있으리라고 생각했던 것 같다. 또한 나도 지난 몇 년 동안 실리콘밸리에서 생활하고 일하면서 이런 종류의 네트워킹이 실리콘밸리를 구성하는 구조의 일부이며, 실리콘밸리의 혁신과 생산성 향상을 촉진하는 원동력 중 상당 부분을 차지한다는 것을 잘 알고 있었다.

　그날 저녁 식사를 시작하면서 나는 좀 당황했다. 그런 경험은 처음이었다. CEO는 나를 포함한 다른 사람들이 마치 그 자리에 없는 것처럼 행동했다. 그는 우리가 같은 테이블에 앉아 있는데도 휴대전화로 직원들과 통화를 했고, 가방에서 서류 더미를 꺼내 업무 계획을 짜느라 정신이 없었다. 그의 행동은 의도적이었든 그렇지 않았든 나머지 사람들을 하찮은 사람으로 보이게 만드는 것이었다. 그의 아내는 당황한 듯 그런 남편의 모습을 자꾸만 쳐다봤다. 결국 그는 음식이 테이블에 놓이고 나서야 어쩔 수 없이 일을 멈췄다. 그가 내 존재를 인식하기 시작한 것은 식사가 반 정도 진행되고 난 뒤였다. 그는 음식을 먹다 고개를 들어 나를 빤히 쳐다보면서 못마땅한 표정으로 말했다. "그래서 수학 교육이 바뀌어야 한다고 생각하시는 거지요?"

CEO는 잠시도 쉬지 않고 자신이 학창 시절에 얼마나 수학을 잘했는지 이야기했고, 그 이야기를 들으면서 나는 그와의 대화가 쉽지 않을 것이라는 생각을 했다. 실패율이 높은 수학 교육을 개선하기 위해 오랫동안 노력하는 과정에서, 나는 수학 학습 성취도가 높은 사람들은 일반적으로 수학 교육이 바뀌어야 한다고 생각하지 않는다는 사실을 알게 되었다. 그런 사람들은 어려운 수학 과목에서 높은 수준의 성취를 통해 자신이 뛰어나다는 것을 보여줬다고 생각한다. 하지만 나는 많은 학생이 겪는 실제 문제점들에 대한 해결책을 찾기 위해 기꺼이 싸울 준비가 되어 있었고, 그래서 그날 저녁 CEO에게 그가 알고 있는 수학과 다른 수학을 보여주기로 했다.

먼저 나는 우리 뇌가 수학을 처리하는 방식에 대해 신경과학자들이 밝혀낸 것들과 수학적으로 사고할 때 우리 뇌의 다양한 부분, 특히 시각 경로를 활성화하는 것이 얼마나 중요한지에 대해 설명했다. 그리고 새로운 사람을 만날 때 자주 보여주는 흥미로운 시각 자료를 보여주겠다고 제안했고, 그는 동의했다. 나는 내가 가장 좋아하는 자료 중 하나인, 수학 교육자 루스 파커Ruth Parker가 만든 자료를 선택했다(그림 1.1).

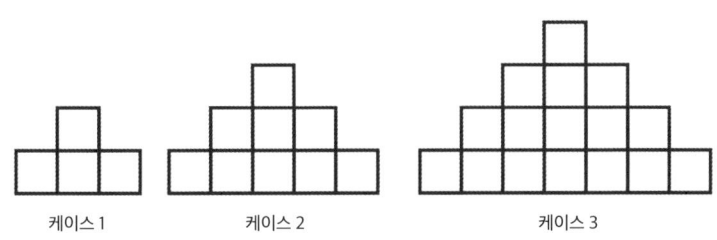

그림 1.1 루스 파커의 증가하는 정사각형 모델

일반적으로 이런 문제는 학생이 패턴 증가에 대해 생각하고, 그 생각에 기초해 대수 기호를 이용한 일반화를 하는 데 도움을 주기 위해 활용된다. 수학 수업에서 학생들은 "10번째 케이스에서는 정사각형이 몇 개가 될까?", "100번째 케이스에서는?", "그럼 n번째 케이스에서는?"이라는 질문을 받는다. 이런 질문은 그 자체로도 좋은 질문이지만, 시각적 사고를 유도할 수 있다면 훨씬 더 좋은 질문이 된다. 일반적으로 교실에서는 학생들이 숫자로 표를 만든 뒤 패턴을 발견할 때까지 표를 응시하도록 유도하는 방법이 사용된다.

예를 들어, 두 번째 케이스를 나타내는 숫자 2에 1을 더해 3을 만든 뒤, 제곱하면 9가 되는 데서 각 케이스의 정사각형 개수를 알 수 있다. 숫자 1을 더한 다음 제곱하는 이 패턴을 인식하면, 몇 번째 케이스든 그 숫자에 1을 더한 다음 제곱함으로써 몇 개의 정사각형으로 이루어졌는지 알아낼 수 있다. 이 패턴은 대수적으로 표현하면 $(n+1)^2$이 된다.

이 패턴을 설명하는 식인 $(n+1)^2$은 이차함수다. 그런데 학생들이 이런 방식으로, 즉 수와 기호의 의미 또는 연결 관계에 대해 생각하지 않고 수와 기호를 조작하는 방식으로 학습하게 되면, 수학적 함수를 이해할 중요한 기회를 놓치게 된다. 따라서 나는 각각의 다른 케이스에 정사각형이 몇 개 있어야 하는지 묻는 대신에 "패턴이 어떻게 성장하는 것처럼 보이나요? 전체 모양에서 네모들이 어느 부분에 추가됐지요?"라고 묻는다. 그날 밤 나는 CEO에게도 같은 질문을 던졌다.

이어진 그의 반응은 나를 놀라게 했다. 그가 패턴 성장 방식을 파악하지 못했기 때문은 아니었다. 사실 그는 패턴 성장에 대해 이해하고 각각의 세로 줄에 정사각형들이 추가된다고 설명했다. 이것은 '빗방울raindrop' 방식이라고 불리기도 하는데, 마치 빗방울이 하늘에서 떨어지듯이 네모들이 각각의 기둥에 떨어진다고 보는 방식이기 때문이다. 그림 1.2는 이 빗방울 방식과 사람들이 패턴 성장을 인식하는 다른 방식들을 보여준다.

내가 놀란 지점은 CEO가 자기 생각을 설명한 뒤 내가 한 번도

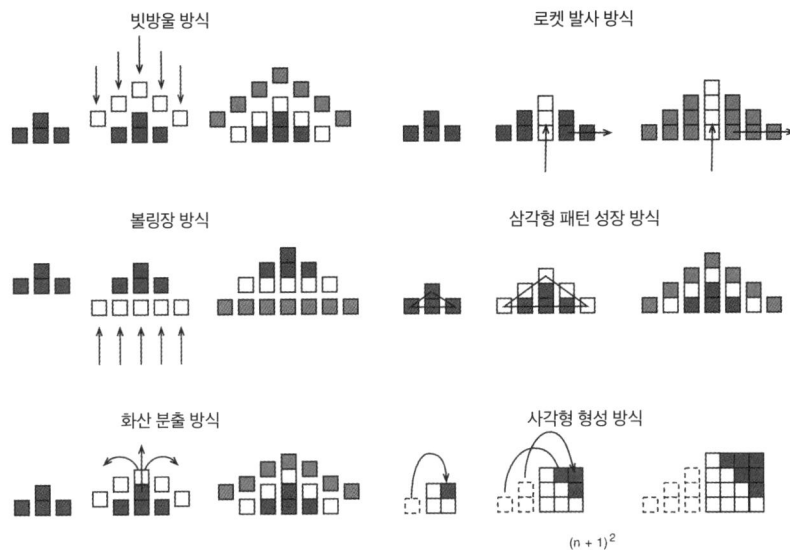

그림 1.2 사람들이 패턴 성장에 대해 기술하는 다양한 방식

받은 적이 없는 질문을 했을 때였다. 그는 정말 혼란스럽다는 듯이 "다른 사람들도 나처럼 생각하지 않나요?"라고 물었다. 나는 답을 하는 대신, 같이 식사를 하던 사람 모두에게 패턴 성장에 대한 생각을 물었다. 사람들은 돌아가면서 답을 했는데, 모두 다 생각이 달랐다. 그 과정을 지켜보던 CEO는 점점 더 혼란스러워하고 있었다. 수학적인 문제를 보는 방식이 한 가지가 아니며 여러 가지가 있을 수 있다는 생각을 그때 처음 하게 됐기 때문에 그랬을 것이다. 그는 믿기지 않는다는 듯 고개를 저었다. 일단 그의 관심을 끄는 데 성공한 것이었다.

더 넓은 범위의 수학으로 학생들을 유도하려면 질문을 바꾸는 것이 중요하다. 몇 번째 케이스에서 정사각형이 몇 개인지 같은 좁은 범위의 질문을 주면 학생들은 숫자들로 이뤄진 표를 보고 패턴을 찾아낸 뒤, $(n+1)^2$ 같은 대수적 표현을 만들어낸다. 하지만 이 경우 학생들은 이런 표현이 가능한 이유나 이런 표현이 갖는 의미는 전혀 이해하지 못한다. 반면 패턴 성장이 어떻게 이뤄지는지에 대한 생각을 묻는다면 얘기가 달라진다. 항상 케이스 숫자보다 1이 많은 수의 제곱수가 각 케이스의 정사각형 전체 개수가 된다는 것을 시각적으로 이해하게 되면서 해당 함수를 더 깊이 이해할 수 있다. 그림 1.2의 마지막 방식을 보면 내 말을 확실하게 이해할 수 있을 것이고, 이 성장패턴을 $(n+1)^2$이라는 대수적 표현으로 나타낼 수 있는 이유도 더 잘 알 수 있을 것이다.

저녁이 계속되면서 나는 내가 열정을 가지고 연구하고 있는 주제이자 신경과학에 뿌리를 두고 있는 주제인 수학적 다양성 mathematical diversity의 가치에 대해 이야기했다. **다양성**이라는 말은 다름diffrence과 다양함variety 뜻한다. 이 책에서 나는 **수학적 다양성**이라는 말을 인종적, 문화적, 사회적 배경 등이 서로 다른 사람들이 갖는 다양성의 가치 그리고 수학에 대해 생각하고 수학을 배우는 다양한 방식 둘 다를 설명하기 위해 사용할 생각이다. 또한 학생들의 수학적 사고력에 매우 큰 도움이 될 수 있는 현실 세계의 수학을 설명하기 위해 '**대략 수학적**math-ish'이라는 말을 사용할 것이다. 수학적 다양성과 '대략 수학적'이라는 개념을 받아들이는 것은 학력, 성 정체성, 인종, 민족 등에 관계없이 모든 학습자에게 공평하게 의미 있는 수학이 어떤 것인지 깊게 이해하는 데 핵심적인 역할을 한다.

연구에 따르면, 학생의 다양성은 협업, 문제 해결, 동정심, 성취감 등 여러 가지 측면에서 핵심적인 요소다.[1] 또한 학생들이 수학을 다르게 볼 수 있고 다르게 풀 수 있는 과목으로 받아들인다면 수학은 더 많은 성취와 동기 그리고 즐거움을 제공할 수 있다는 연구 결과도 있다.[2] 다양성의 이 두 가지 측면, 즉 학생의 다양성과 수학에 대한 생각의 다양성은 서로 독립적이기도 하지만, 아름답게 어우러져 서로를 강화하고 뒷받침하기도 한다. 다른 방식으로 생각하는 모든 사람들을 소중하게 생각하고 그들에게 용기를 주고 싶다면 우리는 먼저 좁은 의미의 수학narrow mathematics, 즉 지금 대부분 사람이 알고 있는 유일한 수학을 거부해야 하고, 수학적 다양성을 포용해야 한다.

그날 저녁 CEO는 수학적 다양성을 목격하고 매우 놀라워했는데, 이런 다양성이 학교와 집에서 대부분 간과돼 학생들과 수학의 관계에 크게 해를 끼치고 있다. 좁은 의미의 수학, 즉 1차원 버전의 수학에 뛰어난 능력을 보이는 사람들이 있다. 하지만 그런 사람들도 수학에 대해 전체적으로 이해하거나 제대로 수학의 힘을 이해하지는 못하는 경우가 많다. 수학적 다양성에 대해 이해하게 되면 수치, 공간 또는 데이터와 관련된 모든 상황에서 얻을 수 있는 통찰력의 차원이 달라질 수 있다.

다른 방식

현재 나는 스탠퍼드대학교 교수지만, 시작은 런던에 있는 학교들에서 수학을 가르치는 교사였다. 내가 처음 수학을 가르친 곳은 런던 중심부인 캠든이라는 곳에 위치한 하버스톡중등학교였다.[3] 캠든은 활기가 넘치고 아름다운 곳이지만 가난한 지역이다. 캠든 지역의 학생 대부분은 공공임대 주택에 거주하며 학교에서는 무상 급식을 제공받을 정도로 경제적으로 힘든 생활을 하고 있다. 또한 내가 가르치던 하버스톡중등학교 학생들이 사용한 언어만 해도 40가지가 넘었다. 한마디로 하버스톡은 놀라울 정도로 다양한 학생들을 가르칠 수 있는 곳이었다.

하버스톡에서 첫 수업을 하던 날이었다. 당시 나는 런던대학교에서 교사 자격증을 취득한 지 얼마 되지 않은 상태였고, 학생들에게 수학의 아름다움과 수학을 공부하는 즐거움을 선사할 수 있는 방법에 대한 아이디어로 가득 차 있었다. 내가 가르친 반의 학생들은 모두 열세 살로, 이제 막 능력에 따라 그룹별로 분류되어 있었다. 내가 담당한 아이들은 4개로 분류된 그룹 중 가장 수준이 낮은 '4세트' 그룹에 속해 있었다. 나는 이 반에서 '수'라는 이름의 아이를 만나게 됐는데, 나중에 알고 보니 수는 다른 학생들에게 노골적으로 따돌림을 당하던 당돌한 학생이었다. 수는 교사들의 생각을 반박하는 목소리를 자주 냈고, 그 때문에 학교에 나오지 않는 날이 많아 배움의 기회도 적었다. 내가 첫 수업을 하던 날도 수는 자신의 트레이드마크인 되바라진 표정을 하고 눈을 깜빡이면서 큰 소리로 물었다. "우리가 이런 걸 왜 배워야 하나요?"

그 순간 나는 어떤 말을 해야 할지 몰랐다. 난생처음 학생을 가르치는 교사였던 나는 그 질문에 어떤 답을 해야 할지 확신이 서지 않았다. 수의 날카로운 질문은 타당한 것이었다. 영국의 교육 시스템에서 하위 그룹에 속한 학생들은 시험 성적이 낮을 수밖에 없다. 3년 뒤에 치를 국가시험에서, 일반적으로 이런 학생 중에서 가장 높은 점수를 받은 학생의 점수는 D에 불과하다. (참고로 직장을 얻거나 고등교육 과정에 진학하려면 일반적으로 C 이상의 성적이 필요하다.) 따라서 하위 그룹에 배정된 순간 학생들은 밝은 미래로 이어질 수 있는 문이 자신의 눈앞에서 닫히는 것을 보게 된다고 할 수 있다. 하지만 수의 질문을 받고 나는 수와 그 반 학생들에게 더 높은 수준의 수업을 해야겠다는 결심을 하게 됐다. 그로부터 3년 뒤 수는 사운드 엔지니어링 교육과정에 진학할 수 있는 점수를 받았고, 현재는 발리에서 대규모 음악 엔터테인먼트 회사를 운영하고 있다.

처음 내 수업을 들었을 때 수는 자신이 수학을 잘할 수 있을 것으로 생각하지 않았다. 집에서도 학교에서도 상황이 좋지 않은 데다 하위 그룹으로 분류됐기 때문이었다. 하지만 수는 그 모든 것에도 불구하고 결국 수학 학습 성취도를 올릴 수 있었고, 그럼으로써 자신의 삶을 변화시킬 수 있었다. 나중에 이런 성취에 대해 다룬 뉴스 기사에서 수는 수학에서 좋은 성적을 내기 전까지는 자신이 인생에서 성공을 거둘 것으로 생각하지 못했다고 회고했다.

그 후 몇 년 동안 나는 런던의 하버스톡중등학교에서 학생들에게 가르쳤던 것, 즉 성공으로 이끄는 수학적 접근 방식을 많은 학생에게 가르쳤다. 이 접근 방식은 수학적 다양성, 다시 말해 사람들이 수학에 대해 생각하는 다양한 방식을 소중하게 생각하는 데에서 시작된다. 이런 생각을 하는 것만으로도 좁은 의미의 어려운 수학을 다양하고 접근 가능하며 역동적인 과목으로 변화시킬 수 있다. 또한 이런 생각을 하는 것은 수학에 대해 '대략 수학적'인 접근 방식을 가지게 된다는 것을 뜻하기도 한다. 이에 대한 더 자세한 이야기는 뒤에서 다룰 것이다.

좁은 의미의 수학

학교 시스템에서 수학적 다양성이 부족해 발생하는 피해, 즉 좁은 의미의 수학이 일으키는 피해에 대해서는 많은 사람이 잘 알고 있다. 좁은 의미의 수학은 질문에 대한 유효한 접근 방식과 답이 한 가지만 존재하는 수학이다. 좁은 의미의 수학은 언제나 숫자로만 구성되며, 시각적인 요소, 대상, 움직임, 창의성을 포함하지 않는다. 대부분 사람은 좁은 의미의 수학만을 경험해왔기 때문에 수학 공부에 실패하면서 불안에 시달리게 되는 것이다.[4] 현재의 대학 시스템은 좁은 의미의 수학이 일으키는 피해를 잘 드러내는 예 중 하나다. 《뉴욕타임스 New York Times》의 탐사 보도 기자 크리스토퍼 드루

Christopher Drew가 쓴 기사에 따르면, 사회에서 수요가 매우 높은 스템 STEM(과학·기술·공학·수학) 과목 또는 의과 대학 진학을 위한 과목을 전공으로 선택한 4년제 대학교의 학생 중 무려 60%가 매년 "미적분학, 물리학, 화학으로 구성되는 폭풍"을 맞은 뒤에 전공을 다른 과목으로 바꾼다.[5] 드루는 이런 현상을 공학과 명예 교수인 데이비드 E. 골드버그David E. Goldberg의 말을 인용해 "죽음의 수학·과학 행진"이라고 표현했다.

또 이 기사에서 드루는 매슈라는 학생의 예를 들기도 했다. 매슈는 수학능력시험SAT 수학 과목에서 800점 만점을 받았고, 대학에서 배우게 될 미적분 BC(고급 미적분)와 다른 과목 5개를 고등학교 과정에서 미리 수강해 학점을 따놓은 학생이었다. 공학자가 되기 위해 대학에 진학한 매슈는 대학에서 다양하고 흥미로운 접근 방식을 접할 수 있기를 기대했다. 하지만 그곳에서 그는 방정식을 암기해야 하는 강의를 들어야 했고, 그러면서 자신이 좁은 의미의 수학은 이미 "충분히 배웠다는" 생각을 하게 됐다. 공학자를 꿈꾸던 매슈는 대학 수업에서 "수학의 응용 방법에 대한 모든 방법"을 배울 수 있을 것이라고 기대했었다. 하지만 대학의 수학 강의에서도 좁은 의미의 수학만을 다루는 데 크게 실망했고, 결국 아이디어에 관한 토론을 장려하는 심리학과로 전공을 바꿨다.

좁은 의미의 수학은 성취도가 높은 학생들을 STEM 과목에서 멀어지게 할 뿐만 아니라, 수학 과정을 통과해야 인생의 방향을 정할 수 있는 학생들에게도 치명적인 영향을 미친다. 미국 대학생의 약 40%는 커뮤니티 칼리지에 다니고 있는데, 커뮤니티 칼리지에 입학하면 일반적으로 대수2(고급 대수) 과목 시험을 치르게 된다. 이 시험을 치른 학생 중 80%는 대학 수준의 수업을 듣기 위해 미리 이수해야 하는 기본적인 대수 과목을 다시 수강해야 하며, 이 대수 강의는 고등학교에서 이 학생들이 대수 수업을 받았던 방식과 같은 방식, 즉 애초에 이들이 대수2 시험에 떨어지게 만든 방식으로 진행된다. 캘리포니아주의 경우 17만 명 이상의 학생이 이런 수학 보충 강의를 수강하며, 이 중 11만 명 이상이 낙제하거나 중도에 탈락해 대학 과정을 마치지 못한다.[6]

좁은 의미의 수학은 이런 식으로 수백만 명의 학생이 대학에서 공부해 꿈을 이루는 것을 방해하고 있다. 이는 학생들뿐만 아니라 미국 사회 전반에 걸쳐 심각한 문제를 발생시켜 경제, 과학, 기술, 의학, 예술의 발전을 위협한다.[7] 실제로 이와 관련된 통계 수치가 매우 심각할 정도로 부정적인데도, 지금까지 연방 정부와 주 정부가 좁은 의미의 수학을 대학과 초·중·고등학교에서 몰아내기 위해 전혀 법적 조치를 취하지 않고 있다는 사실이 놀라울 따름이다.

특히 2년제 그리고 4년제 대학 교육과 관련된 데이터에 의해 부각되는 문제, 즉 좁은 의미의 수학이 학생들이 수학에 흥미를 잃도록 만드는 문제는 유치원에서 대학에 이르기까지 전국 모든 학교의 교실에서 계속 반복되고 있다. 좁은 의미의 빈약한 수학을 즐기거나 이런 수학에 친밀감을 느끼는 학생은 거의 없다. 게다가 학년이 올라갈수록 수학의 의미는 점점 더 좁아지며, 이런 좁은 의미의 수

학은 수학을 계속 공부해 성취를 이루는 학생의 수를 점점 더 줄어들게 만들고 있다.[8]

바로 이것이 수학적 사고나 개념을 생각하고, 이해하고, 설명할 수 있는 다양한 방법이 있을 수 있다는 열린 생각을 하면서 수학을 가르쳐야 하는 이유다. 수학적 다양성은 더 많은 학생에게 수학이라는 세계의 문을 열어줄 수 있다.[9]

처음 수학 교사를 할 때부터 나는 수학을 가르치고 배울 수 있는 더 나은 방법이 있다는 것을 알고 있었다. 하지만 이런 생각에 대해 내가 적극적으로 이야기하기 시작한 것은, 학습에 관해 연구하는 신경과학자들이 우리 뇌가 수학을 처리하는 방식에 관한 연구 결과를 폭발적으로 쏟아내기 시작한 10여 년 전부터이다.[10] 사람들에게 내 생각에 대해 설명할 때 난해한 신경과학 연구 결과들을 제시하는 대신 그 결과들에 대한 나의 해석을 이야기하면서, 그 결과들이 수학 학습에서 그리고 더 넓게는 수학과의 관계 맺음에 있어서 어떤 의미가 있는지 설명한다. 이런 생각들은 학습을 변화시킬 수 있기 때문에 학부모, 교사, 학생 모두에게 놀라울 정도로 큰 도움을 줄 수 있다. 또한 이런 생각들은 사람들이 삶에서 수학을 접하고 사용하는 방식도 변화시킬 수 있다.

수학은 비밀병기가 될 수도 있고 매우 유용한 도구가 될 수도 있다. 하지만 우리 모두에게 수학을 활용할 수 있는 능력이 있는데도, 대부분의 경우 수학은 제대로 활용되지 않고 있다. 여러분이 세상을 들여다보는 데 사용할 수 있는 수학이라는 렌즈를 최대한 활용하면서 삶을 풍성하게 살고 싶다면, 이 책에서 소개하는 수학적 다양성과 '대략 수학적'인 사고로 수학과 삶에 접근해 힘을 얻기를 바란다.

전반적인 문화 문제

이런 생각에서 도움을 받을 수 있는 사람은 수학을 잘하지 못하는 사람뿐만이 아니다. 수년 전부터 나는 스탠퍼드대학교에서 우수한 대학생들을 가르치고 있다. 하지만 이들 대부분은 수학과의 관계가 파탄 난 채로 대학에 들어온 학생들이다. 물론 이 학생들은 수학을 매우 잘한다. 하지만 이들은 수학이 빠른 속도로 반복해야 하는 일련의 과정이라고 생각한다. 수학이 그 정반대의 과정, 즉 창의적인 생각들을 천천히 연결하는 과정이라는 것을 보여주면 그들은 매우 놀라워하고 심지어 감동하기도 한다.[11] 그리고 전에 알고 있던 속도 중심의 수학, 좁은 의미의 수학으로 다시는 돌아가고 싶지 않다고 말한다.

수학을 다양하게 보고 경험할 기회를 얻는 사람은 거의 없으며, 잘못된 수학을 접한 결과는 전 세계 수백만 명의 사람들에게 실제로 나타나고 있다. 전 세계 대부분의 국가에서 10~40%에 이르는 사람들이 수학을 최대한 피하며 살아간다.[12] 이런 사람들은 차트, 수학 도표, 표 또는 수를 읽는 데 취약하다. 이렇게 수학에 취약한 사람 대부분은 빈곤을 겪으며, 교육 시스템과 사회의 불평등으로 인해 학습의 기회와 자신의 삶을 개선할 기회를 얻지 못한다. 안타깝게도, 수학적 자신감과 수학적 지식이 가장 절실하게 필요한 사람은 대부분 수학 교육을 제대로 받지 못한 사람들이고, 그 이유로 이들에게 직업 선택의 기회는 제한적일 수밖에 없다.[13] 반면에, 수학 성취도가 높은 학생들은 빈곤에서 벗어날 가능성이 높으며, 인생이 풍요로워질 가능성도 커진다.[14]

많은 학생이 수학과 부정적인 관계를 갖는 이유는 수학 수업에서 다양성이 인정되지 않는 데다, 학교에서 수학이 다른 어떤 과목보다 더 성적 중심의 과목으로 간주되고 있기 때문이다. 수학은 전체 과목 중에서 테스트가 가장 많이 치러지는 과목이자 종종 학생의 순위를 매기는 데, 더 나아가서는 인간으로서의 가치를 측정하는 데 사용되는 과목이기도 하다. 따라서 학생들은 수학 자체에 대해서는 거의 생각하지 않으며, 자신이 수학을 얼마나 잘하고 있는지만 생각한다. 설상가상으로, 일반적으로 수학 시험은 좁은 의미의 어려운 문제들을 빠르게 풀 것을 요구한다.

이렇게 좁은 의미의 문제를 빠르게 풀어야 하는 시험을 치르면서 수학에 대해 긍정적인 생각을 유지할 수 있는 학생은 거의 없다. 수학 시험은 절차를 따라 풀어야 하는 문제들로 구성된다. 이 과정을 잘 해내는 학생들은 진짜 수학을 만나는 보상을 누릴 수 있다. 즉, 이들은 아이디어들을 가지고 놀면서 그것들을 서로 연결할 수 있게 된다. 반면에, 대부분의 다른 학생은 절차를 지키면서 압박감

을 견디고 끊임없이 판단을 내려야 하는 이 과정을 겪으면서, 수학이 두렵고 싫은 과목이라는 결론을 내리게 된다.

여러분 자신이나 여러분의 학생 또는 자녀가 이런 문제에 직면하고 있다면, 이 책을 통해 이런 문제가 매우 흔하다는 사실을 알게 될 것이다. 그리고 이 책에 실린 유용한 정보로 아이들이 다양한 접근 방식에서 즐거움과 편안함 그리고 희망을 찾으며, 수학 학습이라는 여행에서 자신만의 방향을 탐색하게 도울 수 있을 것이다. 이 책은 현대사회에서 우리에게 필요한 수학적 접근 방식과 관련해 전에는 알려지지 않았던 새로운 연구 결과들을 다루고 있으므로, 수학과 긍정적인 관계를 맺고 있는 성인에게도 도움을 줄 수 있을 것이다. 여러 해 동안 나는 수학과의 관계를 바꿀 수 있었던 많은 사람과 함께 일해왔다. 그들은 문제는 자기 자신이 아니라 수학 교육 시스템이라는 것을 깨달았고, 수학과 관련된 방식을 바꾸었을 때 삶이 더 나아진다는 것을 알게 되었다.[15]

이 책에서 다룰 수학적 힘mathematical power* 중 하나는 어려운 수학 문제를 쉬운 문제로 바꾸는 것이다. 대부분의 사람은 그렇게 하는 방법을 모르며, 심지어 그렇게 하기 위해서는 '허락을 받아야' 한다고 생각한다. 또한, 사람들은 자신에게 주어진 어려운 문제를 반드시 그 상태로 풀어야 한다고 생각한다. 하지만 어려운 수학 문제를 쉬운 문제로 바꾸는 것은 학교에서 수학 문제를 풀 때뿐만 아니라 살면서 부딪히는 수학 문제를 해결해야 하는 상황에서도 매우 큰 도움이 된다는 사실이 밝혀지고 있다. 이렇게 수학에 대해 다르게 생각하는 방식을 알게 되는 것은 모든 수학 문제 해결에 사용할 수 있는 렌즈를 가지게 된다는 뜻이다. 여러분이 이 놀라운 능력을 학습한다면 다시는 예전의 방식으로 돌아가고 싶지 않을 것이다. 또한 이 책에서 나는 여러분이 가진 지식을 다른 지식들과 연결하는 방법에 대해서도 다룰 것이다. 어떻게 그런 연결이 가능한지는 이 책을 계속 읽어나가다 보면 확실하게 알 수 있을 것이다.

학교에서 이뤄지는 수학 성취도 평가에 대해 내가 확실하게 알게 된 것은 몇 년 전 캘리포니아주 샌프란시스코 거리에서 행인들을 인터뷰하면서였다. 당시 첫 온라인 강의를 준비하던 나는 대학원생 몇 명과 함께 카메라를 들고 선선한 샌프란시스코의 거리로

---

* 미국수학교사협의회에 따르면, 수학적 힘은 단순히 수학 문제를 푸는 능력을 넘어 수학적인 사고를 통해 세상을 이해하고 문제를 해결하는 능력을 뜻한다. 이러한 수학적 힘은 논리적 추론 능력, 문제 해결 능력, 수학적 의사소통 능력, 수학적 태도 등으로 구성된다.

나섰다.[16]

　나는 거리에서 만난 사람들에게 수학에 대해 어떻게 생각하는지 물었다. 그런데 사람들은 이 간단한 질문에 모두 엉뚱한 대답을 했다. 사람들은 학교에 다닐 때 자신의 수학 성적이 어땠는지, 반에서 몇 등을 했는지에 대해서만 말했다.

　수학을 잘했든 못했든, 그들이 감정을 섞어 자신의 수학 성취도에 대해 들려준 이야기는 놀라웠다. 하지만 수학에 대한 자신의 생각을 이야기한 사람은 아무도 없었다. 사람들은 하나같이 자신이 수학을 얼마나 잘했는지 또는 못했는지에 대해서만 말했다. 수학 성취도만을 측정하는 학교 문화의 폐해가 느껴지는 순간이었다. 이런 문화는 학생들이 수학적인 아이디어를 즐기면서 수학적 힘을 가지게 할 기회를 박탈한다.[17] 이런 문화 때문에 지금도 대부분 사람은 수학이 학생들의 능력을 판단하고 순위를 매겨 학생들을 분류하는 도구라고만 생각하고 있다.

　이런 폐해가 단지 수학 실력에 대한 과도한 테스트에 의해서만 발생하는 것은 아니다. 지나치게 자주 테스트하는 관행은, 수학을 정답과 오답 그리고 절차의 집합으로 여기는 전통적인 잘못된 통념과 결합하기도 한다. 수학의 이런 측면들이 함께 나타나는 것은 우연이 아니다. 학생들의 사고력, 창의력, 문제 해결력을 중시하는 수학에 대한 다양한 접근 방식을 평가하는 시험 문제를 만들려면 상당한 연구와 상상력이 필요하다. 하지만 주요 수학 교과서를 펴내는 출판사나 수학 실력 평가기관은 그 정도의 노력을 기울이지 않는다. 이런 출판사나 평가기관은 좁은 의미의 절차 중심 수학을 선호하는데, 이는 수백 쪽에 이르는 교과서에서 무의미한 문제를 뽑아내는 것이 쉽기 때문이다. 이런 문제들이 수학 교육을 좌지우지해서는 안 된다.

현재의 불행한 상황은 이 두 악당, 즉 수학 시험을 너무 자주 실시하는 관행과 수학을 절차의 집합으로 생각하는 통념이 빚어낸 것이다. 이 두 가지 요인만으로도 충분히 불행한 상황이 벌어지지만, 여기에 힘을 보태는 또 다른 악당이 존재해 상황을 더 악화시키고 있다. 바로 '수학 뇌math brain'라는 개념이다.

지난 수 세기 동안 대부분의 사람은 수학 뇌를 타고나 수학을 잘하는 사람들이 있는 반면, 그렇지 않은 사람들도 있다고 생각해왔다. 이런 생각은 성차별적이고 인종차별적인 생각 그리고 수학에 대한 특별한 '재능'을 타고난 사람이 있다는 차별적인 생각과 연결돼 있다.[18] 하지만 지난 10여 년에 걸쳐 수학 뇌 같은 것은 존재하지 않으며, 모든 종류의 뇌 기능은 계속해서 발달하고 연결되며 변화한다는 사실이 확실하게 밝혀졌다.[19] 이 사실은 단기간의 개입만으로도 뇌가 성장할 수 있다는 신경과학 연구 결과에 의해서 입증되고 있다.[20] 또한 이 사실은 처음에 학교 공부가 힘들어 상당한 정도의 특수 교육이 필요했던 학생들이 나중에 옥스퍼드대학교에서 응용수학 박사 학위를 받는 등 최고의 수학적 성취를 보인 사례들에 의해서도 입증되었다.[21]

이 세 가지 악당, 즉 수학 뇌가 존재한다는 생각, 수학 시험을 너

무 자주 실시하는 관행, 수학을 절차의 집합으로 생각하는 통념은 현재의 제도적 불평등과 완벽하게 결합해 상당수의 학생에게 끔찍한 경험을 제공하고 있다. 설상가상으로, 이런 끔찍한 경험에서 살아남은 사람 중 일부(이런 사람 대부분이 사회에서 힘을 가진 부유한 사람들이다)는 사람들이 이런 경험을 하지 않도록 만들기 위해 노력하는 사람들과 충돌하면서 현재의 상태를 그대로 유지하려고 한다. 왜 그들은 이런 끔찍한 경험에서 자신들은 살아남았으면서 다른 사람들이 그렇게 할 수 있도록 돕지 않는 것일까? 그동안 계속 그들에게 저항하면서 굴복하기를 거부했던 나는 그 과정에서 여러 번 상처를 입었다.[22] 최근에는 캘리포니아주 학생들을 위한 새로운 수학 프레임워크(교육 지침)의 집필자 중 한 명으로 활동하면서[23] 내 노력과 연구를 깎아내리려는 집단으로부터 증오 메일을 받기도 했으며, 심지어는 살해 협박을 당하기도 했다. 하지만 나는 수학을 완전히 다르

고 아름다운 방식으로, 즉 다양한 방식으로 경험할 수 있다는 것을 알기 때문에 계속 연구를 이어나가고 있다. 나는 성적 평가가 만연하고 있는 끔찍한 학교 환경에서도 학생들이 다른 방식으로 수학을 경험할 수 있다면 수학을 즐기고, 그 결과로 좁은 의미의 수학에 대한 성취도 테스트에서도 좋은 결과를 얻을 수 있다고 생각한다.[24]

다행히도, 수학 실력을 평가하는 문화에서 살아남은 **모든** 사람이 이런 문화를 그대로 유지하기 위해 노력하는 것은 아니다. 실제로, 나는 수학을 가르치고 배우는 방식을 근본적으로 바꿔야 한다는 것을 아는 뛰어난 수학자, 공학자, 과학자와 함께 일하면서 보람을 느끼고 있기도 하다.[25] 내가 존경하는 수학자 중 한 명인 유지니아 쳉Eugenia Cheng은 수학에 대한 사람들의 생각을 바꾸기 위해 대중을 위한 글쓰기에 자신의 경력 대부분을 할애하고 있다. 쳉은 우리가 수학의 즐거움을 학생들과 공유하기 위해 충분히 시간을 사용하는 대신에, 삶에서 거의 또는 전혀 쓸모가 없는 난해한 방법과 규칙을 외우도록 학생들을 훈련하는 데 집중하고 있다고 적시한다.[26]

마인드셋과 인지의 연결 고리

수학에 대해 다르게 생각하는 것이 중요한 이유는 여러 가지가 있다. 산타클라라대학교의 신경과학자이자 교수인 랑 첸Lang Chen은 이 분야에서 중요한 연구를 수행했다.[27] 학습에 대해 긍정적인 태도를 가진 학생들이 더 높은 수준의 성취도를 보인다는 사실은 예전부터 알려져 있었다.28 긍정적인 태도는 학습에 대한 불안을 줄이고, 학습 동기와 지속력persistence을 강화한다.29 첸은 이 관계에 작용하는 신경학적 메커니즘과 긍정적인 태도를 강화하거나 방해하는 요소들을 규명하기 위해 이 관계를 더 깊이 탐구한 학자다.

첸과 공동 연구자들의 연구 결과 중 하나는 IQ 점수,30 나이, 작업 기억, 수학 불안math anxiety, 수학에 대한 불안감31 정도의 차이를 감안한다고 해도 수학에 대한 학생들의 태도, 즉 수학을 좋아하거나 싫어하는 정도가 수학 성취도와 상관관계를 가진다는 것이다(읽기 성취도는 읽기에 대한 학생들의 태도와 상관관계가 없었다). 또한 첸은 긍정적인 태도가 좌우 해마hippocampus 영역의 활성화와 상관관계를 가진다는 중대한 사실도 발견했다. 이 발견이 중요한 의미가 있는 이유는 과학자든 아니든 많은 사람이 수학에 대한 태도는 수학적 인지 능력과 관련이 없으며, 뇌의 해마 영역이 아니라 확실하지 않은 어떤 다른 영역에 존재한다고 생각하기 때문이다.

하지만 사람들의 생각과는 달리 해마 영역은 뇌에서 가장 수학과 관련이 깊은 영역 중 하나다. 해마는 학습과 공간 탐색에서 핵심적인 역할을 하기 때문이다. 실제로 해마는 '구글' 같은 능력을 갖추고 있어서, 신경과학자 시안 베일록Sian Beilock은 해마를 "마음의 검색 엔진"32이라고 표현하기도 했다. 우리가 시험, 점수 매기기 같은 성취도 측정에서 벗어나 수학적 탐구를 통해 수학을 즐기도록 학생들을 격려하는 데 더 많은 시간을 할애한다면 해마의 이런 능력이 발휘되도록 만들 수 있다. 랑 첸은 수학에 관한 생각이 해마를 변화시킨다는 사실, 즉 학습할 때 뇌가 기능하는 방식을 변화시킨다는 사실을 발견했다.[33] 그동안 학생들의 지식과 이해를 높이기 위해 엄청난 연구비와 노력이 투자됐다. 하지만 수학에 대한 학생들의 태도와 느낌, 즉 수학적 마인드셋이 달라지면 수학 성취도가 비약적으로 높아진다는 중요한 사실에 주목하는 사람은 거의 없다.

과학자들은 수학 불안이 있는 사람에게 수학 문제를 제시하면, 그 사람의 뇌에서 뱀이나 거미를 볼 때 활성화하는 공포 중추가 활성화한다는 사실을 발견하기도 했다.[34] 공포와 불안은 해마를 비롯한 뇌 일부를 무력화해 학습 능력을 저하한다고 알려져 있다. 반면, 수학에 대한 긍정적인 생각과 믿음은 뇌의 이 중요한 부분들을 활성화해 학습 능력과 성취도를 높인다는 연구 결과도 상당히 많이 존재한다. 이런 연구 결과만으로도 수학 수업 시간에 학생들에게 불안을 유발하는 대신에 수학에 대한 새로운 마인드셋과 긍정적인 생각을 심어주는 접근 방식을 장려해야 한다는 결론을 내릴 수 있다. 스탠퍼드대학교에서 해마다 열리는 여름 캠프에서 중고등학생들에게 우리가 사용하는 방식이 바로 이것이다. 실제로 이 방식이 캠프 참가 학생들에게 미치는 영향은 상당히 크다.[35]

첫 번째 스탠퍼드 여름 캠프는 중학생을 대상으로 했다. 캠프가 끝날 무렵 학생들의 성취도를 테스트한 결과, 4주 동안 우리와 함께한 학생들은 2.8년 동안 학교에서 수학을 공부했을 때 보이는 것과 비슷한 성취도를 보였다.[36] 캠프가 진행되는 동안 학생들은 수학에 대한 마인드셋을 바꿔 자신이 가진 잠재력을 믿기 시작했고, 수학을 다르게 보기 시작했다. 이들의 수학 성취도 향상에 강력한 영향을 미친 것은 수학에 대한 마인드셋과 접근 방식이 같이 바뀌면서 일어난 변화였다.

첫 번째 여름 캠프의 성과에 힘입어 스탠퍼드대학교에서 내가 운영하는 '유큐브드youcubed' 팀의 팀원들은(모두 경험이 풍부한 교육자들이다) 다른 교사들이 각자의 지역에서 스탠퍼드 여름 캠프와 같은 목적의 여름 캠프를 운영할 수 있도록 워크숍을 시작했다.[37] 미국 곳곳의 10개 학군에서 시행된 이런 여름 캠프의 성과를 연구한 결과에 따르면, 이 캠프들 모두에서 스탠퍼드 캠프에서만큼 학생들의 성취도가 높아졌다.[38] 캠프에 참여한 학생들은 캠프가 끝났을 때 훨씬 더 높은 수준의 성취도를 보였을 뿐만 아니라, 다음 학기에 학교로 돌아갔을 때 대조군 학생들에 비해 수학 점수가 훨씬 더 높아졌다.[39] 이런 캠프에서 어떤 일이 일어났기에 학생들의 학습 궤적이 변화한 것일까? 학생들은 이 책에서 다룰 접근 방식, 즉 수학에 접근하는 새로운 방식을 배운 것이었다.

성공을 위한 새로운 학습 모델

나는 학생들을 변화시키는 교육 방식에 대한 지식을 매우 다양한 경로를 통해 얻고 있다. 예를 들어, 최근 몇 년 동안에는 스탠퍼드대학교에서 신경과학자들과 같이 일하면서 그들로부터 많은 것을 배우고 있다. 그들은 뇌가 수학을 처리하는 방식을 알려줌으로써 매우 중요한 통찰력을 제공해주었다.[40] 또한 나는 학습에 대해 연구하는 인지심리학자들에게서도 생각과 학습에 대한 중요한 지식을 얻고 있다. 심리학 연구에서 얻은 소중한 지혜를 책으로 펴낸 캐럴 드웩Carol Dweck, 안데르스 에릭손Anders Ericsson, 짐 스티글러Jim Stigler 같은 과학자가 그들이다.[41]

나는 여러 해 동안 학생들을 가르친 경험을 통해, 신경과학자들과 심리학자들이 학습에 대한 중요한 통찰력을 제공하지만, 그 통찰력은 일선 교육자들이 제공하는 통찰력과 결합될 때만 효과가 극대화된다는 것을 잘 알고 있다. 교실과 가정에서 이뤄지는 학생들의 학습에 대해서 잘 알고 있는 사람은 일선 교육자들이고, 서로 다른 교수 학습teaching and learning 방식의 영향을 이해하기 위해 다양한 학습 환경을 연구해온 사람은 학자들이기 때문이다.

수학에 대한 이해력은 모든 사람에게 필요하며 누구나 가질 수 있는 기본적인 형태의 문해력이다. 이 믿음을 실현하기 위해 나는 이 책에서 전에는 한 번도 하지 않았던 시도를 할 것이다. 그 시도는 바로 다양한 출처에서 얻을 수 있는 여러 지식과 통찰을 하나의 교수 학습 모델로 통합하는 것이다. 이 모델은 나를 비롯한 다른 여러 교육자들이 지난 수년간 적용해 학생들의 수학 학습 성취도를 지속적으로 그리고 크게 향상시킨 것이다.[42]

***

수학 교육을 주제로 한 베스트셀러들은 수업의 구조와 수업을 구성하는 방법을 주로 다루고 있다. 이런 책들은 학생들의 생각과 학습에 도움을 주며 교사들에게도 유용하다. 하지만 이런 책들 대부분이 수학과의 관계 구축이라고 하는 매우 중요한 문제에 대해서는 거의 언급하지 않는다.[43]

수학과의 긍정적인 관계는 두 가지 중요한 작업에 의해 형성된다. 첫 번째는 사람들이 접하는 수학을 바꾸는 것, 다시 말해 좁은 의미의 수학 문제를 다양하고 창의적인 아이디어를 불러일으키는 열린 문제로 바꾸는 것이고, 두 번째는 사람들이 서로를 존중하고 서로에게 협력하는 관계를 형성하도록 유도하는 것이다. 이 책은 이 두 가지 작업 모두에서 놀라운 성과를 낸 사람들의 감동적인 사례와 그들이 그런 성과를 낸 방식에 대해 자세히 다룰 것이다.

이 책에 담긴 아이디어가 여러분(그리고 여러분과 함께 일하는 사람들)이 수학과 아름다운 관계를 맺는 데 도움이 되기를 바란다. 여러분이 학부모든 학생이든 교육자든, 아니면 그저 수학과의 관계를 개선하고자 하는 사람이든, 앞으로 더 생생하게 보게 될 수학적 다양성과 '대략 수학적'이라는 개념을 새로 또는 다시 알게 되기를 바란다. 이 개념들은 서로 다른 사람과 아이디어가 제공하는 다양성이, 그 다양성으로부터 혜택을 받을 수 있을 정도로 열린 형태의 수학과 결합할 때 실현된다. 이런 형태의 수학을 만나 제대로 경험할 수 있다면 여러분은 변화할 것이다. 그렇게 된다면 언젠가 누군가가 길에서 여러분에게 수학과 관련된 경험에 대해 말해달라는 요청을 할 때, 수학 때문에 갖게 된 끔찍한 기억이나 수학 성적에 대해 이야기하는 대신에 수학이 어떻게 여러분의 세상을 밝게 만들었는지 말하게 될 것이다.

2장

배우는 법 배우기

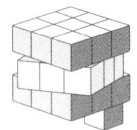

　전 세계에서 수학적으로 가장 뛰어난 사람들은 수학을 배울 때 수학적인 성취도가 낮은 사람들과 다른 접근법을 취한다고 알려져 있다. 이들이 수학 성취도가 높은 것은 특별한 능력을 타고났기 때문이 아니라 남들과 다른 접근법, 다시 말해 이 장에서 내가 설명할 몇 가지 아이디어와 학습 방식을 취했기 때문이다. 이들은 보통 이런 아이디어와 학습 방식을 친구나 가족으로부터 배운다. 이런 것들은 학교 시스템 안에서는 거의 공유되지 않는다. 하지만 학습자가 다른 방식으로 수학에 접근할 수 있게 해주는 정보를 접하게 되면, 학습 경로가 달라진다.

　여기서 중요한 것은 수학을 더 잘 이해하게 해주는 접근 방식이 학습될 수 있으며, 접근 방식의 이런 변화가 미치는 영향은 매우 광범위하다는 사실이다. 연구 결과에 따르면 수학 성취도가 높은 학생들을 만들어내는 방식과 믿음은 사람들의 삶을 개선하는 방식과 믿음이 되기도 한다. 접근 방식의 변화는 메타인지 행동으로 시작되는데, 이런 메타인지 행동은 문제를 더 잘 풀고, 소통을 더 잘할 수 있게 만들어줄 뿐만 아니라 더 많은 동기를 부여하고, 더 좋은 관계를 형성하고, 일을 더 잘할 수 있게 해주기 때문이다. 이렇게 메타인지 행동으로 시작되는 접근 방식의 변화는 모든 연령대와 모든 과목에서 학습자의 성취도를 엄청나게 높이는 놀라운 장점을 수반한다.

  교육자들과 함께 일하면서 대부분의 사람이 메타인지를 자기 생각에 대해 생각하는 과정으로 간주한다는 것을 알게 됐다. 하지만 나는 메타인지가 배우는 법을 배우는 과정, 삶을 효과적으로 사는 법을 배우는 과정이라고 생각하고 싶다. 메타인지는 창의적이고 독립적이며, 자기 조절이 가능하며, 유연하게 문제를 해결하는 사람으로 발달하는 과정의 핵심이다. 안타까운 점은 메타인지 훈련이 학습과 성취에 영향을 미친다는 증거가 있음에도, 수학 수업에서 메타인지 훈련이 이뤄지는 것을 거의 보지 못한다는 것이다. 직장이나 가정에서의 상황도 이와 다르지 않아 보인다. 메타인지 학습의 부재는 수학 학습을 넘어서 개인의 장기적인 성공 가능성에도 매우 부정적인 영향을 미치고 있다. 하지만 다행히도 이런 상황에서 우리 모두가 쉽게 배워서 사용할 수 있는 전략들이 있다. 이번 장에서 소개할 전략들은 학습과 삶의 수준을 높이는 메타인지 여정으로 여러분을 인도할 것이다.

메타인지, 새로운 인지 이론

메타인지 이론은 1979년에 스탠퍼드대학교의 심리학 교수 존 플래벌John Flavell이 창안했는데, 지금까지도 학자들은 메타인지가 미치는 영향을 지속적으로 연구하고 있다.[1] '메타meta'라는 말은 '너머'를 뜻하는 그리스어 접두사이며, 메타인지는 계획, 추적, 평가처럼 생각을 넘어서는 중요한 과정을 뜻한다. 플래벌은 메타인지를 자신에 대한 지식, 당면한 과제에 대한 지식, 전략에 대한 지식 등으로 설명한다. 따라서 당연히 메타인지는 문제 해결 능력을 높이고, 수학적 다양성을 가능하게 하며, 일의 성취도를 높인다.[2] 이번 장에서 소개되는 메타인지적인 관점과 다양한 수학적 관점으로 이끄는 전략들은 이 책을 계속 읽어갈 때도 사용할 수 있을 것이다.

지난 2015년, 전 세계 학생 1500만 명을 대상으로 학습에 대한 접근 방식과 수학 성취도 간의 상관관계를 조사한 대규모 국제학업성취도평가PISA가 시행됐다. 이 결과에 따르면, 수학에 암기 위주 방식으로 접근하는 학생들의 성취도가 가장 낮았다. 가장 높은 성취도를 보인 학생들은 '관계적relational' 접근 방식 또는 '자기 모니터링self-monitoring' 접근 방식을 취하는 학생들이었다.[3] 이들은 자신의 학습 접근 방식이 서로 다른 아이디어를 연결하는 방식(이 방식에 대해서는 6장에서 다룰 예정이다) 또는 자신의 학습을 스스로 모니터링하는 방식이라고 기술했다. 이 두 접근 방식 모두 본질적으로 메타인지적인 접근 방식이다.

PISA를 조직하고 관리하는 국제경제협력개발기구OECD는 "학습자가 자신의 잠재력을 실현하고 지역사회와 세계의 복지 향상에 기여하는 데 필요한 지식, 기술, 태도, 가치"로 정의되는 '학습 나침반 2030leaning compass 2030' 개념을 제시하고 있다.[4] 메타인지 능력은 학생들이 효과적으로 자신의 역할을 수행하고, 지역사회와 세계에 의미 있는 방식으로 기여할 수 있는 사람으로 성장할 수 있도록 지도하는 과정에서 핵심적인 역할을 한다.

다양한 과학 연구를 결합해 광범위한 적용 가능성을 가진 결과를 찾아내는 메타분석을 수행하는 존 해티John Hattie는, 교육 현장에서 사용되는 여러 가지 접근 방식의 효과크기effect size에 기초해 획기적인 연구 결과를 발표했다. (효과크기는 두 변수 사이의 관계 강도를 나타내는 값이다.) 그는 다양한 접근 방식과 학생의 성취도 사이의 관계를 조사해 각각의 접근 방식이 학생의 성취도에 어느 정도 영향을 미치는지 확인했다.

총 3억 명의 학생을 대상으로 한 7만 건의 연구에서 다룬 138가지 교육 방식을 분석한 결과, 그는 다양한 교육 방식의 평균 효과크기(코헨의 d값Cohen's d*)가 0.40인 것을 발견했다. 그런 다음 그는 어떤 접근 방식이 유용한지 알아내기 위해 이 0.40이라는 효과크기 값을 기준으로 모든 접근 방식의 효과를 측정했다. 그 결과, 모든 접근 방

---

* 코헨의 d값은 두 집단 간 평균 차이를 통합표준편차로 나눈 값으로 집단 간의 효과크기를 비교하는 메타분석에서 널리 사용된다.

식 중에서 효과가 가장 큰 것은 효과크기가 1.33인 "학생이 자신의 학습 진척 상황을 말하게 만드는" 접근 방식으로 드러났다. 그다음으로 효과가 큰 것은 수업 중에 토론을 유도하는 방식(0.82), 메타인지 활동에 참여하게 만드는 방식(0.75), 문제 해결 중심의 수업*(0.68)이었다. 반면에, 효과가 너무 낮아 사용이 권장되지 않는 접근 방식은 개별화 수업(0.23), 학군 단위의 시험이 속해 있는 외적 책무성 시스템external accountability system (0.31), 능력별 집단 편성ability grouping (0.12) 등으로 분석됐다.5 해티의 메타분석 결과는 수만 건의 연구를 종합해 요약한 것이기 때문에 각각의 접근 방식에 대한 자세한 내용은 제공하지 않지만, 어떤 접근 방식이 중요한지에 대해서는 통계적으로 매우 강력한 단서를 확실하게 제공한다.

물론 이 중에서 '메타인지'라는 말이 붙은 접근 방식은 하나밖에 없다. 하지만 가장 효과적인 접근 방식인 "학생이 자신의 학습 진척 상황을 말하게 만드는" 접근 방식은 그 자체가 이미 매우 메타인지적인 접근 방식이다. 이번 장에서는 학생들에게 이렇게 중요한 기회를 제공할 수 있는 방법에 대해 다룰 것이다.

메타인지 전략을 배운 사람과 그렇지 않은 사람은 교실과 직장에서 쉽게 구분할 수 있다. 우리는 어려운 과제가 주어졌을 때 낙담

---

* 학생들이 실제 생활에서의 예를 통해 새로운 개념을 이해하도록 돕는 학습자 중심의 접근 방식.

하거나, 자신이 그 과제를 잘 수행할 수 없다고 생각하거나, 장애물에 직면했을 때 포기하는 사람들을 흔히 보곤 한다. 또한 자기 생각과 다른 생각에 마음을 열지 않고 다른 생각을 차단하거나, 아예 스스로를 차단하는 사람들도 쉽게 볼 수 있다.

반면에, 메타인지 전략을 학습한 사람은 탐구심과 호기심이 많으며, 배우고자 하는 열의가 강하며, 다양한 관점을 인정하는 경우가 많다. 이런 사람들은 문제 해결이 어려우면 다시 돌아보면서 자신이 알고 있는 것과 알아야 할 것이 무엇인지 생각하거나, 자신이 배운 다양한 전략 중에서 하나를 새로 선택할 가능성이 높다. 여기서 중요한 것은 이들이 문제 해결과 학습이라는 과정을 즐긴다는 사실이다. 메타인지 과정에서 이렇게 고차원적 문제 해결, 마인드셋, 계획이 복잡하게 조합되는 일은 뇌의 앞쪽 전전두피질anterior prefrontal cortex에서 일어난다.[6]

메타인지를 배우면 문제 해결 능력이 향상될 뿐만 아니라 친사회적 행동이 강화되고, 의사소통 능력이 향상되며, 공감 능력이 발달하고, 실행 통제력executive control이 향상된다.[7] 또한 다양한 방식으로 생각을 할 수 있게 돼 살면서 마인드셋과 고차원적인 사고의 복잡한 조합이 가능하게 되며, 그 결과로 더 성공적인 삶을 살 수도 있다.[8] '뇌 기반 학습brain-based learning'의 전문가인 도나 윌슨Donna Wilson과 마커스 코니어스Marcus Conyers는 "인지 기능이 뮤지션이라면 메타인지는 지휘자"라고 말한다.[9]

나는 삶과 일의 세 가지 영역에서 메타인지 접근 방식이 잠재력을 가진다고 본다. 첫째, 메타인지와 가장 관련이 깊은 영역은 우리 자신의 학습과 상호작용에 대한 자기 인식이다. 영국과 미국에서 교사들을 가르치는 일을 하면서 그들에게 자신이 한 수업의 내용에 대해 돌이켜 생각해보라는 요청을 자주 했는데, 이 과정을 통해 나는 흥미로운 사실을 발견했다. 어떤 교사들은 놀라울 정도로 자신이 한 수업에 대해 깊이 생각하며 수업의 구체적인 내용과 자신이 사용할 수 있었던 다양한 수업 방식에 관해 이야기하고, 수업에서 이뤄진 중요한 상호작용에서 자신이 한 역할을 분석했다. 반면에, 어떤 교사들은 자기 수업에 대해 깊이 생각하지 않았고, 단지 수업이 괜찮았다거나 잘 진행됐다고만 말했다. 당연한 말이지만, 이후에 성공적인 교육자가 된 사람은 자신이 진행한 수업에 대해 깊이 생각한 교사였다. 여기서 중요한 사실은 이런 자기 성찰을 우리 모두가 배울 수 있다는 것과 이런 자기 성찰이 교사, 학부모 그리고 다른 사람들에 의해 장려될 수 있다는 것이다.

메타인지의 두 번째 측면은 당면한 과제에 집중해 그 과제를 해결하고, 그와 관련된 것들에 대해 생각하는 다양한 방식과 관련이 있다. 메타인지적인 사람은 질문에 대해 다시 짚어보면서 어떤 정보가 필요한지 생각하거나, 질문에 대해 말하면서 생각하거나, 질문을 단순화하는 등 중요한 방식으로 사고한다. 다양한 전략을 개발하고 성찰한 사람은 이런 방식 중 하나를 선택하거나 아예 전혀 다른 방식을 시도할 수 있다.

세 번째 측면은 자신의 진행 상황을 추적하면서 목표를 이루는 데 필요한 것이 무엇인지 깊이 생각하는 평가 능력이다. 학생이 자신이 지향해야 하는 목표와 그 목표를 이룰 수 있는 방법을 생각해 내는 데 교사와 학부모가 중요한 도움을 주는 영역이 바로 이 영역이다. 교육학자 폴 블랙Paul Black과 딜런 윌리엄Dylan William은 학생의 현재 상태와 도달해야 하는 상태 사이의 거리를 좁힐 방법을 학생과 공유하는 '학습을 위한 평가assessment for learning'라는 접근 방식을 제안했다.[10] 학생에게 공유되는 이런 정보는 학생을 스스로 자신의 학습을 조절할 수 있는 책임감 있는 학습자로 변화시키며, 수학 수업에서 일반적으로 이뤄지는 평가에 의해 학생에게 주어지는 정보와는 전혀 다른 정보다.[11] 이렇게 중요한 경험을 한 학생들의 사례에 대해서는 뒤에서 다룰 예정이다.

메타인지의 실제 적용

일선 교사들과 함께 일하면서, 그들이 메타인지의 가치를 충분히 인식하면서도 자기 자신이나 학생에게 이 접근 방식을 적용하는 방법에 대해서는 잘 알지 못한다는 사실을 발견하곤 한다. 이제 내가 직접 사용했거나 다른 교사들이 사용한 가장 강력한 접근 방식 몇 가지와 그 방식들을 경험한 학생들의 반응을 공유할 것이다. 여기서 공유하는 방식들을 학생들에게 적용하는 순간부터 학생들의 잠재력은 해방되기 시작할 것이다.

메타인지의 가치를 공유하라

메타인지 학습 여정의 시작 단계에서 이상적인 출발은 우리가 모두 얻을 수 있는 지식에 서로 다르게 상호작용하는 방식을 다른 사람과 공유하는 것이다. 메타인지가 학생들의 성취도에 미치는 영향은 이미 많은 연구로 확인된 상태다.[12] 중요한 것은 수학을 비롯한 다양한 아이디어에 활용할 수 있는 다양한 방식이 존재하며, 그 다양한 방식이 중요하다는 사실을 학습자들과 공유하는 일이다.

뇌 기반 학습 방식의 전문가 도나 윌슨과 마커스 코니어스가 학생들의 학습을 위해 제시하는 전략 중 하나는 학생들이 자신만의 '뇌 자동차brain car'를 그리거나 만들어 "자신의 뇌를 운전할 수 있게" 하는 방법이다.[13] 학생들은 이 뇌 자동차를 실제로 움직이면서 장애물을 피하거나 후진시켜 새로운 전진 방향을 생각할 수 있다.

하지만 메타인지의 중요성을 알리는 것은 메타인지를 할 수 있

는 구체적인 방법, 즉 사람들이 실제로 사용할 수 있는 다양한 전략과 사고방식, 의사소통 방식도 함께 장려할 때에만 도움이 된다. 나는 사람들에게 메타인지적으로 생각하고 활동하는 것이 중요하다는 사실을 알려주는 동시에 사람들이 다양한 메타인지적 전략을 배울 수 있도록 돕는 것이 가장 좋은 방법이라고 본다.

지난 몇 년 동안 나는 학생들이 메타인지적인 수학 학습을 할 수 있는 방법을 개발한 훌륭한 수학 교사들로부터 배울 수 있는 행운을 누렸다. 이런 교사 중 한 명인 카를로스 카바나Carlos Cabana는 수업에서 전체 토론을 비롯한 다른 여러 경우에 학생들의 메타인지적 학습을 돕는 교수 전략teaching strategy을 사용한다. 이제부터 카를로스의 수업 사례를 살펴보면서, 누구나 삶에서 활용할 수 있는 다양한 메타인지 접근 방식에 대해 생각해보도록 하자.

토론을 통한 메타인지 활동을 장려하라

나는 운 좋게도 오랫동안 알고 존경해온 카를로스 카바나가 여러 학교에서 사용한 교수법을 연구할 기회가 있었다. 카를로스가 리사 질크Lisa Jilk와 함께 수학 과목 공동 책임자로 있었던 레일사이드 스쿨(이곳은 다양한 인종의 학생들이 다니는 도심의 공립 중고등학교였다)의 학생들을 연구하면서, 교사가 학생들에게 서로 도우면서 학습을 잘할 수 있는 방법을 가르친 결과로 그들의 문제 해결 능력이 크게 상승한 사례를 관찰할 수 있었다.[14] 학생들은 자신의 그룹에 속한 다른 학생이 그룹에 도움을 잘 주지 못하거나 수업을 잘 따라오지 못한다고 느끼면 그 학생을 토론에 끌어들였고, 문제에 어떻게 접근해야 하는지 잘 모를 때는 서로에게 "문제가 우리에게 묻고 있는 것이 무엇일까?"처럼 생각을 유도할 수 있는 질문을 하거나 다양한 전략을 시도하면서 주어진 문제를 함께 해결했다.[15] 학교 교사나 직장의 관리자가 레일사이드 스쿨의 이 수학 교실을 봤다면, 학생들이 교사의 도움 없이 스스로 학습하면서 함께 협력하는 모습에 감탄했을 것이다. 내가 연구했던 일반적인 학교의 학생들보다 이 학교 학생들이 훨씬 높은 성취도를 보인 데에는 학생들이 함께 학습하는 방법을 배운 것이 영향을 미쳤다고 믿어 의심치 않는다.[16]

레일사이드의 학생들은 효과적으로 문제를 해결하는 법뿐만 아니라 '관계적 형평성relational equity'에 대해서도 배우고 있었다.[17] 이것은 형평성의 한 형태로, 시험 점수가 모두 같아진다는 뜻이 아니라 학생들 사이에서 서로 존중하는 관계가 형성된다는 뜻이다. 인종, 계급, 성별, 성취 수준 또는 기타 모든 형태의 차이와 상관없이 동료 학생을 존중하는 것은 다양성의 세상을 살아가는 시민으로 길러내기 위해 우리가 가르쳐야 하는 가장 중요한 목표 중 하나다.[18]

카를로스는 학기의 첫 주 동안 6학년 학생들을 가르치면서 어떻게 교육자가 학생에게서 사려 깊은 메타인지를 이끌어낼 수 있는지 잘 보여줬다. 일반적으로 학기 첫 주에 교사를 관찰하면 상당히 많은 정보를 얻을 수 있는데, 이 시기는 교사가 한 해 동안 교실의 규범이 될 내용을 정립하는 시기이기 때문이다.[19] 실제로, 카를로스가 갓 6학년이 된 학생들을 가르치는 모습을 보면서 그의 학생들이 어떻게 메타인지를 이용해 문제를 효과적으로 인식하고 해결하게 되는지 확실하게 알 수 있었다. 그때 나는 카를로스가 수업 시간에 학생들에게 하는 모든 설명이 메타인지적인 생각으로의 초대라는 것을 처음으로 깨닫게 됐다.

카를로스의 수업에서 일어난 일

카를로스는 교실 앞쪽 칠판에 12개의 정사각형으로 이루어진 직사각형을 그려볼 사람이 없는지 묻는 것으로 수업을 시작했다. 이제 막 6학년이 된 학생들에게 이것은 첫 번째 수학 과제였다. 그래서 카를로스는 이 과제에 대한 학생들의 생각을 소중하게 여겨야 하고, 그 생각에 대해 깊은 이해심을 보이는 동시에, 분명하지만 부드러운 모습을 보여야 한다는 것을 잘 알고 있었다. 그때 애나라는 아이가 긴장한 채 칠판으로 다가갔다. 애나는 그해 수업에서 처음으로 발표를 한 학생이었다. 애나가 칠판 앞에 서자 카를로스가 다른 학생들에게 물었다. "애나는 지금 무엇을 하려는 것일까?" 몇몇 아이들이 "정사각형 12개를 그릴 거예요."라고 대답했다. 그러자 카를로스는 다시 물었다. "정사각형을 이용해 그려야 한다는 것 말고 다른 조건도 있을까?"

이것은 전형적인 상호작용 상황으로 보일 수 있지만, 사실은 매우 이례적인 상황이었다. 애나가 그림을 그려 보이기 전에 카를로스가 애나가 할 행동을 자세하게 말해보라고 다른 학생들에게 요청했기 때문이다. 이 요청은 이 과제를 해결하기 위한 수학적 과정에 대해 생각해보라는 메타인지적인 초대였다. 학생들이 구체적으로 설명을 하지 못하자 카를로스는 더 자세하게 생각해보라고 독려했다. 애나가 직사각형을 그리려고 준비하는 동안 카를로스는 나머지 학생들에게 한 가지 중요한 말을 했다. 애나가 직사각형을 그리는 동안 그들도 자신의 역할을 해야 한다고 한 것이다. 그 역할은 애나가 제시한 답을 존중하면서 그 답에 대해 애나에게 어떤 질문을 할 수 있을지 생각해보는 것이었다. 그렇게 함으로써 모든 학생들이 '과제에 대해 서로 충분히 대화하도록' 유도되었다.

이 과정은 학생들이 자신들의 행동과 발표자의 생각이 어떻게 상호작용하는지 생각해보도록 했다. 카를로스는 학생들이 서로의 생각을 경청하면서 메타인지적인 사고를 하도록 만들고 있었다. 특히 그는 발표자가 정답을 알고 있다 하더라도 나머지 학생들이 그 답에 대해 좋은 질문을 던짐으로써 그것에 대해 생각하고 토론하는 역할을 수행해야 한다는 점을 강조했다. 교사라면 수업에서 한 학생이 발표할 때 다른 학생들이 그 발표에 집중하지 않는 경우가 많다는 것을 잘 알고 있다. 카를로스는 발표하지 않는 학생이 발표하는 학생에게 할 질문을 생각하도록 유도함으로써 이런 상황을 방지한다.

애나가 직사각형을 그리기 시작하자 카를로스는 애나에게 어떤 생각을 하고 있는지 설명해달라고 요청했다. 메타인지를 이끌어내기 위한 또 다른 중요한 시도였다.

직사각형을 다 그린 애나가 말했다. "정사각형 12개로 그렸어요." 그러자 카를로스가 애나에게 물었다. "정사각형이 12개라는 것을 어떻게 알지?" 이런 질문은 매우 중요하다. **학생이 제시한 답이 정답임을 어떻게 아는지 묻는 것은** 학생이 자신의 답에 대해 논리적으로 다시 생각하게 만들기 때문에, 수학적으로 매우 의미 있는 과정이다. 카를로스는 '수학적'이라는 것의 의미에 대한 학생들의 생각을 확장하고 논리적 추론을 하도록 유도해, 향후 어떤 수학 문제도 성공적으로 해결할 수 있도록 신중하고 확실하게 노력하는 사람이다. 애나가 세어보고 정사각형이 12개라는 것을 알았다고 대답하자 카를로스가 말했다. "좋은 생각이야. 다른 생각을 한 사람 있을까?" 카를로스의 이 말도 애나의 생각을 높이 평가하는 동시에 다른 학생들에게 다른 접근 방식이 있을 수 있으며, 교사로서 자신이 다른 접근 방식을 소중하게 생각한다는 것을 알려주었다.

그 후 수업이 진행되면서 알폰소라는 학생이 12개가 넘는 정사각형을 이용해 직사각형을 그린 다음, 자신의 답이 잘못됐다면서 직사각형에 X자를 그은 일이 있었다. 이때 카를로스가 말했다. "틀렸다는 것을 어떻게 알지? 왜 X자를 그었지?" 알폰소가 자신이 잘못 그린 직사각형을 쳐다보면서 머뭇거리자, 카를로스는 용기를 주는 말을 건넸다. "완벽에 가까웠어. 선생님은 네가 그 답을 내면서 어떤 생각을 했는지 알고 싶을 뿐이야." 이에 알폰소는 낙담한 표정으로 "아니에요."라고 말했지만, 카를로스는 알폰소의 답이 중요하며, 왜 그런 답을 제시했는지 설명할 수 있다면 모든 학생이 앞으로 나아가는 데 도움이 될 것이라고 말했다.

그 순간 카를로스는 교실의 모든 학생에게 소중한 메시지를 전달한 것이다. 그는 학생이 정답을 맞혔을 때와 같은 방식으로 실수를 다뤘고, 왜 답이 틀렸는지 물음으로써 그 답을 내게 된 수학적 과정을 살피고 그 과정에 가치를 부여했다. 또한 그는 "완벽에 가까웠어."라고 말함으로써 알폰소를 칭찬하는 데에도 특별히 신경을 썼다. 학생의 수학적 사고를 소중하게 여기는 이런 접근 방식은 수업에서 매우 중요한 역할을 했다. 알폰소는 카를로스의 이런 격려에 힘입어, 결국 논리적으로 자기 생각을 설명한 뒤 12개의 정사각형으로 이뤄진 직사각형을 정확하게 그려냈다(그림 2.1).

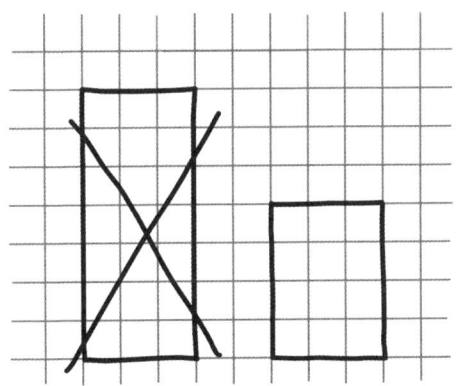

그림 2.1 알폰소가 그린 직사각형들

나중에 카를로스는 이 수업에서 처음 발표를 한 두 학생 모두 특수 교육이 필요한 학생이었다고 말하며, 그들이 용기를 내준 것에 감동했다고 했다. 그는 이 두 학생이 발표하는 순간 교사로서 자신이 해야 했던 가장 중요한 일은 그들을 감싸주면서 답이 맞든 틀리든 그들의 수학적 사고에 가치를 부여하는 것이었다고 회상했다.

이 두 학생이 발표한 뒤에 카를로스는 정사각형 12개로 직사각형을 만들 방법에 대해 나머지 학생들 각자가 생각한 것을 말하도록 유도했다. 이것은 두 학생의 발표 과정만큼 중요한 과정이었다. 몇몇 학생은 곱해서 12가 되는 수 2개를 생각했다고 말했다. 대부분의 수학 수업에서 교사의 이런 질문에 관한 대화는 이 정도 수준에서 끝난다. 하지만 여기서 카를로스는 왜 곱셈을 이용한 방법을 선택했는지 물었다. 그 학생들은 곱셈을 이용하는 것이 빠르다거나 정답을 얻게 해주었기 때문이라고 대답했다. 학생들이 수학적 과정에 집중하기를 원했던 카를로스는 이런 대답으로는 만족할 수 없었다. 이어지는 토론에서 카를로스는 학생들에게 "왜?"라는 질문을 7번이나 던졌고, 결국 한 학생이 "각각의 가로줄은 정사각형 3개로 만들어지고, 이런 줄 4개가 있어요."라고 설명했다. 이 토론 과정을 통해 카를로스는 학생들이 수학적 과정의 중요성과 수학적 과정을 이용해 답을 얻을 수 있는 이유를 이해하도록 돕고, 수업에서 그들에게 주어진 역할은 더 깊은 의미를 찾아내는 것이라는 점을 깨닫게 만들었다. 누군가에게 **"왜?"**라고 묻는 행동은 다른 사람들과 상호작용할 때 우리 모두가 할 수 있는 행동이다.

그 후 이 수업에서 헥터라는 학생은 직사각형의 바깥쪽 가로줄과 세로줄을 구성하는 정사각형들에 동그라미를 치고 숫자를 써넣어 곱셈의 과정을 설명했고(그림 2.2), 카를로스는 헥터의 설명과 부호

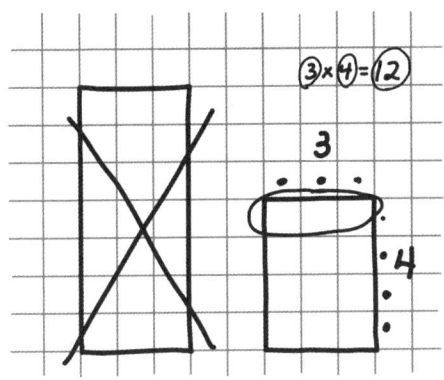

그림 2.2 곱셈 과정을 보여주는 헥터의 부호화 작업

화가 학생들이 서로의 생각을 이해하는 데 도움을 줬다고 말하면서 칭찬했다. 그런 다음 카를로스는 이런 부호화 작업의 중요성에 관해 설명하면서, 테크니컬 라이터technical writer*들이 이런 부호화 작업을 하는 사람들이며, "이들은 많은 돈을 버는 사람들"이라고 말했다.

카를로스는 다음과 같은 격려의 말로 수업을 마무리했다. "앞으로 우리는 넓이와 관련된 문제를 수없이 많이 풀게 될 거야. 따라서 여러분이 넓이에 대해 이해하고 있다면 그런 문제들을 풀 준비가 잘되어 있는 거라고 할 수 있어. 하지만 지금 넓이를 이해하지 못한다고 해서 낙담할 필요는 없어. 넓이 문제가 나올 때 겁을 먹거나 걱정하지 말고, 그 문제를 풀기 위해 계속 노력하면 돼."

---

* 복잡한 정보를 이해하기 쉽게 정제해 명확하고 간결한 문서를 만들어내는 전문가.

이 단순하지만 의미 깊은 말을 통해 카를로스는 학생들이 풀기 위해 노력하고 있는 수학 문제(곱셈을 이용한 넓이 구하기)에 대해 다시 생각해보도록 유도하고 있었다. 또한 이 말은 학생들이 넓이에 대해 알아야 하지만 아직 잘 알지 못한다고 해도 앞으로 더 많은 기회가 있기 때문에 괜찮다고 용기를 주기도 했다.

짧은 수업 시간 동안 이런 식으로 카를로스는 학생들이 덧셈에서 곱셈으로 넘어가는 중요한 수학적 과정을 거치도록 유도했다. 그는 학생들이 다음과 같은 여덟 가지 유형의 메타인지 사고를 하게 함으로써 이런 작업을 수행한다. 즉, 서로의 말을 경청하고, 자기 생각을 밖으로 드러내고, 다른 학생이 어떤 내용의 발표를 하려고 하는지 생각하고, 다양한 전략을 고려하고, 실수를 이해하면서 소중히 여기고, 특정한 문제 해결 방법이 왜 효과가 있는지 생각하고, 컬러 코딩(색깔로 개념을 구분하기)과 '테크니컬 드로잉(선·면·도형 그리기)'에 주목하고, 자신이 배운 내용에 대해 다시 생각하도록 한 것이다. 학생들이 수학적 토론을 진행하는 동안 보통 카를로스는 교실 뒤편에 서서, 학생들이 교사에게 자기 생각을 말하는 일만큼 서로 아이디어를 교환하는 일이 중요하다는 것을 알려준다.

메타인지적 사고를 하게 만드는 것은 성찰적 사고와 사고의 다양성을 가능하게 하는 수학적 마인드셋을 심어주는 과정의 핵심이다. 실제로, 부모나 교사가 학생과 같이 문제를 풀 때, 또는 여러분이 다른 사람과 이와 비슷한 상황에 있을 때, 부모나 교사 또는 여러분은 대화를 통해 학생 또는 다른 사람이 메타인지적인 사고를 하도록 격려해줄 수 있다. 다른 사람이나 자기 자신을 메타인지적 사고로 초대하는 것은 "왜?"라는 질문을 던지는 것에서 시작한다. 사람들은 자신이 왜 특정한 방법을 선택했는지, 왜 어떤 규칙이 효과가 있다고 판단했는지, 왜 어떤 비즈니스 전략을 선택했는지와 같은 생각을 할 때 더 깊고 성찰적인 사고의 영역으로 들어가게 된다. 또한 학급 전체가 참여하는 토론은 한 반 학생 모두에게 메타인지적 행동과 전략을 장려하고 강화하는 데 특히 유용하다.

카를로스가 가르친 이 6학년 학생들은 이후 스탠퍼드대학교, 캘리포니아대학교 등 명문 대학에 진학하거나 좋은 회사에 입사하는 등 매우 뛰어난 성취를 보였다. 그중 한 학생은 11학년(한국의 고2) 때 학생 자격으로 지역 교육위원회 위원에 선출됐고, 그 후 캘리포니아주 교육위원회 위원이 되기도 했다.

메타인지를 촉진하는 8가지 수학 학습 전략

메타인지 능력이 뛰어난 사람의 도구 상자에서 가장 중요한 도구는 수학 문제에 접근할 때 사용하는 전략일 것이다. 대체로 볼 때, 이런 전략이 성공적으로 수학을 학습하는 사람들과 그렇지 않은 사람들을 구분하는 요소라는 사실은 다양한 연구로 뒷받침되고 있다.[20] 나는 이런 전략 대부분이 사람들에게 '초능력'을 부여한다고 본다. 하지만 이런 전략들은 사람들을 성공하게 만들 수 있는데도,

대부분이 잘 모르고, 설령 알더라도 뭔가를 배우거나 문제를 해결하는 상황에서 제대로 사용하지 못하고 있다.

전략 1 한 걸음 물러서기

학습과 업무의 모든 영역에서 유용한 첫 번째 전략은 문제에서 한 걸음 물러나 문제가 무엇을 요구하는지 생각해보는 접근법이다. 당연하게 들릴지 모르지만, 대부분의 사람은 수학 문제를 접했을 때 즉시 답을 찾을 수 있어야 한다고 생각하거나 바로 포기한다. 이처럼 학생들이 문제를 어떻게 풀기 시작해야 할지 몰라 카를로스에게 도움을 요청하면, 그는 문제를 소리 내어 읽어보라고 말한다. "문제가 묻고 있는 게 무엇일까? 큰 소리로 말해보세요."

이런 요청을 받고 문제를 큰 소리로 읽은 학생은 대부분 곧바로 "아, 어떻게 해야 할지 알겠어요."라고 말한다. 소리를 내면서 문제를 반복해서 읽는 일은 수학적 사고로 진입하는 관문 같은 것이다. 학생들이 그룹을 이뤄 함께 문제를 푸는 것이 중요한 이유 중 하나가 여기에 있다. 그룹을 이루면 자연스럽게 문제에 대해 서로 이야기를 나누게 되기 때문이다.

이런 요청에 이어 학생들에게 할 수 있는 좋은 질문은 "이 문제는 무엇에 관한 것일까?"이다. 이 질문은 메타인지 사고를 유도하는 더 넓은 범위의 질문이다.

수학 교육 현장에서 일반적으로 사용되는 전략은 학생들이 문장으로 표현된 수학 문제를 풀 때 핵심 단어를 찾도록 하는 것이다. 실제로 일부 교사는 문제를 풀 때 '의(of)'라는 단어에서는 나눗셈을 해야 한다는 힌트를, '더 많은(more)'이라는 단어에서는 덧셈을 해야 한다는 힌트를 얻으라고 가르친다. 하지만 나는 핵심 단어를 찾아내는 이 방법이 비생산적이라고 생각한다. 학생들이 문제의 의미를 이해하고 '문제가 내게 요구하는 것이 무엇일까?'라는 생각을 하는 것이 훨씬 중요하기 때문이다. 핵심 단어를 찾게 되면, 더 큰 그림을 보면서 문제의 전체적인 의미에 대해 생각하기보다는 오히려 그와 반대되는 생각을 하게 된다. 그 핵심 단어를 찾으면 특정한 규칙이나 방법을 사용할 수 있으리라 기대하면서 말이다. 이런 접근 방식은 학생들이 잘못된 답을 내게 할 뿐만 아니라 문제의 의미를 완전히 놓치게 만든다.

전략 2 문제를 그림으로 그리기

이 전략은 모든 수학 문제를 풀 때 내가 사용하는 것인데, 그 가치에 대해서 아무리 강조해도 지나치지 않다. 나중에 5장에서 설명하겠지만, 연구자들은 수학자와 다른 분야 학자의 뇌 활동이 시각 영역에서 차이가 난다는 사실을 발견했다(이때 수학적 내용은 상관이 없었다).[21] 사람들에게 숫자 문제를 그림으로 그리도록 하면, 뇌의 시각 영역이 활성화될 뿐만 아니라 수 영역과 시각 영역 사이의 중요한 연결성이 자극된다. 또한 문제를 시각화하는 이 방법은 어떤 문제에 접근하고 그것을 이해할 수 있는 다른 방법을 생각해내도록 하는, 매우 중요한 과정으로 연결된다.

전략 3 새로운 접근 방식 찾기

세 번째 전략은 사람들에게 문제에 대한 다른 접근 방식에 대해 생각해보도록 만드는 것이다. 나는 이 전략이 성취도가 높은 학생들에게 특히 효과적이라는 사실을 발견했다. 이런 학생 중 상당수는 문제를 풀 때 한 가지 접근 방식만 사용해왔기 때문이다. 또한 이 전략은 문제를 푸는 속도가 서로 다른 학생들이 한 반에 섞여 있을 때 유용하게 사용할 수 있는 방식이기도 하다. 특정한 학생들이 다른 학생들보다 먼저 문제를 푸는 경우, 나는 항상 그 학생들에게 다른 문제를 주기 전에 방금 푼 문제를 다른 방식으로 풀 수 있는지 생각해보라고 말한다. 이 전략은 학생들이 수학적 다양성을 가지고 생각하도록 만드는 중요한 방법이다.

전략 4 "왜?"에 대해 생각해보기

카를로스는 6학년 학생들에게 왜 곱셈을 활용했는지 7번 이상 물어본 뒤에야, "그냥 곱하면 답이 나와서요."와 같은 수준의 답을 넘어서 곱셈의 수학적 과정과 그 이면의 논리에 대한 답을 들을 수 있었다. 어떤 방법이 왜 효과가 있는지 그 이유에 대해 알게 되는 과정은 학생들의 이해에 매우 중요한데, 특히 여학생들에게 그렇다. 다양한 연구에 따르면, 일반적으로 여학생들은 남학생들에 비해 이런 깊이 있는 이해를 원하는 비율이 높다.[22] 물론, 이유를 아는 것은 성별에 상관없이 좋은 일이다. 하지만 여학생들은 특히 깊이 있는 이해를 하지 못하게 되면 수학에서 멀어지는 경우가 많다.

전략 5 단순화하기

이 전략은 문제를 더 쉽게 이해하고, 계산하고, 보게 만드는 전략이다. 나중에 6장에서 자세히 설명하겠지만, 숫자 문제를 풀 때 성취도가 높은 학생과 낮은 학생을 구분하는 요소는 문제를 바꾸는 능력이다.[23] 예를 들어, 19에 6을 더하라고 하면 어떤 학생들은 19+6을 계산하는 대신 20+5를 계산한다. 이 방법은 당연해 보일 수 있지만 다소 놀랍게도, 성취도가 낮은 학생 대부분은 문제를 바꾸는 것이 절대 '허용'되지 않는다고 믿는다. 숫자나 도형을 단순하게 바꾸는 접근 방식은 문제를 해결할 때 유연성을 기르는 데 도움이 된다.

전략 6 추측하기

여섯 번째 전략은 학생들이 스스로 추측하도록 유도하는 것이다. 수학에서 추측conjecture이란 아직 증명되지 않은 생각, 즉 아직 아이디어 단계에 머무는 생각을 뜻한다. 과학에서는 이를 가설hypothesis이라고 부른다. 대부분 학생이 가설이 뭔지는 알고 있지만 추측에 대해서는 들어본 적이 없다는 점은 매우 흥미롭다. 이는 우리의 수학 교육 시스템의 문제점을 드러낸다. 규칙에만 집중하다 보니 많은 학생이 추측과 같이 재미있는 개념의 가치를 잘 모른다. 수업에서 나는 학생의 역할 중 하나가 자신만의 추측을 만들어내는 것이라고 말하곤 한다. 추측은 수학에 대한 학생의 관점을 전체적으로 바꿀 수 있다.

전략 7 회의론자 되기

앞의 추측하기 전략과 짝을 이루는 이 전략은 학생이 추론을 하면서 회의론자skeptic의 역할을 하도록 유도하는 접근 방식이다. 나는 학생들에게 수학 공부를 할 때 이유에 대해 생각하는 것이 매우 중요하다고 강조한다. 그러면서 왜 학생들이 특정한 방법들을 선택했는지, 그들이 선택한 방법들이 왜 논리적 연관성을 가지는지, 왜 그 방법들이 효과가 있는지 설명하는 것이 중요하다고 가르친다. 이 과정을 '추론 과정reasoning'이라고 부르는데, 추론은 수학의 핵심이다. 수학자가 발표하는 연구 결과는 수학적 추론으로 가득 차 있다. 추론은 수학자가 수학적 아이디어를 증명하는 방법이기 때문이다. 성인의 경우, 직장에서 자신의 추론 결과를 공유한다면 더 좋은 성과를 낼 수 있다.[24] 나는 학생들에게 추론에는 세 가지 수준이 있다고 설명한다. 가장 낮은 수준의 추론은 자신을 설득할 수 있는 수준의 추론이다. 친구를 설득하는 것은 이보다 조금 더 어렵다. 가장 높은 수준의 추론은 회의론자를 설득할 수 있는 수준의 것이다. 이렇게 설명한 뒤 나는 학생들에게 회의론자가 되라고 말한다.

이 메타인지 프레임워크, 즉 회의론자 프레임워크를 권장하는 이유는 이것이 교실의 토론 환경을 변화시키는 데 매우 효과적인 것을 알게 되었기 때문이다. 이 프레임워크를 학생들과 공유하기 전에는 학생들의 토론이 대부분 내게 집중됐다. 하지만 학생들에게 서로 회의적인 관점을 표현하라고 요청하자 토론은 더 이상 나를 중심으로 이뤄지지 않았다.

유큐브드 캠프에 참가한 중학생들에게 회의적이 되어야 한다고 말하면, 그들은 바로 기꺼이 그 요청을 받아들인다. 첫 번째 캠프에서는 학생들이 질문에 대답만 하고 서로 대화를 나누지 않아 수업 중 대화가 교사에게만 집중될까 걱정했다. 하지만 내가 학생들에게 회의적인 태도를 취해달라고 요청하자 바로 상황이 바뀌었다. 한 캠프에서 참가자 조시가 다른 참가자 매트의 추측을 증명하던 일이 지금도 기억난다. 매트는 두 홀수의 합은 항상 짝수일 것이라는 추측을 제시했다. 나는 반 학생들에게 이 추측을 증명할 수 있는 사람이 있는지 물었고, 그러자 조시가 자원해 교실 앞쪽 칠판으로 다가갔다.

조시는 1+2=3이고 3은 홀수이지만 1+1=2이고 2는 짝수라는 예로 추론을 시작하면서, "이 원리는 모든 경우에 적용됩니다. 끝!"이라고 능청스럽게 말했다. 하지만 회의적인 태도를 배운 학생들은 "왜 그렇게 되는 거지?", "증명해봐!" 같은 말로 반응했다. 그러자 조시는 "증명하란 말이지?"라고 말하면서 기꺼이 다른 학생들의 도전을 받아들였다. 조시는 다른 예를 들었다. "홀수인 201에 역시 홀수인 1103을 더하면 짝수인 1304가 되지요." 그래도 학생들은 계속해서 회의적인 반응을 보이며 이것이 **왜** 가능한지 물었다. 그러자 조시는 "1304를 2로 나누면 짝수 두 개로 나뉘기 때문이죠. 짠!"이라고 말했다.

하지만 학생들은 이번에도 회의적인 반응을 보였고, 조시는 더 깊은 추론으로 대응했다. 회의적인 태도와 추론 사이의 이런 연결 고리는 매우 강력하다. 또한 이 연결 고리는 수학을 공부할 때 학생들이 해야 할 역할이 센스 메이킹sense-making(배우는 내용의 의미를 이해하는 일)과 추론인 것을 인식하게 해준다. 추론은 수학적인 사고를 가능하게 해주고, 수학적 다양성의 가치를 인식하고, 이해를 가능하게 해주는 중요한 도구 중 하나다. 학생이 추론을 더 많이 할수록 다른 학생들의 이해는 더 쉬워진다.

전략 8 더 작은 사례 시도하기

마지막 전략은 학생들이 더 작은 사례로 문제를 해결하도록 유도하는 것이다. 예를 들어, 8×8 체스판에 사각형이 몇 개 있는지 계산해야 하는 경우를 생각해보자. (참고로 정답은 64개가 아니다!)

그림 2.3 체스판

이때는 먼저 2×2, 3×3, 4×4 체스판에서 사각형의 수를 알아보는 것이 도움이 될 수 있다. (그림 2.4의 왼쪽 체스판에서 정사각형 5개를 찾았는가? 그렇다면 같은 방법을 활용해 가운데 체스판에서는 14개, 오른쪽 체스판에서는 30개를 찾을 수 있다.) 이렇게 작은 사례를 이용해 문제를 풀면 기본 패턴을 훨씬 더 명확하게 볼 수 있다.

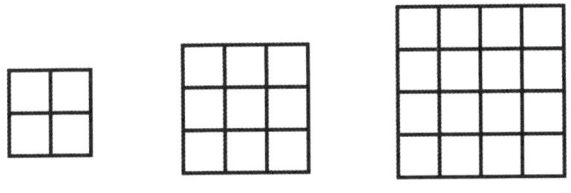

그림 2.4 더 작은 체스판들

이 접근 방식은 수학의 모든 영역은 물론 다른 많은 형태의 지식 영역에서도 사용할 수 있다. 나는 항상 이 전략을 내가 가르치는 모든 학생과 공유한다. 그리고 그때마다 학생들이 이것을 한번도 배운 적이 없다는 사실을 알게 된다. 하지만 나는 이것이야말로 수학적인 초능력을 키울 수 있는 전략이라고 생각한다. 많은 사람에게 불안감을 주고 식은땀을 흘리게 하는 문제인 2를 5/6으로 나누는 문제를 예로 들어보자. 이 경우 먼저 "2를 1/6로 나누면 얼마가 되지?"라고 자문하고 여기서부터 생각을 넓혀나가는 것이 좋은 전략이 될 수 있다.

이 여덟 가지 전략은 모든 수학 문제를 풀 때 도움이 될 것이다. 이 전략들은 지금 수학 수업에서 잘 사용되고 있지는 않지만, 수학을 공부하는 학생들에게 큰 도움을 줄 것이다. 이 전략들에 대한 자세한 설명을 담은 문서는 이 책의 웹사이트 Mathish.org에서 다운로드할 수 있다.

저널 쓰기

학생들이 저널 쓰기를 통해 자신의 수학 학습 여정을 돌이켜보는 방법은 매우 효과적이다. 저널은 수학 수업 시간에 학생들이 문제를 풀고 답을 채워 넣는 워크북과는 다르다. 저널은 자유롭게 자기 생각과 성찰 내용을 기록할 수 있는 열린 공간이다. 생각과 성찰 내용을 기록하게 함으로써 학생들에게 도움을 주지만, 학생이 아닌 사람들도 저널 쓰기를 통해 같은 종류의 도움을 받을 수 있다. 나는 어디에 가든 내 생각, 아이디어, 계획을 기록할 수 있는 저널을 늘 챙긴다.

내가 선호하는 저널 형태는 선이 없는 백지 공책 또는 얇은 점선이 그어진 공책이다. 그래야 학생들이 말 그대로 '선 밖에서' 생각할 수 있기 때문이다. 수학 캠프에서 우리는 학생들에게 저널을 나눠주고 수학 또는 그 밖의 학습 활동에 유용할 수 있는 아이디어들을 적도록 유도한다. 또한 수업이 시작될 때 학생들에게 저널을 꾸밀 수 있는 시간을 주어 학생들이 주인의식을 가질 수 있도록 한다. 때로는 학생들의 저널을 걷어 검토한 뒤 학생들이 저널에 기록한 아이디

어에 의견을 달기도 한다. 이때는 학생들이 자기 생각을 담는 공간을 교사에게 빼앗겼다고 느끼지 않도록 포스트잇을 이용한다.

성찰과 성장 마인드셋 구축하기

여러 연구에 따르면, 학습 성취도는 자신의 학습에 대한 성찰(이런 성찰은 메타인지의 중요한 부분이다)에 의해 높아진다.[25] 효율적인 학습자와 비효율적인 학습자의 차이는 자신에 대해 성찰하는 방법을 아는지 그렇지 않은지에 달려 있으므로 교사와 학부모는 항상 다양한 방법으로 학생들에게 이런 성찰을 장려해야 한다. 표 2.1에는 수업 중에, 수업이 끝나고 교실에서 나가기 전에 그리고 집에서 생각할 거리의 일부로 사용할 수 있는 질문들이 정리돼 있다. 이 질문 목

표 2.1 성찰 질문지 reflection ideas

	오늘 어떤 수학적 아이디어/개념을 배웠나요?
	오늘 배운 내용이 그동안 배운 내용들과 어떻게 연결되나요?
	오늘 배운 내용 중에서 어떤 내용이 어렵다고 느꼈나요?
	오늘 배운 수학적 개념을 생활에서 어떻게 적용할 수 있을까요?
	문제를 풀기 위한 전략이나 접근 방법 중에서 어떤 것이 도움이 됐나요?
	이해가 안 되거나 더 배우고 싶은 부분이 있나요?
다른 학생이 풀 수 있도록 직접 문제를 만들어 아래에 써보세요.	

록은 학생들에게 다양한 시간에 하나 이상의 질문에 대해 생각할 기회를 주기 위해 만든 것이다. 학부모는 일상적인 대화로 이런 질문들을 자녀에게 할 수도 있고, 거기서 더 나아가 저널에 질문들을 적어놓고 자녀가 나중에 다시 생각하도록 유도할 수도 있다.

나와 함께 일했던 교사들은 별 의미 없는 문제들을 숙제로 내주는 대신에, 집에서 수업 내용에 대해 다시 한번 생각해보는 숙제를 내주면 학생들의 수학적 이해도가 높아진다고 말한다.[26] 이 방법은 매우 효과적인데, 그 이유는 이 방법을 통해 학생들이 자신의 지식과 이해를 되짚어 보는 매우 소중한 기회를 가질 수 있기 때문이다. 몇 년 전에 함께 일했던 교사들은 한두 개 정도의 질문에 대해 생각해보기를 과제로 내주곤 했다. 다음은 일상적인 숙제가 좁은 의미의 연습 문제 풀기에서 질문에 대해 생각하기로 바뀐 뒤에 학생들이 보인 반응이다.

> 숙제가 그날 배운 내용을 되돌아보는 데 도움이 되는 것 같아요. 기억이 잘 나지 않는 부분이 있으면 숙제로 받은 질문들을 적은 공책을 살펴보면 되니까요.

> 숙제로 받은 질문들은 정말 큰 도움이 돼요. 내가 어떤 부분을 더 공부해야 하는지, 어떤 부분을 잘하는지 알 수 있게 해주거든요.

숙제하는 방식 자체가 매우 큰 도움을 준다고 생각해요. 수학 문제를 푸는 것보다 배운 내용을 되짚어 보는 것에 시간을 더 많이 사용하면 더 많은 것을 배울 수 있어요.[27]

이런 되짚어 보기, 즉 성찰은 메타인지 사고의 일부인 성장 마인드셋을 발달시키는 데에도 중요한 역할을 한다. 학생들이 성장 마인드셋을 가졌는지 어떻게 알 수 있느냐고 질문하는 교사가 많다. 일부 교사는 마인드셋 설문 조사를 시도해보았지만 별로 효과가 없었다고 말했다. 이는 전 세계적으로 대부분의 학생이 마인드셋 설문 조사의 '정답' 또는 기대되는 답을 알고 있기 때문이다. 설문 조사에 대한 답변보다 중요한 것은 학생들이 공부가 힘들거나 실수했을 때 행동하는 방식이다. 교사와 학생 모두가 자신의 마인드셋을 인식하고 중요한 메타인지 전략을 배울 수 있도록 돕기 위해 우리 스탠퍼드대학교 연구팀은 마인드셋 체크 항목을 개발했다(표 2.2).

교사들은 이 체크 항목이 학생들의 수학적 전략과 성장 마인드셋을 발달시키는 데 도움이 됐다고 말했다. 일부 교사는 수업을 시작할 때와 끝낼 때 학생들에게 이 체크 항목을 제시하고 학생들의 반응을 수집해 그들의 마인드셋에 변화가 있는지 확인하기도 한다.

표 2.2 마인드셋 루브릭mindset rubric

	**믿음** 나는 나 자신을 믿는다. 나는 내가 무엇이든 배울 수 있는 것을 잘 알고 있다. 내게는 무한한 잠재력이 있기 때문이다. 나는 나의 뇌가 유연하고, 계속 발달하고 있고, 강력해지고 있으며, 항상 다양한 경로를 서로 연결하고 있다는 것을 알고 있다.
	애씀 나는 공부가 어렵고 힘들어도 계속 나아간다. 나의 뇌가 계속 발달하고 있다는 것을 알고 있기 때문이다. 나는 위험을 감수하고, 새로운 시도를 하고, 실수하는 것이 두렵지 않다.
	**전략** 어떤 방법이나 접근 방식이 효과가 없을 때는 다른 시도를 하면서 문제에 대해 새로운 방식으로 생각한다. 나는 아이디어를 탐색하고, 패턴을 찾아내고, 시각적, 언어적, 물리적, 수리적으로 다양한 방식에 대해 생각한다.
	연결 나는 다른 사람들의 아이디어와 나와 다른 그들의 사고방식을 알고 싶다. 나는 내가 배우고 있는 것들에 대해 질문을 함으로써 새로운 이해를 모색한다.
	성찰 나는 성찰이 매우 소중한 학습의 한 요소라고 생각한다. 나는 내 생각에 대해 부정적으로 보이는 피드백을 받을 때도 그 피드백이 도움이 되리라는 것을 알고 있으며, 그 피드백을 나의 학습 과정에 포함하기 위해 전략을 사용한다.

그룹 활동을 통해 메타인지를 촉진하는 법: 서로의 생각을 존중하도록 가르치기

학생들이 메타인지 활동을 하는 법을 배울 수 있는 중요한 시간은 그룹에서 다른 학생들과 함께 학습할 때이다. 나는 수년째 학생들이 공평하게 참여하는 그룹 활동에 대해 연구하고 있으며,[28] 스탠퍼드대학과 여름 캠프에서 학생들을 가르치면서 실제로 이 전략을 사용하고 있다.[29]

앞서 언급했듯이 나는 레일사이드 스쿨을 연구하는 동안, 메타인지 전략이 거의 또는 전혀 없던 9학년 학생들이 12학년이 되자 매우 효과적으로 의사소통과 문제 해결을 하게 된 사례를 목격한 바 있다. 이 사례는 그룹 활동의 효과를 가장 인상적으로 보여주는 것이었다. 이 결과는 우연히 발생한 것이 아니라, 학생들이 서로를 존중하고 서로의 학습을 돕는 효과적인 그룹 구성원이 되도록 교사들이 의도적으로 노력한 결과였다.[30]

교사들은 그룹 활동 내 공평성을 제고하고 학생들 사이의 편차를 줄이기 위해 고안된 접근 방식인 복합 수업complex instruction 전략을 사용해 효과적인 그룹 활동을 가능하게 만들었다.[31] 레일사이드 교사들은 모든 수업에서 첫 10주 동안 그룹의 학생들이 서로 존중하면서 상호작용을 하도록 유도하는 데 중점을 두었다. 이 특별한 시간은 학교에서의 나머지 기간 동안 학생들의 상호작용에 큰 영향을 미쳤다. 첫 10주 동안 교사들은 학생들에게 특히 '그룹 활동에 적합한group-worthy' 과제, 즉 다양한 그룹 구성원이 필요한 과제를 부여했다. 학생들이 함께 활동할 때 교사들은 서로 존중하는 상호작용의 중요성을 강조하여, 그에 따른 행동의 결과가 학생들 사이에서 순환하는 유용한 피드백 루프를 만들었다.

복합 수업으로 효과적인 그룹 활동과 메타인지를 촉진할 수 있는 방법 중 하나는 학생들에게 그룹 내 역할을 할당하는 것이다. 복합 수업 개념을 창안한 학자들은 학생 네 명으로 구성된 그룹에서 각각 역할을 분담해 활동할 것을 권장한다.[32] 나는 지금까지 수년에 걸쳐 영국의 교사들에게 이 방법을 가르쳤는데, 이것을 약간 수정하고 다섯 번째 역할을 추가했다(표 2.3).

학생 각자에게 그룹 내 역할을 부여하면 많은 이점이 있는데, 이 방법은 가정에서 자녀들에게 적용할 수도 있다. 이 방법의 장점 중 하나는 모든 학생이 소속감을 느끼고 구체적으로 해야 할 일을 갖도록 만들 수 있다는 것이다. 또한 이 방법은 메타인지 사고를 유도해 학생들이 이유를 묻고, 깊고 전략적으로 생각하도록 이끌 수도 있다. 레일사이드의 교사들은 학생들에게 각자의 역할을 맡아 수행하도록 할 때, 참여 퀴즈 participation quiz를 활용했다(내 경험으로 알게 된 바로는 이것은 매우 효과적인 전략이다).[33] 이 전략은 학생들에게 그룹으로 작업할 과제를 주되, 작업을 시작하기 전에 가치 있는 여러 수학적 접근 방법을 알려주는 것이다. 레일사이드의 교사들은 학생들에게서 메타인지 사고와 행동을 유도하기 위해 다음의 수학적 행동들을 요청하고, 참여 퀴즈 시간 동안 그 행동들이 얼마나 잘 수행되는지 지켜보았다.

- 패턴을 인식하고 설명하기
- 여러 가지 표현을 사용해 내 생각을 증명하기

표 2.3 복합 수업의 역할을 수정한 '한계 없는 역할'

인클루더(includer): 모든 학생이 그룹 활동에 참여하도록 유도하는 역할을 한다. 인클루더는 그룹 활동을 시작하기 전에 그룹이 해결해야 하는 과제를 구성원 모두가 읽도록 요청한다. 인클루더는 모든 그룹 구성원에게 "문제에 대해 어떻게 생각해?", "문제의 핵심이 뭘까?", "우리가 모두 자신의 역할을 이해하고 있는 걸까?"라는 질문을 한다. 인클루더는 모든 그룹 구성원이 힘을 합칠 수 있게 만들고, 서로의 역할을 이해할 수 있게 만드는 역할을 한다. 인클루더는 반드시 모든 구성원의 생각을 들어야 하며, 구성원들에게 "다음 단계로 넘어가도 될까?"라고 확인해야 한다. 또한 구성원들이 그린 개념도에 반드시 모든 구성원의 아이디어가 포함되도록 만들어야 한다.

커넥터(connector): 그룹 구성원들에게 다양한 방식으로 생각하고, 여러 수학 개념 사이의 연결 고리를 찾고, 각각의 개념이 성립하는 이유를 이해해야 한다고 주지시키는 역할이다. 그룹 구성원들은 자신들의 다양한 생각을 이미지 또는 말, 숫자, 그래프, 신체 동작, 모델을 이용해 표현할 수 있어야 한다. 커넥터는 그룹 구성원들이 그리는 개념도가 잘 구성될 수 있도록 유도하고, 개념도는 색깔, 화살표 등 수학적 도구를 이용해 개념들 사이의 연결 관계가 드러날 수 있게 유도해야 한다. 커넥터는 "아이디어를 어떻게 잘 보여줄 수 있을까?", "연결 관계를 어떻게 부각할 수 있을까?" 같은 질문을 통해 그룹 구성원들이 함께 생각할 수 있도록 유도한다.

신서사이저(synthesizer): 그룹 구성원들이 시간, 공간, 자원에 집중하도록 유도하는 역할이다. 신서사이저는 과제의 다양한 측면에 그룹 구성원들이 어느 정도 시간을 할애해야 할지 생각하게 만들어야 한다. 또한 그룹이 현재 어떤 상태에 있으며 남은 시간 동안 어떤 방향으로 가야 할지 생각해보도록 만들어야 한다. 신서사이저는 그룹 구성원들에게 깊고 창의적인 생각을 위한 여지가 남아 있음을 주지시켜야 하며, 그들이 필요로 하는 자원*을 확실하게 제공해주어야 한다. 항상 "과제를 시각적으로 더 잘 표현하는 데 필요한 자원이 있을까?", "과제를 해결하는 데 도움이 될 자원이 있을까?" 등의 질문을 해야 한다.

퀘스처너(questioner): 이 역할을 맡은 학생은 그룹 내 다른 학생들의 활동에 관심을 보이면서 그룹 구성원들이 서로의 활동에 대해 궁금해하도록 유도해야 한다. 퀘스처너는 그룹 구성원들에게 중요한 개방형 질문을 많이 하고, 구성원들이 서로에게 창의적인 질문을 하도록 요청해야 하고, 그들이 다양한 방식으로 생각할 수 있도록 유도해야 한다. 퀘스처너 자신이 회의론자가 되어야 하며, 그룹의 구성원 모두가 회의론자가 될 수 있도록 도움을 주고, 자기 생각에 대한 논리적 근거를 제시하도록 유도해야 한다. 또한 그룹 활동 중에 장애물에 부딪힐 때 교사에게 도움을 요청하는 역할도 맡아야 한다.

스파이(spy): 다른 그룹들의 활동을 몰래 지켜보는 역할을 한다. 단, 다른 학생들의 활동 모습을 촬영하는 등의 행동으로 그룹 활동의 주의를 분산시켜서는 안 된다.

* 교육에서 자원resource이란 학습을 지원하는 원천으로서 지원 시스템, 교수 자료 및 교수 환경을 비롯하여 개개인의 학습을 도와주고 능률적으로 수행하는 데 도움을 줄 수 있는 모든 것을 포함한다.

- 단어, 화살표, 숫자, 컬러 코딩을 사용해 아이디어를 명확하게 전달하기
- 그룹 구성원들과 교사에게 아이디어를 명확하게 설명하기
- 다른 구성원들의 생각을 이해하기 위해 질문하기
- 그룹 구성원들에게서 더 깊은 생각을 유도하기 위해 질문하기
- 그룹 구성원이 아닌 사람들이 그룹의 생각을 이해할 수 있도록 프레젠테이션 구성하기

학생들이 이런 활동을 할 때 교사들은 다음과 같은 점을 늘 마음에 새겼다. **모든 학생이 이 모든 것을 다 잘할 수는 없지만, 모든 학생이 어떤 것들은 매우 잘할 수 있다. 오늘의 과제를 성공적으로 수행하려면 그룹 구성원 모두의 참여가 필요하다.**

교사들은 수학적 작업 방식 목록과 함께 좋은 그룹 행동의 목록도 학생들에게 제시했다.

- 적극적으로 그룹 활동에 참여하기
- 모든 구성원에게 동등한 발언 시간 부여하기
- 긴밀하게 서로 협력하기
- 서로의 말을 경청하기
- 서로에게 질문 많이 하기
- 그룹 내의 역할에 충실하기

교사들은 교실을 돌아다니며 좋은(또는 나쁜) 그룹 행동을 메모하고, 학생들이 실제로 한 말들을 화이트보드나 종이에 적었다. 수업이 끝날 무렵 학생들은 그룹 행동에 대해 피드백을 받았고 때로는 점수로 평가받기도 했다. 실제로 나는 스탠퍼드에서 학부생과 대학원생을 가르칠 때, 그룹 활동이 공평하게 진행되지 않는다는 판단이 들면 이런 참여 퀴즈 방식을 사용한다(이 학생들에게는 참여 퀴즈라는 말 대신 '참여 부양책participation boost'이라는 말을 쓴다). 그룹 활동을 하다 보면 어느 순간 몇몇 학생들이 대화를 주도하고 나머지는 그 대화에 참여하지 않거나 그 대화에서 소외되는 일이 거의 항상 발생한다. 하지만 내가 이 방법을 사용하면 불평등하게 진행되던 그룹 활동이 변화하기 시작하면서 학생들이 자기 행동을 더 잘 인식하게 된다. 이런 메타인지 활동은 학생들이 그룹 내의 수학적 다양성을 확실하게 이해하도록 만드는 과정에서 중요한 역할을 한다. 그룹 활동에서 무엇이 중요한지 알려주는 일, 즉 학생들이 자신의 학습 방식에 대해 생각하게 만들어 메타인지 전략을 발달시킬 수 있게 하고, 자신의 학습 여정에 대해 책임감을 느끼도록 유도하는 일은 장기적인 성공으로 이어진다.

레일사이드의 교사들이 사용한 또 다른 전략은 그룹 퀴즈를 내는 것으로, 그룹 구성원 중 한 명(무작위로 선택)의 과제물을 모아 구성원 모두가 해당 과제물에 점수를 매기는 방법이었다. 이 방법은 그룹의 구성원 모두가 다른 구성원의 학습에 책임이 있다는 메시지를 매우 강력하게 전달했다.

메타인지를 장려하는 평가란 무엇인가

　메타인지에 대해 다루는 이 장에서 메타인지적이고 자신에 대해 잘 인식하는 사람들을 격려하는 데 평가가 얼마나 강력한 역할을 하는지 논의하지 않고 지나갈 수는 없다. 나는 학생들의 관점을 성과 중심 문화performance culture에서 학습 중심 문화learning culture로 바꾸는 것이 중요하다는 내용의 글을 쓴 적이 있다.[34] 성과 중심 문화는 개선 방법에 대한 유용한 정보가 부족하고, 시험 점수와 성적만이 학생의 성과를 나타내는 문화다. 이에 비해, 학습 중심 문화는 교사의 피드백이 학생의 학습에 대한 정보를 제공해 학생이 개선 방법을 알 수 있도록 도와주는 문화다. 나는 학습 중심 문화를 조성한 학교를 방문한 적이 있는데, 그 학교 학생들은 자신의 학습에 대한 정보를 제공받는 것이 얼마나 감사한 일인지 이야기했다(7장에서 이와 관련된 모범적인 사례를 다룰 것이다). 나는 학생들의 이런 말이 전혀 놀랍지 않은데, 이런 학습 중심 문화에서 학생들은 자신의 삶을 주도하고 자신의 진전에 대해 책임지도록 권유되기 때문이다. '학습을 위한 평가assessment-for-learning' 이론을 옹호하는 학자들에 따르면, 이런 학생들은 공통의 목표를 가지고 서로를 돕는 '길드'에 초대된 학생들이다.[35]

　학생들에게 학습 진전 상황을 알려주는 최고의 방법은 루브릭rubric(학습자의 활동을 질적으로 평가하기 위한 틀)을 사용하는 것이다. 루브릭은 학습해야 할 내용과 학생의 학습 진도를 보여준다. 이 루브릭을 이용해 때때로 교사는 학생에게 매우 유용한 코멘트를 추가하고, 학생은 자신의 학습에 대해 스스로 성찰하도록 요청받기도 한다. 유큐브드 웹사이트에서는, 시험을 통한 성적 평가에서 루브릭을 이용해 학생에게 피드백을 제공하는 방식으로 변경해, 성장 마인드셋의 발달을 격려하는 학습 중심 문화로 전환하는 데 성공한 학교의 사례를 살펴볼 수 있다. 나중에 7장에서는 루브릭을 학생들의 학습 여정을 안내하는 이정표로 활용한 교사의 사례를 살펴볼 것이다.[36]

학생의 학습 목표 달성에 필요한 단계들을 제시하고 그 목표에 도달하기까지의 과정을 가늠하는 방법이 꼭 평가 하나일 필요는 없다. 예를 들어, 나는 2019년에 출간한 『언락Limitless Mind』에서 국제 바칼로레아 스쿨의 수학과 책임 교사 낸시 커셰어Nancy Qushair와 그녀가 가르친 학생 밀리의 이야기를 소개한 바 있다.[37] 밀리는 낸시의 수업을 듣기 시작할 때, 다른 학생들이 자기보다 학습 속도가 더 빠르기 때문에 자신은 수학을 잘하는 학생이 될 수 없다고 생각했다. 심지어 밀리는 자신이 '멍청한 학생'이라고 말하기까지 했다. 밀리를 돕기 위해 낸시는 한 가지 주제에 집중할 것을 제안했다. 밀리는 정수整數를 선택했고, 낸시는 다양한 시각적 표현을 사용해 최대한 많이 정수 문제를 내고 모든 풀이에 피드백을 제공함으로써 밀리가 자신이 학습의 어느 단계에 있는지 알 수 있도록 도와주었다. 그렇게 그해 말이 되자 밀리는 완전히 다른 사람으로 변화했다. 밀리는 낸시에게 쓴 편지에서, 개념을 시각적으로 보고 개념이 어떻게 그리고 왜 성립하는지 알게 되자 모든 것이 바뀌었다고 말했다. 밀리의 변화는 낸시가 밀리에게 수학적 다양성에 대해 알려주고, 명확한 목표를 제시하고, 목표를 향한 밀리의 진척도를 평가해주었기 때문에 가능했다. 내가 이 책을 쓰고 있을 때 낸시로부터 연락이 왔다. 오리건대학교에 다니고 있는 밀리에게서 수학 교수가 강의 시간에 『언락』의 내용이 담긴 동영상을 틀어줬다는 말을 들었다고 했다.[38] 이 동영상에는 밀리가 자신이 경험한 변화에 대해 이야기하는 장면이 나온다. 밀리가 수학적 다양성에 대해 알게 됨으로써 도움을 받은 후 다른 사람을 돕는 역할을 하게 된 아름다운 선순환의 순간이었다.

학습 진도에 대한 피드백과 함께 수학 학습 목표를 제시한 또 다른 사례자로는 초등학교 3학년 딸의 곱셈 학습을 도왔던 내 친구 크리스티나를 들 수 있다. 크리스티나는 딸 애비의 학교 수업 방식이 전적으로 숫자와 암기 위주라는 점을 우려해 애비에게 새 공책을 주면서 구구단 2단과 3단 등을 한 장씩 적어보라고 했다. 그리고 일주일 정도 시간을 들여 각 장에 다음과 같은 내용을 포함해달라고 했다.

1. 하나 이상의 수학적 사실을 보여주는 시각 자료
2. 관찰한 수 패턴에서 주목할 점
3. 수에 의미를 부여하는 실제 사례

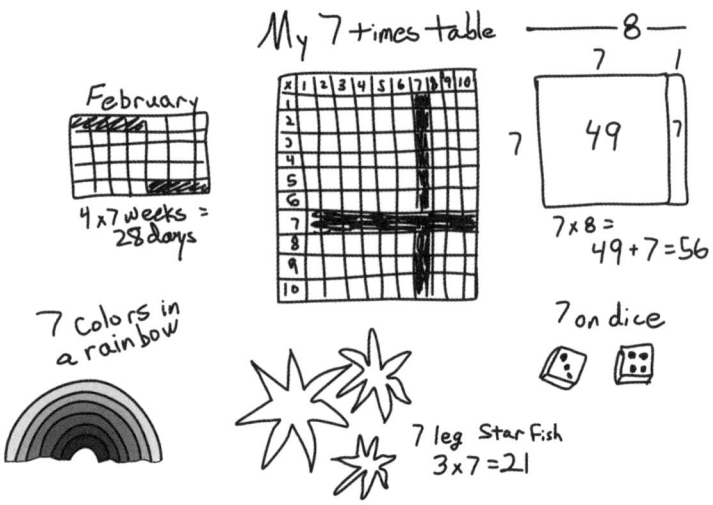

그림 2.5 숫자 7을 주제로 작업한 내용이 담긴 애비의 공책

    크리스티나는 초등학교 3학년 학생이 12단 모두에 대해 이 작업을 하는 것은 매우 힘들 수도 있고, 이 작업을 하다 보면 수학적 사고에서 쉽게 멀어질 수도 있을 것으로 생각했기 때문에, 이 작업을 재미있게 만들고 명확한 목표를 설정했다. 각 장이 끝날 때마다 애비와 함께 작업을 복습하고 피드백을 주고 질문을 하면서, 각각의 숫자가 들어가는 재미있는 숫자 게임을 하기도 했다. 처음에 크리스티나는 딸이 각 장을 완료할 때마다 간식 같은 보상을 주어야 할지도 모른다고 생각했다. 하지만 그녀는 그럴 필요가 없다는 사실에 감격했다. 오히려 애비는 이 일을 좋아했는데, 애비에게 일주일에 한 개씩 12개의 영역을 작업하기는 달성 가능한 수준의 일이었기

때문이다. 게다가 애비는 자신의 작업에 대한 피드백을 받았고, 그러면서 숫자 게임이 재미있다고 느꼈다. 또한 애비는 엄마와 함께한 이 작업이 학교에서 수학 수업을 받을 때 도움이 된다고 생각했다.

사람마다 학습 방식이 다르다는 것은 교육자, 지도자, 학부모 대부분이 잘 알고 있다. 하지만 그들은 학생들에게 효과적인 학습 및 문제 해결 방법을 가르칠 수 있다는 사실은 깨닫지 못하고 있다. 교사 대부분은 학생들이 학습 방법을 알고 있다고 가정한 상태에서 교과 내용을 가르치는 데 시간을 할애한다. 하지만 사실 학생들은 어떤 방법이 최선인지 모른다. 게다가 가혹한 성적 평가 문화와 좁은 의미의 수학에만 노출돼 있어 비생산적인 접근 방식을 배우는 경우가 대부분이다.[39] 중요한 사실은 다양한 수학적 아이디어에 대해 열린 마음과 호기심을 갖도록 가르치는 메타인지적 학습 접근법을 배우면 이 모든 것이 달라진다는 점이다.

이번 장에서 우리는 메타인지 학습을 유도할 수 있는 효과적인 방법들, 즉 수업 중 토론, 다양하고 강력한 수학적 전략들, 저널 쓰기, 서로를 존중하는 그룹 활동, 학생들에게 피드백을 제공하는 평가에 대해 살펴봤다. 이런 방법들을 이용해 메타인지를 가르친다면, 우리는 사람들의 삶에 도움이 되는 것을 가르치는 것이다. 이런 방법들이 중요한 것은 다양한 아이디어에 마음을 열고, 질문하고, 깊이 생각하고, 성찰하는 방법을 가르칠 때 학생들이 더 잘 배우고, 삶에서 만나는 서로 다른 여러 아이디어로부터 더 많은 것을 얻을 수 있기 때문이다.

3장

성장
마인드셋
장착하기

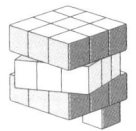

이 책을 함께 읽으며 수학적 다양성의 아름다움과 '대략 수학적'이라는 개념의 유쾌함을 경험하는 동안 모두가 가져야 할 중요한 마인드셋이 있다. 바로 성장 마인드셋이다. 이 마인드셋은 우리의 학습뿐만 아니라 우리가 세상과 상호작용하는 방식도 변화시킨다. 이 마인드셋은 실수mistake, 애씀struggle, 도전challenge의 과학을 기초로 한다.

성장 마인드셋을 가진 사람들이 더 효과적인 삶을 산다는 증거는 광범위한 연구로 뒷받침된다.[1] 그렇다면 성장 마인드셋을 갖는다는 것은 무엇을 의미할까? 일반적으로 성장 마인드셋은 무엇이든 배울 수 있다는 생각 그리고 그 시도가 바람직하다는 생각이라고 간주된다. 이 두 가지 생각 모두 중요하지만, 나는 **성장 마인드셋**의 본질은 살면서 애를 쓰고, 실수하고, 힘든 시기를 경험할 때 우리가 가지는 생각들이라고 본다. 성장 마인드셋은 일이 잘못되었을 때 사람들을 보호하고 어려운 문제를 극복할 수 있도록 도와준다. 성장 마인드셋의 핵심 특징은 사람들이 애를 쓰고 실수할 때 그들의 반응을 변화시킨다는 데에 있다.

신경과학 연구에 따르면, 마인드셋이 고정된 사람은 실수가 자신의 약점을 드러내는 증거라고 생각하는 반면, 성장 마인드셋을 가진 사람은 실수를 무언가를 배울 수 있는 기회로 여긴다. 또한 뇌파 검사를 이용한 연구에 따르면, 성장 마인드셋을 가진 사람은 고정 마인드셋을 가진 사람에 비해 피드백을 받은 후에 오류를 더 잘 수정한다. 성장 마인드셋을 가진 사람은 피드백에는 더 많이 집중하고, 감정적인 스트레스에는 더 적게 집중하는 신경적 특성을 보인다.[2] 즉, 이들은 고정 마인드셋을 가진 사람과는 매우 다른 방식으로 실수를 받아들인다. 따라서 성장 마인드셋을 키우도록 격려받으면 사람들은 자신의 실수에 긍정적인 방식으로 접근하기 시작한다.[3]

이 연구 결과의 의미는 매우 깊다. 어려운 상황에 직면할 때마다 힘이 나고, 학습 의욕이 생기고, 피드백에 더 주의를 기울이고, 학습 효과를 높이는 뇌 반응이 더 효과적으로 일어난다고 상상해보자. 성장 마인드셋을 가진 사람들이 모든 수준의 교육에서 더 높은 성취도를 보인다는 다양한 연구 결과가 나오고 있는 것은 놀라운 일이 아니다.[4]

도전적인 아이디어와 상황을 기꺼이 받아들이게 해주는 이런 마음의 변화에 대해 지금 이야기하는 이유는, 여러분이 수학적 다양성과 '대략 수학적' 개념에 넉넉하게 열린 마음으로 접근할 수 있도록 하기 위해서다. 이런 마음의 변화는 수학 트라우마를 겪었거나 수학 학습에서 어려움을 경험한 적이 있는 사람에게 특히 중요하다 (사실, 우리 대부분이 이런 경험이 있다). 이 주제는 내 연구의 핵심이며, 내가 전에 쓴 책들에서도 다룬 바 있다. 이 장에서는 수학 여정을 함께 시작하면서 우리의 이해, 학습 그리고 삶을 개선하기 위한 '애씀'에 대한 최신 연구 결과와 아이디어를 살펴볼 것이다.

우리는 왜 애씀을 사랑해야 하는가

지난 10여 년 동안 나는 자녀의 수학 학습에 대한 조언을 구하는 학부모들의 이메일을 수백 통 받았다. 아무리 노력한다 해도 모든 이메일에 답장을 보내는 것은 불가능하다. 그러던 중 최근 내 관심을 끄는 이메일이 왔다. 스탠퍼드대학교 재학생의 학부모가 딸을 도와달라고 부탁하는 내용이었다. 줄리는 10년 전에 스탠퍼드에 입학했지만, 심각한 병 때문에 수십 개월 동안 학교를 쉬고 있었다. 줄리의 아버지는 딸이 수학을 싫어하고 수학 불안이 심하며, 특히 통계학의 한 과목이 영문학 학위 취득에 걸림돌이 되고 있다고 말했다. 줄리의 아버지에 따르면, 줄리는 학기 초반부터 통계학을 "이해할 수 없는" 과목이라고 말했고, 통계학 때문에 "몸이 완전히 망가질 정도"에 이르렀다. 그 후 나는 줄리를 만났다. 줄리는 지적 호기심과 영문학에 대한 열정으로 가득한 학생이었지만, 수학 공부에 대해서는 매우 낙담해 있는 상태였다. 고등학교 때 수학 때문에 어려움을 겪었던 줄리는 자신이 통계학 과목에서 낙제점을 받을 것이라고 확신하고 있었다.

나는 박사 과정 학생 중 한 명인 마지 한Margie Hahn에게 줄리를 지도해달라고 부탁했다. 처음에 마지는 줄리가 모든 수업의 테스트에서 낙제점을 받았다고 말했지만, 둘은 계속해서 노력했다. 두 사람은 자신들이 애써 노력해야 한다는 사실을 받아들였다. 그리고 매주 수업 중 테스트 내용을 다시 짚어보면서, 줄리가 틀린 문제를 함께 살펴보기 시작했다. 마지는 줄리가 문제를 다르게 보고, 강의에서 배운 것과는 다른 접근 방식을 찾도록 도와주었다. 점차 줄리는 실력이 향상되었다. 학기 말에 나는 줄리가 기말시험에서 A-를 받았다는 반가운 문자를 받았다. 줄리와 그녀의 아버지는 기뻐서 어쩔 줄 몰라 했다. 그 뒤 줄리는 스탠퍼드를 졸업하고 현재 박사 과정을 밟고 있다.

줄리는 자신의 실수에 집중하고 문제에 대한 다른 접근 방식을 생각하면서 마음의 빗장이 풀렸고, 학습도 활발해졌다. 이는 학생이 테스트 내용을 다시 살펴보면서 자신의 오류를 수정할 수 있도록 시험지를 돌려주는 교수법 때문에 가능했다. 물론, 실제 교육 현장에서는 이런 일이 흔하게 일어나지 않는다. 하지만 실수는 모든 학습에서 가장 중요한 요소 중 하나다.

나는 스탠퍼드 학부생들에게 '어떻게 수학을 배울 것인가'라는 과목을 가르치고 있는데, 해마다 강의 중에 일본의 한 중학교 수학 수업 동영상을 보여준다. 이 동영상은 여러 나라의 교육 특성을 탐구한 연구에서 나온 자료이다. 이 연구는 일본을 관찰 대상으로 선택했는데, 그 나라의 수학 성취도가 높기 때문이었다.[5] 이 동영상을 보여줄 때마다 학생들은 그 내용에 감동하곤 한다.

동영상에 나오는 일본 중학교의 한 학급은 성취도가 다양한 약 40명의 학생으로 구성돼 있다. 수업이 시작될 때 교사는 학생들에게 두 사람이 한 덩어리의 땅을 나눠 갖는 장면이 담긴 시각 자료를 보여준다.

학생들은 이 두 사람이 가진 땅의 양을 변화시키지 않고 땅을 나누는 선을 직선으로 그리는 과제를 받는다. 이 문제는 숫자가 포함되지 않는 어려운 문제다. 땅의 모양이 고르지 않은 데다, 땅의 모서리가 90도 각도로 이뤄져 있지 않아 땅을 똑같은 면적으로 나누기 힘들기 때문이다. 내가 가르치는 학부생들은 대개 동영상을 보기도 전에 이 문제를 풀기 시작하지만, 정답을 제시하는 학생은 거의 없다. 동영상에 등장하는 일본인 교사는 학생들이 그룹을 이뤄 문제를 풀 수 있도록 시간을 준다. 여기서 흥미로운 것은 교사가 학생들에게 선택권을 준다는 사실이다. 교사는 학생들에게 문제를 살펴보면서 친구들과 토론하거나, 교사에게 도움을 요청하거나, 힌트 카드를 받을 수 있다고 말한다.

학생들이 문제를 푸는 동안 교사는 교실을 돌아다니며 그룹별로 서로 다른 아이디어를 발표할 수 있도록 준비시킨다. 어떤 그룹은

선 채로, 어떤 그룹은 앉은 채로 활발하게 움직이면서 의견을 교환하고 교실은 웃음과 활기로 가득 찬다.

교사는 미소를 지으면서 학생들과 이야기를 나눈다. 이는 교사가 학생들과 긍정적인 관계를 형성해왔음을 보여준다. 거의 모든 학생이 친구들과 그룹을 지어 활동하면서 웃고 있다. 특히 내 수업을 듣는 학부생들이 충격을 받으면서 매료되는 상호작용은 바로 다음 부분이다. 교사는 한 그룹에게 자신이 저지른 실수를 나머지 학생들과 공유해달라고 요청한다. 학생들은 의아한 표정으로 교사를 쳐다보며 "우리가 뭘 잘못했는지 공유하라고요?"라고 묻는다. 그러면 교사는 "실수는 중요한 거야. 처음부터 잘할 수 있다면 학교에 올 필요가 없지."라고 대답한다. 이 말은 상당히 중요한 의미를 지닌다. 교사가 이 말을 함으로써 학생들은 실수할 수 있고, 실수는 학습의 자연스러운 부분이며, 실수는 모두에게 생산적인 학습의 원천이므로 모든 학생과 공유할 만큼 소중히 여긴다는 것을 강력하게 표현했기 때문이다.

수업은 이렇게 학생들이 실수와 해결책을 공유하고 웃고 떠들면서 계속 진행된다. 교사는 미리 만든 도형을 칠판에 붙이고, 추가로 질문을 던지고, 학생들에게 선과 각도에 대한 지식을 사용하여 도형을 조정하도록 요청하고, 그들이 다양한 접근 방식을 생각해내도록 격려하면서 탐구 활동을 돕는다.

이 수업 동영상은 내가 가르치는 학부생들에게 여러 가지 이유로 충격을 안겨준다. 첫 번째 이유는 이 수업의 탐구적 성격 때문이다. 학부생 대부분은 일본이나 중국과 같이 성취도가 높은 나라에서는 학생들에게 사실과 규칙만을 집중적으로 가르친다고 생각한다. 두 번째 이유는 교사가 미리 만든 판지 모형을 비롯한 시각적 모델을 학생들에게 제공한다는 데 있다(이 아이디어에 대해서는 나중에 5장에서 자세히 살펴볼 것이다). 세 번째 이유는 교사가 학생들의 실수를 공유하면서 격려한다는 데 있다. 여러 나라의 교수법을 연구한 연구자들은 미국의 수업 방식에서 우려되는 사실을 발견한 바 있다. 일본에서는 학생들이 수업 시간의 44%를 "기본 개념을 만들어내고, 생각하고, 고민하는 데 소비"하지만, 미국에서는 학생들이 이러한 활동을 하는 시간이 1% 미만이라는 사실이다.[6]

수상 경력이 있는 과학 저술가인 스티브 올슨 Steve Olson은 국제 수학올림피아드에 응시하는 여러 나라의 학생들을 연구한 뒤, 일본의 교실에서 애씀과 수학적 다양성이 어떤 역할을 하는지에 대해 다음과 같은 결론을 내렸다.

> 교사들은 학생들이 문제를 풀기 위해 애쓰기를 **바란다**. 학생들이 애를 써야 수학적 개념을 제대로 이해할 수 있다고 믿기 때문이다. 학교에서는 능력 차이에 따라 학생들을 그룹화하지 않는다. 학교는 학생들 간의 능력 차이를 문제 해결 방법에 관한 토론의 폭을 넓힐 수 있는 자원으로 간주하기 때문이다. 모든 학생이 한 수업에서 같은 것을 배우는 것은 아니다. 하지만 각 학생은 단순하고 미리 준비된 절차를 강제로 주입받는 것보다 문제를 풀기 위해 애를 쓰는 과정에서 더 많은 것을 배울 수 있다.[7]

앞서 1장에서 나는 수학 뇌가 존재한다는 생각이 악당의 역할을 한다고 설명했다. 현실에서는 정반대의 생각, 즉 모든 학생이 성장의 여정에 있으며 그 과정에서 뇌는 연결성이 증가하고 확장되며 계속 강력해진다는 사실이 확실하게 그리고 반복적으로 입증되었다.[8] 또한 어려움을 겪고 실수하고 실패한다는 것은 어떤 한 과목에 약하거나 그 과목을 못한다는 신호가 아니라, 놀라운 두뇌 활동이 일어나고 있다는 신호다.

나는 캠프에 참가한 학생들(중고등학생이든 스탠퍼드 학부생이든)을 가르칠 때 "여러분이 애쓰기를 바라기 때문에 어려운 과제를 내주는 겁니다. 여러분이 두뇌를 단련할 수 있도록 도전적인 과제를 내주는 거예요."라고 말한다. 이 말은 학생들에게 자유를 준다. 이렇게 말하면 학생들은 힘든 시간이 생산적인 시간임을 알고, 더 끈질기게 문제를 풀기 위해 노력하게 되기 때문이다. 또한 문제가 어렵게 느껴진다면 여러분의 뇌가 매우 열심히 일하고 있어서 그런 거라고 격려한다. 그런데 이 말을 할 때 중요한 전제가 하나 있다. 학생들에게 '바닥은 낮고 천장은 높은' 문제, 즉 누구나 접근할 수 있지만 수준은 높은 문제를 제공해야 한다는 것이다.

내가 학생들에게 제시하는 문제에는 그들이 쉽게 이해할 수 있는 시각 자료를 포함한 다양한 접근 포인트가 포함돼 있다. 여기서 중요한 것은 이렇게 했을 때, 학생들이 자신이 문제를 풀 수 있음을 확신하면서 도전적인 태도를 가진다는 사실이다. 요즘 교사들은 학생들에게 도움 없이 혼자 애쓰면서 공부하라고 말하지만, 그들이 학생들에게 주는 문제는 전형적이고 좁은 의미의 수학 문제이다. 그렇게 되면 학생들은 좌절하고, 문제에 접근하는 방법을 몰라 학습의 생산성이 떨어진다. 학생들의 애씀과 도전의 시간을 생산적으로 만들어주려면 수학적 다양성과 '대략 수학적'인 것을 구현하는 과제를 제공해야 한다. 이런 과제의 예는 이 책의 뒷부분에서 공유할 것이다.

마인드셋에 관한 연구에 따르면, 무엇이든 배울 수 있다고 믿고 애쓰면서 도전할 때에 자기 자신이나 도전의 중요성을 믿지 않을 때보다 그 시간을 통해 더 많은 것을 얻을 수 있다.[9] 현재 미국이 전국적으로 수학 성취도가 매우 낮은 이유 중 하나는 많은 교사와 학생이 문제를 풀기 위해 애쓰는 것이 약함weakness을 드러내는 일이라고 생각하는 데 있다. 애씀에 대한 교사, 학부모, 학생의 인식을 바꿀 수 있다면 모든 수준에서 수학 성취도를 높일 수 있을 것이다.

나는 한 온라인 강좌를 준비하고 있었을 때, 캐롤 드웩에게서 그가 마인드셋 연구를 시작하기로 결심하게 된 순간에 대한 이야기를 처음 들을 수 있었다.[10] 그녀는 어린 학생들을 인터뷰하고 과제를 내주면서 많은 학생이 어려운 과제에 직면하면 움츠러드는 것을 보았는데, 그중 한 남학생만은 완전히 다른 반응을 보였다. 그 학생은 어려운 과제를 주자 좋다며 기꺼이 그 과제에 뛰어들었다. 당시에 이 학생 자신은 몰랐겠지만, 그는 훗날 전 세계 교육에 큰 영향을 미치게 된다. 드웩은 이 학생의 반응을 계기로 우리가 과제에 접근하는 방식이 우리가 배우는 방식을 바꿀 수 있다는 사실을 깨달았기 때문이다. 드웩과 그녀의 동료들이 수십 년간 연구한 끝에 이 이론은 증명됐고, **마인드셋** 이론이라는 이름으로 알려지게 됐다.[11]

고정 마인드셋 대신 성장 마인드셋을 가진 학생은 무엇이든 배울 수 있다고 믿으며 실수와 도전을 배움의 기회로 여긴다. 이런 정신적·심리적 접근 방식은 학습이 어려울 때 힘을 북돋아줄 뿐만 아니라 해로운 고정관념으로부터 학생을 보호하고 끈기를 가지게 하는데, 이런 일들은 모두 높은 성취도로 이어진다.[12] 고정 마인드셋에서 성장 마인드셋으로 전환하는 일이 학생들에게 얼마나 많은 영향을 미치는지 생생하게 보여주는 연구 결과는 수없이 많다. 이런 연구 결과들에 따르면, 마인드셋 변화는 학생들의 성취도를 높이고,[13]

건강을 개선하며,[14] 공격성을 억제하고,[15] 교실 내 인종 격차를 줄일 수 있다.[16]

드웩은 함께 학습한 대부분의 학생과 어려운 일에도 좌절하지 않고 신나 했던 한 소년 사이에 중요한 차이가 있음을 직접 목격했다. 학부모와 교육자는 학생들에게 이런 사고방식을 키우는 방법과 어려운 일을 받아들이는 즐거움을 어떻게 알려줄 수 있는지 고민해야 한다. 지난 10여 년 동안 많은 연구에서 마인드셋 개입이 학습에 대한 보다 생산적인 접근 방식을 유도하는지 조사했다. 연구 결과들은 복잡하지만, 학생들이 두뇌 발달과 애쓰며 보내는 시간의 중요성에 대해 알게 되면 변화한다는 것을 반복적으로 보여준다. 더 나아가 최근 연구에 따르면, 이런 메시지가 광범위하고 지속적인 영향을 미치려면 단순히 이런저런 아이디어를 통해 전달되는 것이 아니라, 수학에 특화되어 있어야 하고 교수법의 변화를 통해 전달되어야 한다.[17] 바꿔 말하면, 우리에게 진정으로 필요한 것은 교실과 직장에서의 성장 마인드셋 문화 개발이라는 뜻이다. 그런 마인드셋 문화를 개발하는 데 도움이 되는 교수법은 학생들이 애를 쓰도록 장려하는 환경을 조성하는 일에서 시작되어야 한다. 이 일은 가장 기본적이지만, 가르침과 학습 모두에서 아마도 가장 중요한 일일 것이다.

지난 몇 년 동안 나와 함께 일한 신경과학자들은 대조 기법을 이용해 뇌의 서로 다른 다양한 측면을 연구하는 학자들이었지만, 이들은 모두 한 가지 신경과학적 발견에 확실하게 동의한다. 바로, 우리 뇌에 가장 생산적인 시간은 우리가 애를 쓰면서 실수하는 시간이라는 것이다. 베스트셀러 『탤런트 코드Talent Code』의 저자 대니얼 코일Daniel Coyle은 다양한 분야에서 가장 성공한 사람들을 연구한 결과, 그들은 모두 실수하고, 그 실수를 수정하고, 앞으로 나아가고, 더 많은 실수를 하면서 "이해 능력의 한계점에서" 학습을 한 사람들이라는 결론을 내렸다.[18] 이 결론은 내 경험으로도 확인할 수 있었다. 내 경우에도, 애를 쓰면서 자신의 이해 능력을 총동원해 노력할 준비가 된 학생이 그렇지 않은 학생보다 더 많이 배우는 것을 관찰할 수 있었다.

첫 번째 유큐브드 여름 캠프에 참가한 엘리는 자신의 이해 능력의 한계점에서 기꺼이 노력할 준비가 되어 있는 학생이었다. 유큐브드의 공동 설립자이자 공동 책임자인 캐시 윌리엄스Cathy Williams와 내가 진행한 수업을 지켜봤다면 엘리가 자기 생각과 답(대부분 오답이었다)을 기꺼이 공유하려는 모습을 볼 수 있었을 것이다. 겉으로만 보면 엘리는 반에서 성취도가 가장 낮은 학생 중 한 명으로 보일 수도 있었다. 엘리가 사전 시험 점수가 가장 낮은 학생 중 한 명으로 수업에 들어온 것도 사실이다. 하지만 나는 엘리가 자신의 실수를 공유함으로써 모든 학생에게 생각할 수 있는 중요한 기회를 준 데 대해 진심으로 고맙게 생각했다. 엘리는 처음에 자신의 잘못된 접근 방식을 단호하게 방어했지만, 결국 생각을 바로잡고 앞으로 나아갔다. 엘리는 이해 능력의 한계점에서 노력하고 있었다.[19] 학생들의 성취도 향상을 분석했을 때, 엘리는 다른 82명의 학생보다 더 많이 향상돼 그룹에서 가장 높은 성취도를 보인 학생 중 한 명이 됐다.[20] 애씀과 마인드셋에 대해 우리가 준 메시지를 엘리가 진정으로 받아들였고, 그 결과로 수학에 대한 그녀의 접근 방식이 변화했다는 증거는 많다. 한 예로 몇 년 후, 고등학교 3학년이 된 엘리는 자신의 졸업 과제를 마인드셋에 관한 주제로 작성하기로 했다며 나에게 도움을 요청했다.

스티브 스트로가츠Steve Strogatz는 코넬대학교의 응용수학자로서 '작은 세상 네트워크small world network'에 대한 연구를 수행하고 있다.[21] 이 개념은 모든 사람이 아무리 멀어도 최대 6단계 정도면 서로 연결돼 있으며, 우리는 이렇게 작은 세상에서 살고 있다는 생각에서 출발한다. 스티브는 당시 학생 중 한 명이던 던컨 와츠Duncan Watts와 함께 연구를 수행해, 전력망부터 벌레의 신경망, 할리우드 배우들 간의 협업에 이르기까지 세상의 많은 시스템이 무작위로 작동하는 것이 아니라 특징적인 경로 길이를 가진 클러스터링된 네트워크로 작동한다는 것을 보여주었다. 작은 세상 네트워크에 관한 이 논문은 전 세계에서 가장 많이 인용된 100대 과학 논문 중 하나다.[22]

스티브는 수학 학습에 대해서도 다양한 언급을 했다. 그중에서도 나는 그가 자신의 수학적 고충에 대해 설명한 것이 가장 마음에 든다. 이 이야기는 경제학자 스티브 레빗Steve Levitt이 스티브 스트로가츠를 만나 인터뷰를 하면서, 그의 연구와 수학 학습 여정에 대해 이야기를 나누는 흥미로운 팟캐스트에서 들을 수 있다.[23] 이 인터뷰에서 스티브는 자신이 수강한 과목 중에서 수학의 학점이 가장 낮았다며, 그 이유는 자신이 공부한 수학이 직관이나 시각을 포함하지 않는, 즉 다양성이 없고 일차원적인 수학이었기 때문이라고 말한다. 그는 이 인터뷰에서 애쓰는 느낌을 좋아하게 된 경험에 대해서도 언급했다.

스티브는 고등학생 시절 수학 교사가 학생들에게 문제를 내주면서, 그것이 전에 아무도 풀지 못한 문제라고 말했던 일을 회상했다. 당시 교사는 MIT를 졸업한 자신도 그 문제를 풀지 못했다고 말했고, 스티브는 그 말에 흥미를 느껴 문제에 덤벼들었지만 한두 시간이 지나도 문제를 풀 수 없었다. 스티브는 몇 주, 몇 달 동안 매일 이 문제를 풀기 위해 노력했다. 그렇게 여섯 달이 지난 어느 날 결국 그는 정답을 찾아냈고, 교사는 매우 기뻐하며 교장에게 이 일에 대해 보고했다.

그 몇 달 동안 스티브는 끈질기게 애를 쓰면서 문제를 이해하려고 노력했다. 그는 이 과정을 '싸움fight'이란 말로 묘사했다. 그는 이 과정에서 받은 느낌이 너무 좋아서 수학이라는 놀라운 학문에 관한 질문을 던지면서 스스로 문제를 만들어내기 시작했다.

세계 최고의 수학자가 되기까지 스티브가 거친 여정은 교육 시스템에서 흔히 볼 수 있는, 애씀은 약함의 표시이며 '낮은 수준으로' 생각하는 사람들의 전유물이라는 잘못된 믿음을 반박한다. 애씀은 스티브가 수학을 학습하는 과정의 핵심적인 부분이었다. 또 다른 위험한 통념은 가장 성공한 사람들은 애쓰지 않는다는 것이다. 이

것은 완전히 잘못된 생각이며, 실제로 가장 성공한 사람들은 스티브처럼 애쓰는 데에 익숙하다. 그들은 애씀이야말로 성취의 필수적인 부분인 것을 알고, 애씀의 느낌을 찾아다니는 사람들이다.

우리 모두가 기억해야 할 중요한 점은 우리를 이해 능력의 한계점까지 모는 일을 할 수 있는 기회를 받아들이거나, 심지어 그런 기회를 추구해야 한다는 것이다. 가장 위대한 지식은 이해 능력의 한계점에서만 발견되기 때문이다. 창의성이 발굴되고 중요한 발견이 이뤄질 수 있는 곳도 바로 이 지점이다. 확신이 서지 않고 지식의 한계가 느껴지는, 불확실성이 있는 곳의 가장자리로 모험을 떠날 때, 바로 거기에서 가장 큰 성취를 이룰 수 있다. 안전함만을 추구하거나 내면의 부정적인 목소리와 두려움에 굴복해서는 인생에서 많은 것을 성취할 수 없다.

다양한 연령대의 학생들이 서로 다른 내용을 배우도록 설계한 네 가지 실험적 연구에서 연구자들은 대부분의 수학 교실에서 사용되는 방법, 즉 먼저 학생들에게 방법을 가르치고 그 방법을 연습하게 하는 접근 방식과 그 외 다른 방식들을 비교했다.[24] 대조 조건에서는 교사가 학생들에게 문제와 과제를 제시한 **다음에** 문제를 푸는 데 필요한 방법을 가르쳤다. 이런 상황에서 학생들은 먼저 각자 직관을 이용해 문제 해결 방법에 대해 토론하도록 유도된다. 이 네 가지 연구 모두 이 교수법이 학생들이 더 높은 성과를 내도록 만든다는 것을 입증했다. 또한, 연구자들은 이런 결과가 나오는 이유는 이 교수법을 통해 학생들이 이미 가지고 있는 지식을 바탕으로 생각할 기회를 더 많이 얻을 수 있기 때문이라고 결론지었다.[25] 나름의 문제 해결 방법을 찾아내기 위해 애를 쓴 **후에** 새로운 방법을 배울 때 학생들의 뇌는 새로운 내용을 학습할 준비가 된다.

이 연구 중 하나는 하버드대학교에서 미적분을 배우는 학생들을 대상으로 한 것으로, 서로 다른 접근 방식으로 학습한 학생들을 비교했다.[26] 한 접근 방식에서는 학생들이 문제를 풀기 전에 강의를 들었다. 다른 접근 방식에서는 먼저 문제에 도전한 다음에 풀이 방법을 배웠다. 이 연구는 두 학생 그룹이 서로 다른 시간대에 두 가지 대조적인 접근 방식을 모두 경험하도록 설계되었다. 흥미롭게도 연구자들은 학생들이 풀이 방법을 배우기 전에 먼저 문제에 도전하면서 더 많은 것을 배웠다는 사실을 발견했다. 하지만 연구자들은 학생들이 강의를 먼저 들었을 때 더 많은 것을 배웠다고 **생각**한다는 사실도 발견했다. 강의의 명료함이 학생들에게 학습에 대한 환상을

방법을 배운 뒤 문제를 풀 때   문제를 푼 뒤 방법을 배울 때

심어주었고, 학생들은 문제를 푸느라 애를 쓴 경험 때문에 기분이 나빠졌기 때문이었다. 연구자들은 학생들이 애를 쓰는 상황이 그다지 도움이 되지 않는다고 생각하는 이유 중 하나가 애씀의 가치에 대해 배운 적이 없기 때문이라는 결론을 내렸다. 학생들은 애를 쓰는 접근 방식이 별로 효과가 없다고 생각했지만, 두 그룹의 학생 모두 정답을 도출하는 방법을 배우기 전에 주어진 문제에 대해 생각할 때 더 많은 것을 배웠다.

우리 뇌에 가장 유익한 시간은 도전에 대응해 애를 쓸 때라는 증거는 매우 광범위하다.[27] 이런 사실은 우리가 삶을 살아가는 방식에 깊은 영향을 미치지만, 대부분의 사람이 학교를 비롯한 여러 기관에서 이와는 정반대의 이야기를 듣고 있다.

아이들을 애씀의 버스에 오르게 하려면

스웨덴 출신의 심리학자이자 플로리다주립대학교 교수를 역임한 안데르스 에릭손은 생전에 전문성 개발 분야에서 세계적인 전문가로 인정받은 학자였다. 에릭손은 전문성을 발달시키기 위한 중요한 학습 경로가 시도, 실패, 접근 방식의 수정, 또 다른 시도의 반복 과정이라고 설명했다.[28] 이 설명에 따르면, 미국 학생들의 수학 성취도가 매우 낮은 것은 당연한 일이다. 미국에서는 학생들에게 이렇게 중요한 접근 방식을 거의 권장하지 않기 때문이다. 미국의 교실과 가정에서는 애쓸 필요가 거의 없는 문제들을 맞힌 학생을 칭찬하면서 정답률에만 집중한다. 교육과 창의성 분야의 세계적인 석학인 켄 로빈슨Ken Robinson은 실수하지 않고 창의적인 일을 하는 것은 불가능하다는 유명한 말을 했다.[29] 나는 "적절하게 어려우면서 가치 있는 수학 학습을 실수 없이 하는 것은 불가능하다."라고 말하고 싶다. 그렇다면 학생들이 이 중요하고 가치 있는 과정, 즉 학습과 이해 그리고 인생에 큰 도움이 되는 과정을 편안하게 받아들이게 하려면 어떻게 해야 할까? 이 일은 쉬운 일이 아니다. 대부분 사람은 실수를 할 때마다 기분이 나빠져서 어려운 문제를 피하려고 하기 때문이다. 나를 비롯한 여러 학자가, 학생들의 사고와 학습 및 생활에 대한 접근 방식을 바꾸는 데 가장 효과적이라고 생각하는 몇 가지 전략을 살펴보자.

전략 1 신경과학 연구 결과 공유하기

나는 강의를 시작할 때마다, 그림 3.1에서 볼 수 있듯이 우리 뇌는 항상 성장하고, 연결되고, 경로를 강화한다는 사실을 알려준다. '수학 뇌' 같은 것은 존재하지 않으며, 우리 뇌는 계속 변화한다.[30] 나는 학생들이 애를 쓰고 실수하기를 바란다. 애를 쓰는 시간이야말로 우리 뇌가 경로를 형성하고, 연결하고, 강화하는 정말 중요한 시간이기 때문이다.

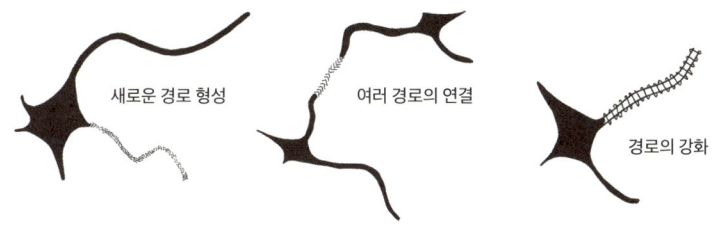

그림 3.1 경로를 형성하고 연결하고 강화하는 뇌

전략 2 애씀에 대한 토론하기

학교나 직장 또는 가정에서 우리가 나눌 수 있는 흥미롭고 중요한 대화 중 하나는 애씀의 가치를 공유하고 다른 사람들에게 애씀에 대해 어떻게 생각하는지 물어보는 것이다. 얼마나 자주 애를 쓰는지, 그 순간에 어떤 기분이 드는지 물어보자. 수학을 어려워했던 때에 관해 이야기하거나, 앞서 언급한 스티브 스트로가츠의 이야기를 공유해보자. 캐롤 드웩은 무언가를 할 수 없다고 생각할 때 고정 마인드셋에 사로잡힌다는 것을 인지해야 한다고 말한다. 심지어 드웩은 우리가 가진 고정 마인드셋에 이름을 붙이기를 권장하기도 한다. 자녀, 학생 또는 동료와 애씀에 대해 이야기할 때 그들에게 고정 마인드셋을 갖게 되는 상황이 언제인지 물어보자. 그리고 그런 마인드셋을, 애씀이야말로 무언가 중요한 일을 하고 있다는 것을 보여주는 긍정적인 신호라는 생각으로 바꾸기 위한 방법을 브레인스토밍해보자.

우리는 이제 이해력과 뇌 연결성을 발달시키는 데 가장 결정적인 지점이 이해 능력의 한계점인 것을 알고 있다.[31] 이 상황에서 실제로 중요한 일은 그 지점이 어떤 의미를 갖는지 그리고 그 지점에서 어떻게 하면 좋을지 사람들에게 알려주는 것이다.

학생들이나 아이들에게 그들이 이해 능력의 한계점에 이른다고 느끼는 때가 언제인지 공유하고 함께 생각해보기를 요청해보자. 그들에게 물어보자. "언제 그런 일이 일어나지? 그럴 때 기분이 어떻지?" 그리고 이해 능력의 한계점에서 노력한다는 생각을 마음속에 품고 자랑스럽게 경험할 수 있는 것으로 만들어주자. 그들이 그 지점에서 노력하는 자기 모습을 그려보게 하고 그 그림을 책에 넣어 다니게 하는 것도 좋다.

전략 3 애씀의 가치에 대한 비유를 공유하기

몇 년 전 독일의 그래픽 디자이너 알리나 슐라이어Alina Schlaier로부터 연락을 받은 적이 있다. 그녀는 여덟 살인 딸 그레타가 창의적이고 시각적으로 수학 공부를 하기 전까지는 수학에 대한 불안이 심했는데, 그렇게 수학을 공부하면서 애씀과 마인드셋의 가치에 대해 알게 됐다고 말했다. 알리나는 수학을 잘했는데, 그 이유는 학교에서 훌륭한 선생님들이 수학에 대한 다양한 사고방식을 가르쳐주었기 때문이다. 초등학교 1학년이 된 딸이 수학이 싫다고 말했을 때 알리나는 충격을 받고 무언가 해야 한다는 것을 깨달았다. 그녀는 유큐브드에서 만들고 공유한, 어렵지만 접근하기 쉬운 여러 가지 문제들을 웹사이트와 책에서 찾아서 그레타에게 주었다.[32] 그레타는 그 문제들을 좋아했고 저녁 식사 시간에 수학 게임을 하자고 말하기 시작했다. 나는 그레타의 변화에 대해 알게 되어 기뻤고, 알리나의 이야기도 듣고 싶었다. 알리나의 말에 따르면, 그녀는 수학을 잘했어도 항상 숫자에 대한 두려움이 있었다. 하지만 딸과 함께 수학 문제를 풀면서 수학 개념을 '새로운 눈'으로 보기 시작했다고 한다. 그녀는 양수와 음수가 어떻게 대칭을 이루는지, 곱셈을 시각적으로 면적 측면에서 보는 것이 얼마나 도움이 되는지 생각해본 적이 없었다. 하지만 이런 새로운 방법을 접한 후 그녀는 직장에서나 삶의 다른 영역에서 수학 문제를 더 잘 풀게 되었다고 말했다.

지난 수년 동안 많은 앱 개발자가 수학 앱 개발을 위해 내게 연락을 해왔지만, 그들이 개발하는 앱은 모두 한 가지 정답만 허용하는 것이었다. 나는 학생들이 수학 앱이 '원하는' 형태로 답을 입력하지 못했을 때 실망하는 모습을 자주 보곤 했다. 알리나와 이야기를 나누던 중 그녀는 자기 팀이 만들 수 있는 멋진 디자인을 보여주었고, 우리는 앱이 학생들의 다양한 사고방식을 존중해야 한다는 목표를 공유했다. 우리는 함께 앱을 개발하기로 했고, 학생들이 자신이 애쓰는 것에 대해 좋은 느낌을 갖도록 돕고 싶었기 때문에 앱 이름을 '스트러글리^{Struggly}'로 지었다.[33] 스트러글리를 사용하는 학생들은 시각적 과제와 게임을 통해 수학을 경험하고, 서로 다른 생각이 소중하게 받아들여지는 것을 보며, 다양한 방식으로 애를 쓰고 생각해 배지를 얻게 된다(그림 3.2). 이런 배지에는 애쓰는 과정을 강조하기 위한 다양한 비유가 포함돼 있다.

스트러글리 사용자들에게 제공되는 비유 중 하나는 애씀을 마음을 덮은 구름으로 생각하라는 것이다. 이 상황에서는 마음이 뿌옇게 느껴져 명확하게 사고할 수 없다는 생각이 들 수 있다고 알려주는 것이다. 또 스트러글리는 그렇게 애쓰는 순간에 머물면서 그것을 느끼고 감사하며 계속 생각하는 것이 중요하며, 그러다 결국에는 애씀의 구름을 뚫고 뇌에서 불꽃이 터져 나오게 될 것이라고 말한다.

이런 불꽃은 아이디어를 떠올리기 시작할 때 터져 나오기 시작한다. 스트러글리는 애쓰면서 문제를 해결해 나갈 수 있는 다음과 같은 다양한 방법을 제공한다.

그림 3.2 스트러글리 배지 예시

- 문제에 관해 이야기하기
- 문제를 그림으로 표현하기
- 문제에 관해 쓰기
- 짧은 산책과 같은 휴식 갖기
- 다르게 접근하기
- 창의적으로 생각하기

많은 사람에게 큰 반향을 일으킨 또 다른 비유로는 영국의 교육 컨설턴트 제임스 노팅엄James Nottingham의 '애씀의 구덩이'가 있다.[34] 일부 교사는 학생들에게 그림 3.3에 표시된 것처럼 캐나다의 교사 젠 셰퍼Jen Schaeffer의 학생들이 만든 것과 같은 구덩이를 함께 만들도록 권장한다.

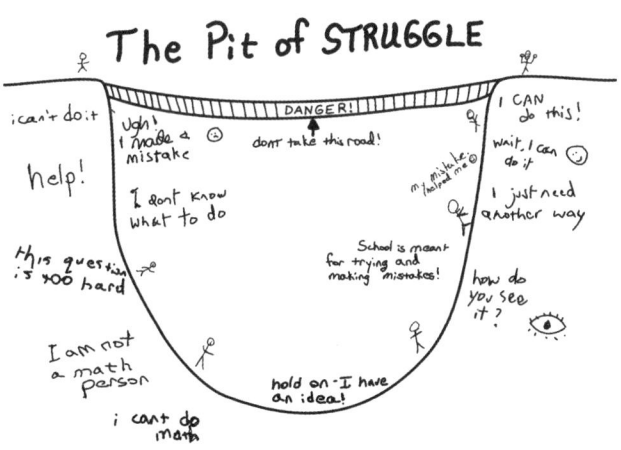

그림 3.3 애씀의 구덩이에 대한 학생들의 묘사

3장 성장 마인드셋 장착하기 109

학생들은 구덩이에 들어갈 때는 "이 문제는 너무 어려워," "난 못해!" 같은 말을 하지만 구덩이에서 나올 때는 "난 할 수 있어," "학교는 무언가를 시도하고 실수하는 곳이야," "다른 방법이 필요할 뿐이야." 같은 말을 하면서 자기 생각을 재구성하게 된다. 또한 학생들은 "위험해, 이 길로 가면 안 돼." 같은 말을 하면서 구덩이를 가로지르는 길을 가리키기도 한다. 학생들과 애씀의 구덩이를 공유하는 젠은 학생의 손을 잡고 함께 구덩이를 걷거나 뛰어넘을 수도 있지만, 그렇게 하면 학생의 도전 기회를 빼앗는 것과 마찬가지이기 때문에 도움이 되지 않는다고 말한다. 젠은 학생들이 어려움을 겪을 때 편안함을 느끼도록 노력하면서 이를 실현할 수 있게 해주는 접근 가능한 과제를 제공한다.

가끔 젠의 학생들은 "선생님, 저 진짜로 구덩이에 빠졌어요!"라고 말한다. 그러면 젠은 "훌륭해! 그렇다면 어떤 도구가 필요할까?"라고 답한다. 나는 이 대답이 두 가지 이유에서 마음에 든다. 첫째, 구덩이 안에 있는 학생들을 소중히 여기는 것을 드러내고, 둘째, 학생들이 애쓰지 않도록 문제를 쉽게 구성하는 대신에 학생들에게 어떤 도구가 도움이 될지 물어보기 때문이다.

최근에 한 초등학교를 방문했을 때 나는 학생들에게 학습 과정에서 빠질 수 있는 구덩이에 대해 자유로운 해석을 하도록 격려하는 한 교사를 알게 되었는데, 그 교사는 모든 수업에 이 아이디어가 스며들도록 노력했다고 말했다.

학습 능력의 한계점을 묘사하게 하고, 애씀의 구덩이, 먹구름 같은 다양한 비유를 공유하게 하는 것은 모든 연령대의 학생들에게 도움이 된다. 뿐만 아니라 애씀의 시간을 소중히 여기고 배우며 성장 마인드셋을 가지고 살아가고자 하는 성인들에게도 이런 활동은 매우 의미가 깊다.

전략 4 접근 포인트를 충분히 제공하기

수학을 배울 때는 도전할 수 있는 과제가 필요하며, 학생들은 이를 통해 애를 쓸 기회를 얻게 된다. 그런데 올바른 방식으로 이러한 기회를 제공하는 수학 문제와 과제에는 중요한 몇 가지 특성이 있다. 대답할 수도 없고 생각할 방법도 없는 협소한 문제를 제시하는 것은 도움이 되지 않는다. 애씀을 유발하는 문제, 애쓰면서도 편안함을 느낄 수 있는 문제는 이와는 매우 다른 유형의 것이다. 이런 문제들의 특성 중 하나는 '낮은 바닥과 높은 천장'이라는 말로 표현된다. 이 책의 시작 부분에서 제시된, 정사각형 증가 패턴에 대한 의견을 공유하도록 하는 예는 이 특성을 잘 보여준다. 누구나 새로운 정사각형이 추가되는 방식에 대한 자신의 의견을 공유할 수 있지만(낮은 바닥), 이 과제는 이차함수에 대한 높은 수준의 대수적 사고로 확장된다(높은 천장).

나는 수학적 다양성의 아름다움뿐만 아니라 애씀을 장려하고 애를 쓰는 과정에서도 편안함을 느낄 수 있는 문제에는 표 3.1과 같은 특징이 있다는 것을 발견했다. 이런 문제는 학습자들이 가장 흥미를 갖고 몰입할 수 있는 것으로, 앞으로 이 책의 나머지 부분에서 종

표 3.1 도전의 기회를 제공하는 문제의 특징

	바닥이 낮고 천장이 높아야 한다. 바닥이 낮다는 것은 누구나 접근할 수 있고, 천장이 높다는 것은 높은 수준까지 확장된다는 것을 뜻한다.
	시각적 또는 물리적 사고를 할 수 있게 만들어야 한다.
	다양한 방식으로 보고 풀 수 있어야 한다.
	아이디어를 생각해내게 하고 토론을 유도해야 한다.
	실생활과 관련이 있어야 한다.

종 만나게 될 것이다.

전략 5 실수할 때 칭찬하기

 어려운 과제를 내주었을 때 학생들이 힘들다고 하면, 나는 그들의 뇌가 경로를 형성하고, 강화하고, 새로운 연결을 만들면서 열심히 일하고 있어서 그렇게 느껴지는 것이며, 바로 그 상태를 원해야 한다고 말한다. 또한 지금이 중요한 순간이며, 열심히 노력하는 느낌을 소중하게 여기라고 말한다. 앞에서 언급한 일본 중학교의 교사처럼 나도 칠판에 실수를 적어서, 학급 전체가 실수로부터 혜택을 받고 그 가치를 볼 수 있도록 만든다. 젠 셰퍼는 학생들에게 가장 좋아하는 실수나 가장 힘들었던 순간 또는 불현듯 깨달음을 느낀 '아하 모멘트aha moment'를 담은 수학 메모를 작성하라고 권한다. 젠이 학생들의 아하 모멘트를 기록한 공책을 보내왔는데, 나는 그것을 보고 학생들이 정수 뺄셈, 분수 덧셈, 대수식 재배열과 같은 복잡한 개념에 대해 이야기하는 일이 얼마나 커다란 수학적 가치를 갖는지 확실히 알 수 있었다.

캐나다 도시 켈로나의 원주민 학교인 센팍신 스쿨을 방문했을 때 만난 교사 리사 반 덴 멍크호프Lisa van den Munckhof는 교사나 학생이 수업 중에 실수를 하면 반 학생들로부터 하이파이브 다섯 번을 받는다고 말했다. 나는 이 아이디어가 마음에 들었는데, 리사가 가르치는 반을 방문했을 때 실제로 실수 친화적인 문화가 정착되어 있음을 확인할 수 있었다. 이 즐거운 학교 방문에 대한 자세한 이야기는 6장에서 다룰 것이다.

부모가 가정에서 자녀의 실수를 소중히 여기는 것도 중요하다. 하지만 부모가 아끼는 장식품을 깨뜨리거나, 업무 서류에 음료를 쏟거나, 흥분해 동생을 넘어뜨리는 등의 실수는 소중히 여기기가 어려울 수 있다. 이런 순간에 침착하고 지지적으로 반응하기가 얼마나 어려운 일인지는 나도 육아를 하면서 직접 겪어봤기 때문에 잘 알고 있다. 하지만 우리 모두는 아이들의 자아관, 마인드셋, 애씀의 중요성이 모두 가정에서 시작된다는 것도 알고 있다. 한 마인드셋 연구자 그룹의 연구에 따르면, 아이들은 만 3세가 될 때까지 부모가 어떤 유형의 칭찬을 하느냐에 따라 다른 마인드셋을 갖게 된다.[35] 따라서 다음에 자녀가 실수를 할 때는 실수는 삶의 일부이며 중요한 학습 기회라는, 도움이 되는 메시지를 전달하기 위해 열심히 노력해보자.

전략 6 성장을 위한 칭찬을 하기

캐롤 드웩의 연구 중 하나는 다양한 형태의 칭찬이 미치는 영향을 확실하게 보여준다. 연구진은 두 그룹을 대상으로 어려운 과제를 수행하는 실험을 실시했다. 한 그룹은 열심히 했다는 칭찬을 받았고, 다른 그룹은 정말 똑똑하다는 칭찬을 들었다. 그런 다음 두 그룹에게 어려운 과제와 쉬운 과제 중 하나를 선택하도록 했다. 똑똑하다는 칭찬을 들은 학생의 90%가 쉬운 과제를 선택한 반면, 열심히 했다고 칭찬받은 학생의 대다수는 어려운 과제를 선택했다.[36]

이 연구는 사람을 칭찬하는 방식의 작은 변화가 즉각적인 효과를 가져올 수 있음을 보여준다. 사람들은 똑똑하다는 칭찬을 받으면 처음에는 좋아하지만, 나중에 실수하거나 실패하면 '사실 나는 그렇게 똑똑하지 않은가 보다.'라고 생각하기 시작한다. 자녀를 칭찬하는 것은 좋지만, 칭찬을 할 때는 자녀가 지금까지 한 일과 그 과정에 집중하는 것이 좋다. 판에 박힌 말을 사용하기보다는 창의적인 생각이나 문제에 대한 멋진 접근 방식이 마음에 든다고 말해주자. 똑똑하다는 칭찬을 받은 아이들은 자신에게 부여된 '똑똑함'이라는 꼬리표를 잃기 싫어 쉬운 과제를 선택했다. 이는 판에 박힌 칭찬에 대한 일반적인 반응이다. 똑똑하다는 이미지를 유지하려는 노력은 결국 심리적 취약성으로 이어질 수 있다. 그 과정에서 질문을 하거나 애를 쓰는 데 거부감을 느끼게 되기 때문이다.[37]

전략 7 평가 방식을 바꾸기

학생들이 오답을 내고 힘들어할 때 기분 좋게 느끼도록 격려하면서 그들이 실수할 때마다 불이익을 줄 수는 없다. 그렇게 하면 매우 모순적인 메시지를 전달하게 되며, 학생들은 이를 민감하게 인식할 것이다. 물론 기말시험에서는 가능한 한 실수를 최소화하는 일이 중요하지만, 한 과정 또는 한 해 동안 지속적으로 하는 평가는 기말시험과 성격이 완전히 다르다. 이런 평가는 애씀과 실수를 장려할 기회로 삼아야 한다.[38] 나중에 7장에서는 유용한 평가 피드백을 제공하기 위한 다양한 아이디어에 대해 다룰 것이다.

전략 8 유명하거나 중요한 실수 이야기 공유하기

마크 페트리Marc Petrie는 캘리포니아주 산타 애나의 중학교 교사이다.[39] 마크는 성장 마인드셋을 보여주는 사례를 담은 동영상을 매주 학생들과 공유한다. 이는 매우 좋은 아이디어로 보인다. 세상은 한때 문제가 있어 보였지만 결국에는 가치 있는 실수가 된 사례로 가득하므로 '성장'이라는 개념에는 실수도 포함될 수 있으리라 생각한다. 내가 즐겨 공유하는 이야기 중 하나는 페르마의 마지막 정리Fermat's Last theorem를 증명한 과정에 대한 것이다.

페르마의 마지막 정리는 1600년대에 프랑스의 수학자 피에르 드 페르마Pierre de Fermat의 대담한 주장을 일컫는데, 그 내용은 $a^n+b^n=c^n$이라는 방정식에서 n(지수)이 2보다 클 때는 정수해가 없다는 것이다. 페르마는 n이 2이면 $3^2+4^2=5^2$라는 참인 수식을 만들 수 있지만, n이 2보다 클 때는 이 수식이 성립하지 않는다고 말했다. 그는 또한 자신의 논문 여백에 이 주장을 뒷받침하는 '놀라운' 증명이 있다고 적었지만, 그 증명을 실제로 보여주지는 않았다. 이 때문에 수학자들은 수백 년 동안 이 주장을 증명하기 위해 노력했다. 이 정리가 발표되고 350여 년이 지난 후 수줍음 많은 영국의 수학자 앤드루 와일즈Andrew Wiles에 의해 증명 방법이 발견됐다. 와일즈는 열 살 때 페르마의 마지막 정리를 처음 접했는데, 그는 이 문제를 알게 된 순간을 다음과 같이 묘사했다.

> 이 문제는 너무나 단순해 보였지만 역사상 모든 위대한 수학자들이 풀지 못한 문제였다. 열 살이었지만 나는 이 문제를 이해했고, 그 순간부터 이 문제를 절대 놓치지 않고 풀어야겠다는 생각이 들었다.[40]

와일즈는 박사 학위를 받고 수학자가 된 후 이 문제를 연구하기 시작했다. 와일즈는 거의 모든 시간을 연구에 쏟아 패턴을 탐색하고 찾으며 유효한 증명을 구축하기 위해 노력했다. 본격적으로 연구를 시작한 지 7년이 지난 어느 날, 그는 집 서재에서 나와 아내에게 증명이 완성됐다고 말했다.

그 증명을 발표할 장소는 케임브리지대학교의 아이작 뉴턴 연구소였다. 페르마의 마지막 정리가 풀렸다는 소문이 퍼져 200명이 넘는 수학자와 언론인이 회의실을 가득 메웠다. 와일즈는 세 차례에 걸쳐 자신의 연구 결과를 발표했고, 강연이 끝나자 장내는 박수갈채로 가득 찼다. 하지만 그 후 몇 주에 걸쳐 그의 연구에 실수가 있었다는 사실이 밝혀졌고, 와일즈는 연구실로 돌아가 완전하고 정확한 증명을 내놓기 전까지 몇 달 더 작업을 계속했다.

이 이야기는 그 자체로도 흥미롭지만, 내가 강조하고 싶은 부분은 페르마의 마지막 정리의 증명으로 제시되었던 잘못된 이론이 대수학 일부를 포함한 수학의 새로운 분야를 만들어냈다는 사실이다. 미국의 과학 저술가 피터 브라운Peter Brown은 "이러한 실패의 폐허에서 수학의 방대한 새 영역을 열어준 심오한 이론이 탄생했다."라고 묘사하기도 했다.[41]

여름 캠프에서 우리가 가르치는 중학생들은 페르마의 마지막 정리가 증명된 이야기에 큰 충격을 받는다. 우선 학생들은 자신들도 이해할 수 있는 수학 문제를 뛰어난 수학자가 7년이 넘게 연구해 풀었다는 사실에 놀라워한다. 이를 통해 학생들은 문제에 '투자해야' 하는 시간에 관한 생각을 바꾸게 된다. 또한 학생들은 실수로 인해 수학의 새롭고 중요한 영역이 생겨났다는 사실에 감명받는다. 이 이야기는 인간의 사고와 발견에서 실수의 가치를 강조하는 데 도움이 된다.

전략 9 실수의 가치를 새기는 활동하기

대규모 공개 온라인 강좌massive open online courses라는 뜻의 무크MOOC가 폭발적으로 성장하던 2013년 무렵, 나는 스탠퍼드대학교의 컴퓨터공학 교수 출신으로 구글의 자율주행 자동차 팀을 이끌던 세바스찬 스런Sebastian Thrun과 함께 일하기 시작했다. 당시 세바스찬은 온라인 강좌를 제작하는 유다시티Udacity라는 회사도 막 설립한 상태였다. 나는 유다시티의 자문역으로 일하면서 수학 교사를 위한 무크 콘텐츠를 제작해 스탠퍼드대학교의 온라인 강좌로 공개했다.[42] 당시에는 사람들이 이 강좌를 수강할지 확신할 수 없었기에, 강좌 공개 후 처음 맞은 여름에 3만 명이 수강했을 때 놀라움을 금치 못했다.

이 무크 강좌에서 나는 실수의 가치를 공유하고, 강좌 참가자들에게 학생들이 실수에서 가치를 발견하는 데 도움이 되는 활동을 직접 설계하도록 요청했다. 그중 내가 좋아하는 활동 하나는 한 교사가 아이디어를 낸 것이었다. 이 활동은 학생들에게 실수했을 때 느끼는 분노와 좌절감을 담아 종이를 구겨서 힘껏 칠판에 던지게 한다. 그런 다음에는 종이를 펼쳐 구길 때 생긴 잔금에 색을 칠하게 하는데, 여기서 모든 잔금은 뇌가 성장하고 연결되는 것을 상징한다. 이런 활동을 통해 학생들은 실수에 대해 새로운 관점을 갖게 된다.

> **전략 10** 가장 좋아하는 실수를 선택하게 하기

교사들 사이에서 인기 있는 방법의 하나는 학생들에게 매일 '가장 좋아하는 실수'를 골라 공유하게 하는 것이다. 이 방법은 실수에 대해 감사하게 해준다는 장점이 있을 뿐만 아니라, 수업이나 가정에서 배운 아이디어의 바탕이 되는 수학적 원리를 다시 생각할 수 있게 해주기도 한다. 이 방법이 도움이 되는 이유는 수학 문제에 대한 이해의 영역이 항상 문제 자체를 넘어서며, 그 영역에 대해 생각하는 것이 중요하기 때문이다.

예를 들어, 분수 2/3와 1/4을 더한 값을 말하라고 하면 3/7이라고 답하는 학생이 항상 있다. 이는 수업 시간에 토론할 가치가 충분한 소중한 실수다. 내가 그 수업을 이끌고 있다면 다음과 같이 설명을 시작할 것이다. "나즈가 위쪽 숫자들을 더해 3을 얻고 아래쪽 숫자들을 더해 7을 얻었다는 것이 재미있네. 이런 접근 방법은 우리 모두 생각해볼 만한 중요한 문제야. 하지만 다른 학생들은 11/12라는 답을 냈구나. 수학에는 정답이 하나 이상 있는 문제가 있어. 이 문제도 그중 하나일까? (**학생들이 대답할 때까지 기다린다.**) 그렇지 않다고 생각하면 어떤 답이 정답인지, 왜 그런지 알아내는 재미있는 도전을 시작해볼까?"[43]

이와 같은 토론식 수업에서는 수업의 중심이 정답을 쉽게 제시할 수 있는 교사에게서 수학 자체로 이동한다. 학생들이 스스로 추론해 해결책을 찾아야 하기 때문이다. 나는 학생들이 서로 다른 답을 내놓는 것을 좋아하는데, 이는 문제가 흥미롭고 이야기할 거리가 많다는 것을 의미하기 때문이다. 학생들이 자신의 추론을 공유할 수 있도록 대화를 시작할 때, 나는 그들이 교실 앞쪽의 칠판으로 와서 자신이 옳다고 생각하는 예시를 방어하면서 (가능하면) 자기 생각을 시각적으로 표현하도록 유도한다. 또한 다른 학생들과 함께 정답이라는 결론에 도달할 때는 항상 이해의 발전에 오답이 중요한 역할을 한다는 것을 강조한다.

이와 비슷한 방법으로 내가 정말 좋아하는 것 중 하나는, 어떤 학생의 중요한 실수가 포함된 문제 풀이 결과를 나머지 학생들에게 주고 피드백을 제시하도록 요청하는 방법이다. 이 경우 문제에 대한 접근 방식이 왜 효과가 있는지 또는 없는지 생각해보는 시간을 갖는 것이 좋다. 학생들이 수학 문제를 풀면서 하는 실수는 거의 항상 어떤 논리에 기초하기 때문에, 그 논리에 집중해 생각하게 만드는 것이 중요하다.

이런 방법들은 실수와 비표준적인 예를 주제로 토론하는 방법으로, 수학을 훨씬 더 흥미롭고 다양하게 만든다.

전략 11 동영상과 기사 공유하기

유큐브드 웹사이트 youcubed.org에서는 학생들이 애씀과 실수를 긍정적으로 받아들이는 데 도움이 되는 다양한 자원을 제공한다. 여기에는 동영상[44]과 《사이언스뉴스Science News》의 기사가 포함된다.[45]

과학자와 교육자 들은 학생들이 애쓰고 실수하는 것의 가치를 오래전부터 인식하고 있었다. 신경과학자들이 이런 시간이 우리 뇌에 미치는 영향을 밝히기 훨씬 전에, 스위스 심리학자 장 피아제Jean Piaget, 1896~1980는 비평형disequilibrium 상태의 가치에 대해 언급했다. 여기서 비평형이란 학습 모델을 수정해 평형 상태로 진입하도록 유도하는 일종의 '인지적 불균형cognitive imbalance'을 뜻한다.[46] 심리학 및 학습 분야의 또 다른 거장인 레프 비고츠키Lev Vygotsky, 1896~1934는 학생들이 숙련된 지도자의 도움 없이 스스로 문제를 해결할 수 있는 수준과 도움을 받아야 해결을 할 수 있는 수준 사이에 '근접 발달 영역zone of proximal development'이 존재한다고 주장하면서 이 영역에 주목했다.[47] 이 두 심리학자는 학생들이 비평형 상태에 있거나 어른의 도움이 필요한 시기가 학습에서 가장 중요한 시기라는 것을 잘 알고 있었다. 현재 우리는 학생들이 애를 쓰면서 이해 능력의 한계점에서 노력하는 시간이 두뇌 활동과 발달에 가장 유익한 시간인 것을 알고 있다. 하지만 풍부한 증거에도 불구하고 대부분 학생은 애를 쓰면서 실수하는 것을 기분 나쁘게 생각하는데, 이는 학습 진전에 부정적인 영향을 미친다.

학교뿐만 아니라 사회에서도 실수와 애씀에 대해 두려움을 갖는 문화를 바꿔야 할 필요가 있다. 실수하는 시간과 애쓰는 시간은 둘 다 뇌가 지식을 늘리고 창의성을 발달시키는 데 매우 중요하면서 가치가 크기 때문이다.

학습자들이 애씀과 실수에 익숙해지도록 도우려면 먼저 우리가 그것들에 익숙해져야 한다. 그러려면 우리 모두가 때때로 자신에게 하는 부정적인 말을 하지 않도록 노력해야 한다. 우리가 먼저 불확실성, 실수, 애씀에 익숙해지면, 우리 모습이 다른 어른들과 학습자들에게 그러한 것들을 경험하는 시기에 편안해질 수 있음을 보여주는 모범적인 예가 될 수 있다. 여러분이 이 여정의 어느 단계에 있든, 이 장이 학습자를 위해 실수 친화적인 환경을 조성하고 도전과 실수의 시간을 받아들이는 데 도움이 되는 아이디어와 자원의 공유에 일조하기를 바란다. 학습은 결과가 아니라 과정이며, 애를 쓸 때야말로 가장 역동적인 기회가 생겨난다.

이제 수학 학습에 대한 나의 새로운 아이디어를 공유할 때가 됐다. 지금까지 이 책에서 제시한 개방적이고 긍정적인 마인드셋을 갖고 이 아이디어들을 받아들이기 바란다.

4장

세상 속
진짜 수학

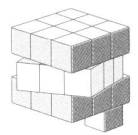

　이 책의 목적은 '대략 수학적'이라는 개념을 공유하고 수학적 다양성에 대해 널리 알리는 것이다. '대략 수학적'이라는 개념은 다양한 사람들이 일상생활에 존재하는 수학을 이해하기 위해 활용하는 다양한 접근 방식을 뜻한다. 수학적 다양성이라는 개념은 문화와 사람 간의 다름이 갖는 가치 그리고 서로 다른 시각과 사고방식에 대한 존중을 포함하는 수학적 접근 방식의 다양성을 의미한다. 앞서 1장에서 나는 이 두 가지 형태의 다양성이 함께 어우러질 때 효과적인 협업과 문제 해결, 높은 성취도를 촉진하는 데 도움이 된다는 사실을 공유했다.[1] 유큐브드 여름 캠프에서 나와 내 연구팀은 다양한 학생들을 성공적으로 가르쳤는데, 이는 수학에 대한 접근 방식을 통해 학생들의 다양한 시각, 사고, 문제 해결 방식을 존중하며 그들의 차이점을 가치 있게 보고 고양했기 때문에 가능했던 일이

다.² 학생들의 다양성은 수학적 다양성을 풍부하게 했고, 수학적 다양성은 학생들의 경험을 다양화했다.

인종적 다양성의 영향을 다룬 가장 설득력 있는 대규모 연구는, 내가 근무하는 스탠퍼드대학교에서 교육 불평등에 관해 연구하는 교수 션 리어던Sean Reardon이 수행한 것이다. 션과 그의 동료 연구자들은 1만 개가 넘는 학군에서 5000만 명이 넘는 학생으로부터 수집한 11년간의 성취도 데이터를 바탕으로 교육 기회에 대해 조사했다. 이 데이터는 학생에 대한 인종차별이, 초등학교 3학년부터 시작돼 8학년까지 확대되는 성취도 격차와 관련이 있다는 중요한 사실을 드러낸다.³ 오늘날 학교는 60년 전만큼 인종적으로 분리되어 있지는 않지만, 지난 30년 동안 인종 및 경제적 격차는 증가했다. 예를 들어, 2022년 기준 평균적인 흑인 학생이 다니는 학교는 평균적인 백인 학생이 다니는 학교에 비해 흑인 학생과 라틴계 학생이 32% 더 많았다.⁴ 학교와 지역사회가 다양하지 않으면, 그곳들의 자금이 부족해져 유색 인종 학생과 저소득층 학생에게 불균형하게 영향을 미치는 심각하고 방어할 수 없는 기회 격차가 발생하고 결국 모두가 손해를 보게 된다. 션의 연구는 평등이 우리 사회의 중요한 목표라면 학교의 학생 구성에 대해 재고할 필요가 있음을 시사한다. 이 연구는 불평등에 대응하기 위해서는 학교가 인종적으로 더 다양해져야 한다는 것을 보여주는데, 이런 결과는 전혀 놀라운 것이 아니다. 영국과 미국의 학교에서 수년간 일하면서 나는 인종, 문화, 사회 등 모든 면에서 다양성을 갖춘 학교가 가장 효과적인 학교라는 사실을 알게 됐다. 사람들은 마음을 열고 서로 다른 문화와 인종의 다양한 기여를 인정함으로써 혜택을 받는다.[5] 세심하게 가르치면 젊은이들은 인종적, 사회적, 문화적 차이를 뛰어넘어 서로에 대한 존중을 배운다.[6] 다양성은 삶과 수학 학습을 모두 개선한다.

중요한 것을 배우고 가르치기

몇 년 전, 나는 초중고 학교 시스템에 더욱 다양한 수학이 유입될 기회를 만드는 데 도움을 달라는 전화를 한 통 받았다. 교육이나 수학 분야에 종사하지 않는, 다른 분야의 전문가로부터 온 전화였다. 전화를 해온 사람은 시카고대학교의 경제학자인 스티브 레빗으로, 『괴짜경제학Freakonomics』의 저자로 유명한 학자다.[7] 레빗은 동료 스티븐 더브너Steven Dubner가 주로 진행하는 팟캐스트 '프리코노믹스Freakonomics'에 나를 초대했다. 레빗이 이 주제에 관심을 가지게 된 것은 자신의 고등학생 자녀들에게 요구되는 수학 숙제와 (더불어 더 일반적으로는) 그들이 배우는 수학의 전반적인 내용에 대한 불만 때문이었다. 그는 그들이 학교에서 배우는 수학이 자신이 학창 시절에 배웠던 수학과 똑같지만, 자신의 경제학 연구에는 "아이들이 학교에서 배우는 수학과는 전혀 상관이 없는" 수학과 수학적 도구가 포함돼 있다는 사실을 깨달았다고 말했다. 이런 괴리에 주목해 레빗은 '미국의 수학 교과 과정은 합리적이지 않다'라는 제목의 팟캐스트 특별 방송을 진행하기로 했다.[8] 이 에피소드는 그의 고등학생 딸 중 한 명이 우스꽝스러운 목소리로 다음과 같은 내용을 읽는 것으로 시작됐다.

> 방정식의 분모를 유리화하세요. 3을 x의 제곱근으로 나눈 다음 7을 빼세요. 다항 방정식의 해가 실수가 아닌 경우를 찾으세요. $f(x)$는 $4x$의 4제곱 더하기 $35x$의 제곱 빼기 9입니다.

그 뒤를 이어 나, 경제학자이자 전직 교사인 샐리 새도프Sally Sadoff, 리서치 분석가인 대프니 워첸코Daphne Worchenko, SAT를 주관하는 대학위원회의 회장 데이비드 콜먼David Coleman이 참여한 가운데 활발한 대화가 이어졌다. 학생들에게 **가르쳐야 하는** 수학과 현재 학생들이 **실제로 배우고 있는** 수학 사이의 괴리에 대해 많은 이야기가 오갔다. 콜먼은 대학위원회가 수학을 비롯한 다른 과목을 가르치는 대학교수들과 고등학교 수학 교사들을 대상으로 대학 수업에 가장 필요한 수학이 어떤 것인지 묻는 설문 조사를 실시한 적이 있는데, 그 두 그룹의 답변 차이가 "가슴을 아프게 할 정도"였다며 다음과 같이 말했다.

> 대학교수들은 "중요한 것은 극소수이지만 그 중요도가 매우 높다."라고 답변했지만, 고등학교 교사들은 "모든 것이 중요하다."라고 답변했습니다. 고등학교 교사들이 얼마나 스트레

스를 받을지 생각해보세요. 교사들은 모든 일을 다 해내야 합니다. 그렇지 않으면 아이들을 배신하는 게 되기 때문이지요. 하지만 그러다 보면 준비되지 않은 아이들이 커리큘럼을 따라오도록 강요하게 되지요. 대학교수들이 지적하지만 사람들의 관심을 끌지 못하는 사실은, 학생들이 핵심적인 부분을 학습할 수 있어야 그 나머지 부분에서 우리가 도움을 줄 수 있다는 것입니다. 핵심적인 부분의 학습을 불완전하게 한다면 학생들은 핵심 개념들에 대해 확실하게 인식하지 못하게 되고, 결국 수학의 다른 많은 부분에 대한 이해도 불완전해집니다. 그렇게 되면 우리 모두 교착상태에 빠지게 되는 거지요.[9]

대학교수들은 **중요한 것은 극소수이지만 그 중요도가 매우 높다**고 답변했고, 고등학교 교사들은 모든 것을 다뤄야 한다고 답변했다는 콜먼의 이 말에는 매우 중요하고 강력한 메시지가 담겨 있다. 고등학교 교사들이 이런 답변을 한 것은 놀라운 일이 아니다. 교사들은 주 정부와 교육구의 지침, 표준 교과과정, 교과서, 평가 기준에 명시된 모든 것을 가르쳐야 하기 때문이다. (6장에서는 모든 초중고 교사와 일부 학부모가 직면한 문제를 해결하는 방법, 즉 가르칠 내용이 너무 많은 상황에서 학생들이 필요로 하는 다양성을 견지하며 의미 있게 내용을 가르치는 방법에 대해 다룰 것이다.) 그렇다면 어떤 것이 중요할까? 대학교수들이 대학 교과 과정과 미래의 수학 학습에 더 중요하다고 생각하는 영역은 어떤 것일까?

콜먼이 '소박'하다고 말하는 첫 번째 핵심 수학 개념은 산술算術 개념, 즉 수학의 사칙연산과 분수에 관한 개념이다. 나는 이 개념을 '수 감각number sense'이라고 부른다. 두 번째 핵심 영역은 데이터 분석 및 문제 해결 영역이다. 우리는 비율, 비, 비례 같은 개념을 통해 수량이 서로 어떻게 관련되어 있는지 알 수 있는데, 나는 이를 '데이터 리터러시data literacy'라고 부른다. 세 번째 핵심 영역은 선형방정식이다. 선형방정식은 다양한 분야에서 사용되는 수학의 한 영역으로 세상의 여러 요소들이 서로 어떻게 관련되어 있는지 설명한다. 이 세 가지는 대학 수업에서 필요할 뿐만 아니라 생활과 업무에서 가장 필요한 수학적 사고의 영역이기도 하다. 각각은 일련의 규칙, 방법 및 절차라는 좁은 방식으로 접근할 수도 있고, 잠재력, 아름다움 및 우리 삶에 대한 적용 가능성을 강조하는 다양하고 흥미로운 방식으로 접근할 수도 있다. 이 장에서는 이 세 가지 영역에 대해 살펴볼 것이다. 이 세 가지 영역의 흥미로운 점은 무엇일까? 그리고 어떻게 하면 다양하고 새로운 방식으로 이 영역들에 접근할 수 있을까?

핵심 영역 1: 수 감각

수는 매우 중요하지만 사회 전반에서 부정적인 평판을 받고 있다. 대부분의 사람은 수가 타고난 멋을 가지고 있다는 사실을 알지 못하는데, 그들이 수의 멋을 직접 보거나 경험할 기회가 없기 때문에 당연한 일이다. 실제로 많은 사람이 수와 산술을 자기 삶과는 무관한 차갑고 먼 대상으로 생각한다. 대부분 국가와 지역에서 제시하는 커리큘럼이 이런 생각을 부추기고 있다. 킹스칼리지런던의 스티븐 볼Stephen Ball 교수는 지식의 창조에서 인간의 역할을 인정하지 않고 "수세대 동안 굳어진 확고한 판단에 의해" 전수되는 것으로 보이며, 학생들이 자신만의 경험을 하거나 자신만의 표현을 하는 것을 허용하지 않는 커리큘럼과 표준을 '망자의 커리큘럼curriculum of the dead'라고 설명한다.[10] 국가 표준과 교육과정에 명시된 수학적 방법들은 확실히 이 설명에 부합한다. 이런 기준은 여러 출판사의 편협한 교과서 제작으로 이어지고 있으며, 그 결과 학생들은 수를 문화적 다양성이나 그 어떤 종류의 다양성도 없는 냉정한 사실로만 생각하게 된다.

수 감각 키우기 ① 수의 역사를 배우자

학생들이 경험하는, 생명이 없고 사람 냄새가 나지 않는 수에 내가 도전하는 한 가지 방법은, 수가 발전해온 풍부한 문화적 역사를 공유하는 것이다. 학생들은 수의 역사에 대해 거의 배우지 않지만, 만약 배운다면 수량에 관한 인류의 초기 기록 중 하나가 브라질 아마존에서 이뤄졌다는 것을 알게 될 것이다.[11] 1만여 년 전 원주민 예술가들이 그린 그림에는 날과 보름달을 비롯한 여러 주기를 계산하기 위한 X 표시가 돼 있다. 그 밖에도 고고학자들은 고대인들이 수에 관심을 기울였다는 수많은 증거를 발견했다.

중앙아프리카의 작은 지역에서는 여러 세대에 걸쳐 역사가들을 매료시킨 뼈가 발견됐다. 2만 년 전의 것으로 추정되는 이 이상고 뼈Ishango Bone에는 소수素數와 십진법에 대한 인식을 드러내는 일련의 표시가 있어 수학적 의미가 깊다. 수 체계의 중요한 부분을 보여주는 이 최초의 증거는 현재의 콩고민주공화국에서 발견됐다.[12]

나는 학생들에게 클로디아 자슬라프스키Claudia Zaslavsky가 세계 곳곳을 조사해 쓴 훌륭한 책에 나오는 이상고 뼈 다이어그램을 보라고 권하곤 한다(그림 4.1). 그러면서 다음과 같은 질문을 한다. **왜 이 숫자들이 뼈에 있다고 생각하나요? 이 뼈는 무엇에 사용되었다고 생각하나요?** 이런 질문은 학생들이 수학 역사의 다양한 특성에 대해 더 깊이 이해하고, 대략적 수에 대해 이해할 수 있도록 문을 열어주는 역할을 한다.

수메르 문명은 현재의 이라크 지역에 속한 메소포타미아 지역,

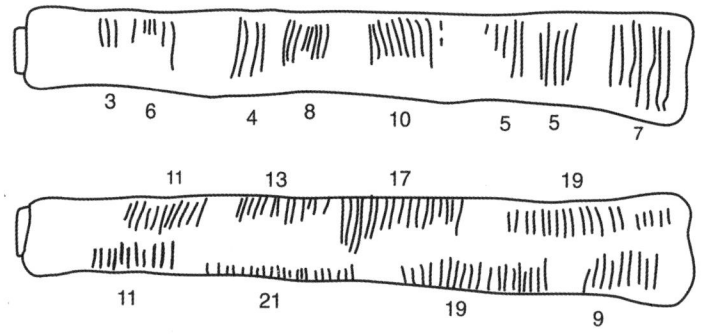

그림 4.1 이상고 뼈의 양면

출처: C. 자슬라프스키, 『수학 게임과 전 세계의 수학 활동(Math Games & Activities from Around the World)』

즉 '강들 사이의 땅'에서 발원한 인류 최초의 문명으로 알려져 있다. 이후 바빌로니아 사람들도 같은 지역에 살았으며, 이 수메르 사람들과 바빌로니아 사람들이 대수代數를 최초로 사용한 것으로 알려져 있다.[13] 수메르에서 발견된 대부분의 점토판에는 대수적 표시가 있으며, 이 점토판들은 기원전 1800~1600년에 만들어진 것으로 추정된다. 참고로 **대수**를 뜻하는 **algebra**는 '부서진 부분들의 재결합'을 뜻하는 아랍어 'al-jabr'에서 유래했다. 현재 서양에서 사용하는 수 체계는 아라비아의 수 체계에서 온 것이고, 그것은 다시 인도의 수 체계에서 온 것이다. 숫자 0을 발명한 것은 인도의 학자들이었다.

숫자를 최초로 사용한 사례 중 하나는 시간을 기록하기 위한 것이었다. 사람들은 왜 우리의 시간 기록 체계가 12 또는 24 단위로 되어 있는지 궁금해하는데, 그 답은 3000년 전에 해시계를 개발한 고대 이집트에서 찾을 수 있다. 하루를 12단위로 나누기로 한 결정은 해시계에서 볼 수 있는 그림자에서 비롯됐다. 고대 이집트인들은 그림자를 보고 일출부터 일몰까지의 시간을 10개 단위로 나눈 뒤, 새벽과 황혼을 위한 단위를 추가해 모두 12개 단위를 만들었다. 이 체계는 기원전 323년경 헬레니즘 시대의 그리스 천문학자들에 의해 공식적으로 표준화되었고, 시간이 흘러도 변함없이 유지됐다. 하루가 24시간인 이유가 바로 여기에 있다.

이런 이야기들은 학생들에게 잘 알려지지 않은 수의 역사에 대한 몇 가지 예일 뿐이다. 나는 이 예들이 아름답고 다양하며, 전 세계에 걸쳐 있고, 모든 문화의 일부로 발전해온 수학의 역사를 보여준다는 점에서 매우 매력적이라고 생각한다.

수학은 우리 모두가 세상을 바라볼 수 있는 렌즈이다. 수학을 우리는 훨씬 더 많은 것을 볼 수 있고, 패턴과 흥미로운 관계를 발견할 수 있다. 중요한 것은 수는 그 자체로 풍부한 문화적 역사를 가지고 있다는 사실이며, 이 사실은 우리가 알고 다른 사람들과 공유할 가치가 있다.

수 감각 키우기 ② 패턴의 매력과 만나자

수는 항상 나를 매료시켜 왔는데, 그 이유는 시각적, 물리적 놀이로 수를 접했던 어린 시절의 경험에 있다. 어린 시절 나는 어머니가 사주신 퀴즈네어 막대 세트를 가지고 몇 시간씩 놀곤 했는데, 그 막대들은 단순해 보이지만 놀라울 정도로 강력한 것이었다(그림 4.2). 벨기에의 교사 조르주 퀴즈네어Georges Cuisenaire가 개발한 이 열 가지 색 막대 세트는 막대 각각이 1에서 10까지의 수를 나타낸다. 아이들이 악기의 건반을 두드리면서 음악적 관계를 배우는 것에 주목했던 그는, 아이들이 수의 관계에 대한 이해를 얻을 수 있는 유사한 감각적 경험을 하길 원했다.[14]

어린 자녀를 둔 부모라면 이 막대 세트를 구입해 사용해보길 권한다. 아이들은 본능적으로 막대를 가지고 놀고, 순서를 정하고, 패턴을 탐구하기 시작할 것이다.

나는 어렸을 때 이 색색의 막대를 좋아했고, 여러 가지 방법으로 이것들을 정렬하고 수 패턴을 탐구하면서 많은 시간을 보냈다. 나이가 들어 계산기가 생겼을 때는 학교에서 (선생님 말씀을 들어야 할 시

그림 4.2 퀴즈네어 막대

간에) 계산기에 숫자를 입력하고 여러 가지 연산을 번갈아 하면서 어떤 일이 일어나는지 살펴보곤 했다. 나는 항상 공책을 가지고 다녔고, 평생 그 습관을 유지해왔다. 어린 시절 내 공책은 며칠 동안 계속 탐구할 수 있는 수 패턴으로 가득 차 있었다. 이 이야기를 듣고 여러분이 내가 어릴 때부터 수에 매료된 수학 천재라고 오해하지 않기를 바란다. 단지 나는 어릴 때부터 수를 가지고 노는 법을 배웠고, 수를 시각적이고 물리적으로 그리고 유연하게 경험할 수 있었으며, 이를 통해 수에 대한 호기심이 많아지고 수에 매료됐다는 이야기를 하고 싶을 뿐이다.

스탠퍼드대학교에서 강의를 할 때 나는 학부생들에게 퀴즈네어 막대로 패턴을 만들도록 한다. 내가 소중히 여기며 유큐브드 웹사이트에서 공유하는 많은 활동과 마찬가지로, 이 활동은 어린아이

를 포함해 누구나 쉽게 할 수 있는 간단한 것처럼 보이지만, 학부생들에게 매우 높은 수준의 도전이 되기도 한다. 내가 가장 좋아하는 동영상 중 하나는 학부생인 야스미나 칸이 퀴즈네어 막대를 사용해 복잡한 수학적 패턴을 시각적으로 증명하는 모습이 담긴 것이다. 이 동영상에서 야스미나는 막대들을 움직이며 수학적 패턴을 강조하는 방식으로 증명한다. 사람들은 이 영상을 보면서 눈앞에 펼쳐지는 패턴의 복잡함과 아름다움에 충격과 감동을 받는다.

    교사들은 이 영상을 정말 재미있게 보고, 다시 보고 싶다며 자기가 가르치는 학생들에게도 보여줄 수 있는지 물어보곤 한다. 나는 야스미나의 시각적 증명에 대한 사람들의 반응을 보는 것을 좋아한다. 그 순간에 그들이 보여주는 것은 수학적 감탄이며, 그 감탄은 아름답고 시각적인 수 패턴에 대해 본능적으로 나오는 순수한 반응이기 때문이다. 이런 수 패턴은 숫자만으로는 전달할 수 없는 깊은 의미를 전달한다.

많은 사람이 야스미나가 지금 무엇을 하고 있는지 궁금해하며, 첨단 기술 기업의 크리에이터가 된 것이 아니냐고 추측한다. 현재 야스미나는 글로벌 문제 해결 기업에서 일하고 있다. 야스미나는 학부에서 들었던 수업에 지금도 감사한다고 말한다. 그 수업이 수학에 대한 그녀의 마인드셋과 접근 방식을 변화시켜 스탠퍼드에서 "(선형대수학, 다변수 미적분학, 확률과 통계 등) 여러 가지 고급 수학 강의"를 듣게 만들었고, 그 강의들이 그녀가 세상에 나가 성공 가도를 달릴 수 있게 해주었기 때문이다.

세상과 관련된 수학적 활동을 사람들과 공유하는 일은 큰 가치가 있다. 하지만 나는 모든 연령대의 사람이 수 내부와 수 사이의 패턴에 매료된다는 사실도 잘 알고 있다. 대학위원회 회장인 데이비드 콜먼은 대학 과정에 입학하는 학생들에게 수 감각의 중요성을 강조한다. 확신하건대, 우리가 누구에게나 제공할 수 있는 수 감각의 최고의 기초는 수를 가지고 놀고, 패턴을 탐구하고, 수학적 방식으로 접근하도록 유도하는 데에서 시작된다. 수가 시각화되면 수 경험은 훨씬 더 의미 있는 것이 된다.

브렌트 요기Brent Yorgey는 헨드릭스 칼리지에서 수학 및 컴퓨터 과학을 가르치는 교수이다. 그는 수를 나타내는 흥미롭고 아름다운 시각적 표현을 고안했는데, 그 표현을 처음 접했을 때 나는 매료되지 않을 수 없었다.[15]

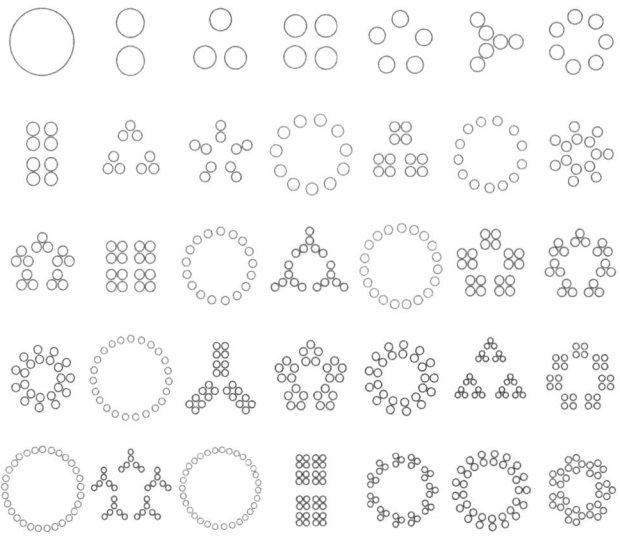

그림 4.3 브렌트 요기의 시각적 수 표현

우리 팀과 나는 학생과 교사에게 그림 4.3을 보여주고, 먼저 각 그림 옆에 상응하는 숫자를 써보라고 한다. 그렇게 함으로써 숫자를 **보고** 그 수의 구성 요소와 다른 수와의 관계에 대한 시각적 통찰을 얻을 수 있도록 유도하는 것이다. 그런 다음 우리는 사람들에게 흥미로운 패턴을 찾도록 요청한다. 교실에서 이 활동을 하면 학생들은 즐거워하며 자신이 발견한 다양한 패턴을 공유한다. 그림 4.4에서 4.7은 그들이 공유한 내용 중 일부이다.

- 3의 배수는 모두 '3의 속성'을 보여주는 구조(삼각형)이다.

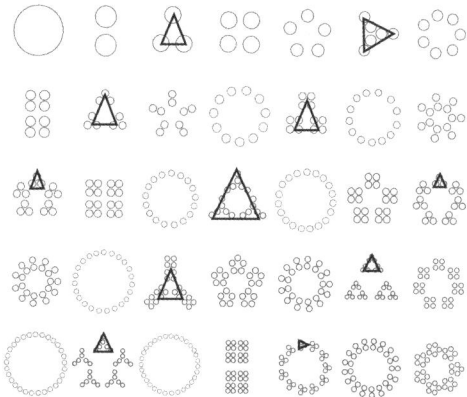

그림 4.4 3의 배수

- 7의 배수는 모두 칠각형 모양이다.

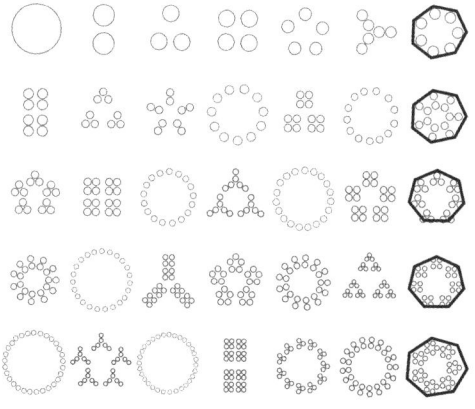

그림 4.5 7의 배수

• 6의 배수는 다음과 같이 모두 같은 모양이다.

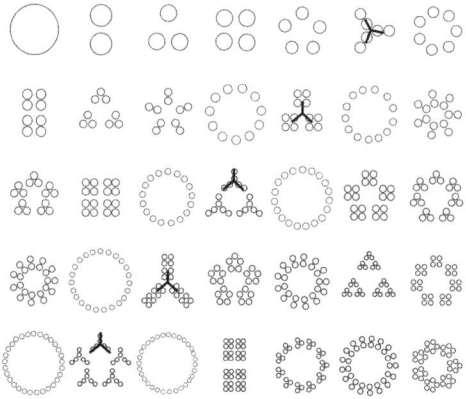

그림 4.6 6의 배수

• (2를 제외한) 소수는 모두 원으로 표시된다.

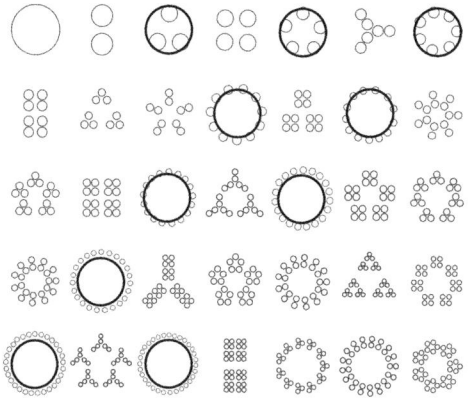

그림 4.7 소수

이 활동 중에 나는 특히 애리조나에서 함께 일했던 랜디라는 교사가 소수가 원으로 표시되는 것을 알아차린 데 감탄했다. 그는 2는 하나의 궤도 안에 있는 두 개의 원으로 볼 수 있기 때문에, 숫자 2도 원이라고 열정적으로 주장했다(그림 4.8).

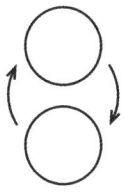

그림 4.8 숫자 2

그 순간 랜디는 다음 5장에서 살펴볼 중요한 창의적 행위인 수학적 유연성을 발휘하고 있었다. 나는 한 중학교 수업에서 이 수 표현을 공유하고 학생들에게 패턴을 탐구해보라고 한 적이 있다. 며칠 후 학교를 다시 방문했을 때 한 학부모가 내게 다가왔다. 그는 수학을 싫어하고 절대 좋아하지 않을 것 같았던 딸이 마음을 바꿨다며 흥분된 어조로 수업 시간에 학생들과 무엇을 했는지 물었다. 이런 반응은 내가 여러 번 경험한 것이다. 수를 '보고' 가지고 놀 수 있으며 수학이 창의적인 영역임을 깨달을 때 이런 반응이 나온다. 젊은이들이 수가 멀리 있는 딱딱한 사실이 아니라 멋지고 사랑스러운 캐릭터라는 것을 깨닫게 되면 학습의 모든 것이 달라진다.

모든 연령대의 사람에게 수와 수 패턴을 가지고 놀 수 있는 기회를 제공하는 것은 교과과정에서 요구하는 기준을 넘어서는 본질적인 가치를 지니고 있다. 일단 사람들이 수 패턴을 가지고 놀기 시작하면 수와 수학을 다르게 보기 시작한다.

수는 항상 시각적으로 볼 수 있으며, 시각적 요소는 더 깊은 의미를 더한다. 초등학교 교사들과 함께 일할 때 그중 한 명이 제곱수는 정사각형square으로 표현할 수 있기 때문에 정사각수square number라고도 부른다는 사실을 예전엔 몰랐었다며 기뻐하던 기억이 난다(그림 4.9).

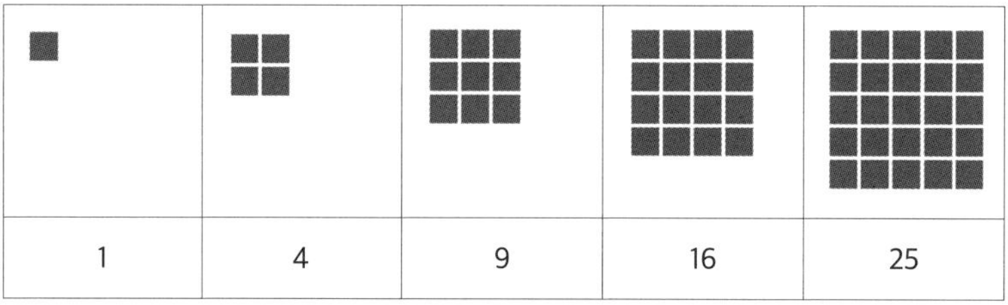

■	■■ ■■	■■■ ■■■ ■■■	■■■■ ■■■■ ■■■■ ■■■■	■■■■■ ■■■■■ ■■■■■ ■■■■■ ■■■■■
1	4	9	16	25

그림 4.9 정사각수

정사각수의 시각적 표현은 제곱지수를 붙인 숫자보다 훨씬 더 의미가 있다. 4는 정사각형(2×2 정사각형)으로 그릴 수 있으므로 정사각수이고, 9는 정사각형(3×3 정사각형)으로 그릴 수 있는 그다음 정사각수라고 설명하면, 사람들은 대부분 충격을 받으면서 재미있어 한다. 그날 그 교사와 나는 정사각수가 홀수를 더해서 나온다는 사실도 공유했다. 이를 수식과 도형으로 표현하면 그림 4.10과 같다.

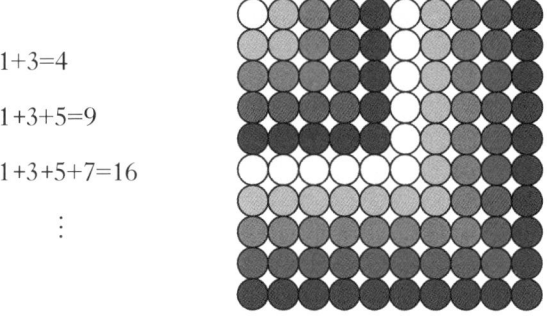

1+3=4
1+3+5=9
1+3+5+7=16
⋮

그림 4.10 연속하는 홀수 더하기

나는 삼각형으로 배열할 수 있는 숫자인 삼각수에 대해서도 그 교사에게 알려줬다(그림 4.11). 그 교사는 자신이 기호로만 알고 있던 수를 시각적으로 표현하는 것에 완전히 매료됐다.

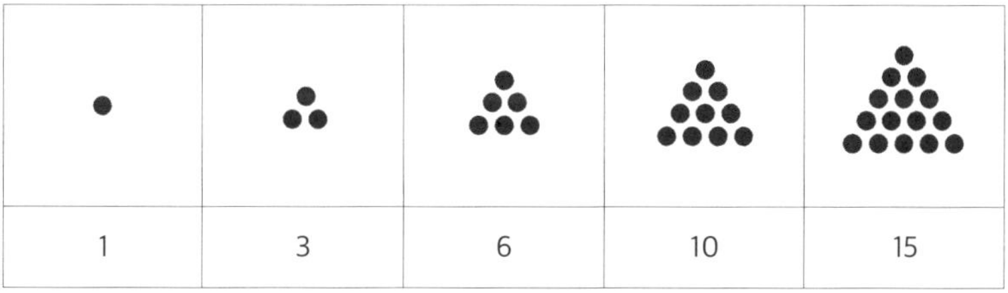

•	•••	•••••	•••••••••	•••••••••••••
1	3	6	10	15

그림 4.11 삼각수

나는 스탠퍼드대학교에서 수년 동안 학부생들을 가르쳤는데, 많은 수학적 성취에도 불구하고 대부분의 학생은 삼각수에 대해 들어

4장 세상 속 진짜 수학 **143**

본 적이 없었다. 물론 교육자가 되거나, 자선단체를 설립하거나, 기업을 설립하고 운영하거나, 새로운 발명품을 통해 세상을 변화시킬 이 젊은 학생들이 삼각수를 모른다고 해서 크게 손해를 보지는 않을 수도 있다. 하지만 삼각수는 확률, 대수함수 등 수학의 많은 영역에서 쓰인다. 학생들은 이 흥미로운 수 표현의 혜택을 보지 못한 채 이런 분야를 학습했다. 물론 이는 수학적 다양성과 즐거움이 없는, 기호에 불과한 숫자 과목으로 수학이 학생들에게 소개되고 있다는 더 큰 문제의 한 증상일 뿐이다. 삼각수, 수의 시각적 표현, 우리 역사와 문화에서 수가 차지하는 위치를 알고 탐구하도록 유도하면, 학생들은 자연스럽게 수 패턴과 유연성의 세계를 탐구하게 될 것이다.

수 감각 키우기 ③ '대략 수학적' 개념을 받아들이자

수는 전 세계 어디에나 존재하며 우리는 모두 매일 어떤 형태로든 수를 사용한다. 하지만 일상에서 수를 사용하는 방식은 학교에서 수를 사용하고 배우는 방식과는 다른 주목할 만한 점이 있다. 생활 속에서 또 직장에서 수를 사용할 때는 거의 항상 부정확한 추정치를 사용한다. 나는 이 수를 '대략적 수$^{ish\ number}$'라고 부른다. 어떤 사람들은 수는 항상 정확하고 정밀하며 올바르다고 믿기 때문에, 이 개념을 이단처럼 여기기도 한다. 하지만 대략적 수는 사실 우리 삶에서 가장 필요한 수이다. 학습 여정에 대략적 수가 포함된다면 사람들의 수학에 대한 접근 방식이 변화할 수 있다. 다음은 대략적 수로 대답할 수 있는 질문의 예이다.

- 몇 살인가요?
- 오늘 밤에 달의 크기는 얼마나 될까요?
- 쿠키 반만 먹어도 돼요?
- 공항까지 얼마나 걸리나요?
- 밖은 얼마나 따뜻해요?
- 미국은 얼마나 큰가요?
- 런던 브리지는 얼마나 길어요?
- 이 레시피에 밀가루를 얼마나 사용해야 하나요?
- 벽을 칠하려면 페인트를 얼마나 사야 하나요?

이런 질문에 대한 대답들은 대략적 수의 몇 가지 예시일 뿐이다. 완벽한 원, 완벽한 삼각형, 완벽한 직사각형은 현실에서 거의 존재하지 않으므로 모든 도형은 항상 '대략적 도형'이다. 각설탕, 연, 동심원, 피라미드와 같은 예는 우리가 흔히 볼 수 있는 많은 도형이 얼마나 대략적인지 잘 보여준다.

대략적 수와 대략적 도형은 어디에나 존재하며 매일 볼 수 있다. 이 책에서 이런 개념을 다루는 것은 이런 개념이 재미있고 호기심을 불러일으킬 뿐만 아니라 중요하기 때문이다. 영국에서는 수학 교육을 개선하기 위해 저명한 수학 교육자인 윌프레드 콕크로프트 Wilfred Cockcroft 경이 이끄는 위원회를 구성해, 직장에서 사용되는 수학에 대한 논의를 한 적이 있다. 이 위원회가 가장 중요하다고 강조한 분야 중 하나는 추정estimation으로, 다음과 같이 설명했다.

산업과 상업은 추정 능력에 광범위하게 의존한다. 여기서 두 가지 측면이 중요하다. 첫 번째는 수행된 계산이나 측정의 결과가 합리적인지 판단할 수 있는 능력이다. 이를 통해 실수를 감지하거나 피할 수 있다. 예를 들어, 월별 계정이 전과 현저하게 다르거나 측정된 약의 용량이 예상치 못하게 크거나 작아 보이는 경우 등이 이에 해당한다. 두 번째는 다양한 측정값에 대해 주관적으로 판단하는 능력이다.[16]

계산에 대한 답이 합리적인지 판단하는 능력은 학생이나 성인이 개발할 수 있는 가장 가치 있는 수학적 능력일 수 있지만, 학생 대부분은 이런 능력이 없다. 전 세계적으로 수학 학습이 정밀도와 정확성에 초점을 맞추고 추정과 합리성은 소홀히 다루기 때문에 이는 놀라운 일이 아니다. 영국의 위원회는 직장에서 사람들이 추정 능력에 '광범위하게' 의존하고 있다는 사실을 공유했다. 실제로 나도 살아오면서 숫자 계산과 기타 수학 문제에 대한 답을 추정하는 능력을 수없이 사용했다.

국제학교에서 수학을 가르치는 수잰 다운스Suzanne Downes 다음과 같은 성찰 내용을 공유했다.

272를 8로 나누라는 요청을 받으면 머릿속으로 답이 합당한지 아닌지 제대로 느끼지 못한 채 오랫동안 나눗셈을 시도하는 여러 어린 학생과 고학년 학생 때문에 나는 슬퍼지기 시작했다. 학생들이 대분수帶分數(정수와 진분수로 이루어진 분수)를 더하거나 뺄 때도 마찬가지다. $19\frac{3}{4} + 27\frac{1}{3}$을 계산하라는 문제를 보면 많은 학생이 대분수를 공통분모가 있는 가분수로 바꾼다. 이런 학생들은 도중에 수에 대한 감각을 대부분 잃게 된다. 우리가 진정한 이해를 가르치는 데 충분한 시간을 할애하지 않는 것일까? 수 감각과 논리적 사고의 즐거움을 심어줄 시간이 충분하지 않은 것일까?

감각도 생각도 없이 답을 내놓는 학생들에 대한 수잰의 우려는 혼자만의 걱정이 아니다. 영국 위원회에서는 답이 어떤 식으로 나와야 하는지 사고하는 능력을 강조했는데(이때 대략적 수가 답이 합리적인지 알아내는 데 도움을 줄 수 있다), 이들은 그 능력이 부족한 것이다. 이는 모든 학년과 모든 수학 수준의 학생에게 영향을 미치는 문제다. 수잰은 이 문제를 딜레마로 보고, 이 딜레마가 시간이 부족하기 때문이 아닌지 묻는다. 시간 부족이 문제의 부분적인 원인일 수도 있을 것이다. 하지만 나는 이 고질적인 문제를 해결하는 데 도움이 되는 방법이 따로 있다고 본다. 이 방법은 교사나 학부모 누구나 언제든지 사용할 수 있는 것이다. 또한 이 방법은 매우 효과적이며 모든 학습자에게 유효하다. 직장에 다니는 성인들도 이 방법을 통해 도움을 받을 수 있다.

수학 교육에 대략적 수와 도형 개념을 도입하자

내가 제안하는 것은 계산 문제 같은 수학 문제를 풀기 전에 답이 무엇일지 생각해보고, '대략적인' 답을 내보자는 것이다. 수잰은 272를 8로 나누는 예를 들었다. 만약 내가 실생활에서 이 문제에 답해야 한다면, 8×30=240이라고 생각해서 답이 30을 조금 넘을 것으로 예상할 것이다. 내가 생각하는 대략적 수는 32 정도다. 내가 이 대략적 수를 생각해낸 것은 수 감각이 있기 때문이다. 많은 교사가 학생들에게 부족하다고 한탄하는 접근 방식이 바로 이 수 감각을 이용한 접근 방식이다. 계산하기 전에 추정을 해보라고 하면 학생들은 아마도 정확한 답을 구한 다음 반올림하여 추정치처럼 보이게 할 것이다. 학생들이 이런 식으로 계산하는 이유는 추정을 통해 대략적인 수를 만들어볼 기회가 충분히 주어지지 않았기 때문이다. 계산하기 전에 대략적인 답을 생각한다면 수 감각을 기르는 데 도움이 되고, 비합리적인 답을 내지 않게 되며, 생활에 중요한 도구인 대략적 수를 이해하는 법을 배우게 될 것이다.

수학 문제를 풀기 전에 등식의 답을 생각해보도록 하는 방법은 모든 종류의 문제에 사용할 수 있다. 예를 들어, $f(x+3)$을 그래프로 그려달라는 요청을 받은 학생에게 먼저 **그래프가 어떻게 보일 것 같으냐**고 물어볼 수 있다. 수학 문제를 풀기 전에 무엇을 예상할 수 있는지 생각하는 것은 학생들에게 매우 가치 있는 일이다. 이 책을 쓰면서 나는 '아름다운' 실수를 저지른 적이 있다. 숫자를 계산할 때의 인지 과정에 관한 생각을 물어보기 위해 인지심리학자인 친구에게 이메일을 썼는데, 실수로 그것을 이름이 매우 비슷한 스탠퍼드의 신경과학자에게 보내고 만 것이다. 그는 내가 이메일을 보내려고 한 사람이 아니었지만, 내 질문에 얼마나 매료되었는지 말한 뒤 대략적 수를 예측하는 과정에 관해서 설명하는 답장을 보냈다. 그는 대략적 수를 예측하는 과정과 정확한 수를 계산해내는 과정이 전두-두정엽 제어 네트워크FPCN와 기본 모드 네트워크DMN라는 서로 다른 뇌 영역에서 일어나는 것으로 보인다고 친절하게 설명했다. 신경과학자들은 뇌의 여러 영역이 동시에 작동할 때 뇌 기능이 향상된다는 사실을 알고 있기 때문에 뇌의 연결과 소통에 대한 문제에 큰 흥미를 보이고 있다.[17]

자신이 계산하거나 볼 내용을 예측하는 이 행위는 교실 또는 집에서 하는 특별할 것 없는 행동처럼 보이지만, 사실 매우 중요한 역할을 한다. 그 역할은 뇌가 세부적인 집중에서 벗어나 다른 모드로 전환하게 하는 것이다. 이것은 세부적인 사고에서 '큰 그림' 모드로의 전환, 즉 미시적 사고에서 거시적 사고로의 전환이다.[18] 학생들이 이 두 가지 사고방식을 사용하는 법을 배운다면 수학 학습이 크게 향상될 것이다. 학생들이 대략적 수를 이용해 추정할 때는 큰 그림 모드에 있는 것이다. 학생들은 정밀한 계산을 할 수 있더라도 이 모드를 거치도록 해야 한다. 정확한 수와 대략적 수, 즉 집중 모드와 큰 그림 모드 사이의 상호작용을 유도하는 것은 매우 중요하다.

정밀함은 중요한 것이다. 하지만 대략적 수와 대략적 도형 역시 못지않은 중요성을 가지는데도 불구하고, 학생들에게 수학을 가르칠 때는 거의 무시되고 있다. 이 '주목받지 못한' 수와 도형은 학생들이 수 감각과 도형 감각을 발달시키는 데 헤아릴 수 없을 만큼 큰 도움이 될 수 있다. 또 이것들은 수학의 날카로운 모서리를 부드럽게 만들어서 많은 학생이 수학에 뛰어들고 몰입하는 데 도움을 준다. 교사는 목표에 거의 다가갔지만 아직 완전하게 도달하지 못한 학생과 대화할 때도 이 '대략'이라는 개념을 이용할 수 있다.

'대략' 개념을 실생활에 도입하면 완벽주의의 위험성, 즉 해로운 마인드셋과 이분법적 사고로부터 더 잘 보호받을 수 있다. 학생들에게 대략적 수를 요구하는 것이 추정하라고 요구하는 것과 무엇이 다른지 묻는 사람들이 있다. 물론 그 두 가지 일은 단어만 달라 보일 수 있지만, 실제로는 매우 큰 차이를 갖는다. 그 이유는 이렇다. 추정을 요구할 때 학생들은 또 다른 '수학적' 방법을 수행해야 한다고 생각한다. 하지만 대략적 수를 요구하면 자유로움을 느끼고 자기 아이디어를 더 기꺼이 공유하면서, 동시에 수 감각을 기를 수 있다. 웹사이트 Mathish.org에서 대략적 관점이 학생들의 참여와 이해를 어떻게 향상시키는지 알아보자. 우리 모두의 삶에는 조금 더 많은 '대략'이 필요하다.

학생들이 수를 추정해야 하는 필요성은 대략 수 시스템ANS, approximate number system이라고 불리는 뇌의 영역에 관한 흥미로운 신경과학 연구 결과에서도 알 수 있다. 심리학자 다코 오딕Darko Odic과 신경과학자 애리얼 스타Ariel Starr는 아이들은 학교에 다니기도 전에 이 뇌 영역에서 비롯된 "직관적이고 추상적이며 유연한" 수 감각을 갖게 된다고 주장한다.[19] ANS는 사람들이 수를 이해하는 최초의 수단인데, 연구자들은 ANS가 문화, 연령, 심지어 동물의 종과 관계없이 존재한다고 지적한다. 이름에서 알 수 있듯이 이 뇌 영역은 특히 근사치에 초점을 맞추며, 특히 학생들의 향후 수학 성취도를 예측한다.[20] 하지만 우리는 이 뇌 영역에서 비롯되는 중요한 능력을 키우기 위해 노력하지 않으며, 특히 학교에서는 대략적인 속성은 무시하고 정밀성에만 초점을 맞추고 있다. 다음 5장에서는 ANS를 발달시키는 데 도움이 되는, 어디서든 모든 학습자와 함께 손쉽게 할 수 있는 멋진 활동을 공유할 것이다.

수의 다양성을 느끼고 또 수를 가지고 놀면서 수의 대략적인 속성을 포용할 필요성에 대해 함께 생각해보는 과정은 수 자체의 본질에 관해 다시 생각하게 해준다. 수를 보고, 수 패턴과 대략적 수를 탐구하고, 수를 유연하게 가지고 놀면서 시간을 보낸다면, 아이들은 수학적 능력이 발달하고 수학적 출발을 가장 잘 할 수 있을 것이다. 하지만 이는 어린 학생들에게만 해당되는 이야기가 아니다. 모든 연령대의 성인도 수를 놀잇감처럼 보기 시작한다면 수학과 새로운 관계를 맺을 수 있을 것이다.

나중에 우리는 더 많은 대략적 도형을 보게 될 것이다. 수학이 학생들이 세상을 바라보는 유용한 렌즈가 되게 하려면 수와 도형의 대략적 속성을 소중히 여기고, 널리 알리고, 이를 바탕으로 교실에서 이 속성을 더 많이 활용하는 것이 정말 중요하다. 수학 학술 대회에서 처음 대략적 속성의 개념에 대해 공유했을 때 청중 가운데 한 명이 내게 피터 레이놀즈Peter Reynolds의 동화책 『느끼는 대로Ish』를 읽어보라고 추천해주었다. 많은 교사와 학생에게 영감을 준 이 아름다운 책에서 저자는 대략적으로 생각함으로써 자기 신념과 동기를 되찾고 그림을 계속 그리게 되는 소년 라몬의 이야기를 들려준다. 이 책에는 내가 '대략 수학적'이라는 개념을 통해 전달하고자 하는 것의 본질이 잘 포착되어 있다. 학생들이 수학에 대해 대략적으로 생각하도록 허용될 때, 수학은 학생들의 사고를 자유롭게 하고 학생들은 수학적 창의성과 다양성이라는 새로운 영역에 들어설 수 있다.

학생 대부분은 수학을 재미있고, 유쾌하고, 시각적이고, 다양한 방식으로 경험하지 못하며, 이로 인해 손해를 본다. 그것만으로도 충분히 나쁜데, 더하기, 빼기, 곱하기, 나누기 등의 연산과 분수를 배우면 상황이 정말 잘못되기 시작한다. 연산과 분수는 사람들의 삶 전반에 걸쳐 필요하고 중요하며 비중 있는 주제이며, 곧 이 책에서 창의적인 방법으로 탐구할 것이다. 하지만 그 전에 최근 폭발적으로 성장하여 젊은이들이 미래를 준비하는 데 중요한 역할을 하는 수학의 한 영역을 들여다보며, 수학적 다양성과 아름다움의 또 다른 면을 살펴볼 기회를 가질 것이다. 그 영역은 다름 아닌 데이터 리터러시인데, 대학교수들은 그것을 수학의 3대 콘텐츠 영역 중 하나로 꼽고 있다.

핵심 영역 2: 데이터 리터러시

약 10년 전부터 점점 더 많은 양의 데이터가 수집되고 저장되기 시작하면서 세상은 크게 변화했다. 2020년에는 전 세계의 데이터 비트 수가 우주의 별보다 10배나 많아졌다. 이제 데이터는 크고 작은 모든 비즈니스, 스포츠 분석, 의료, 교육, 엔터테인먼트 등 우리가 생각할 수 있는 거의 모든 분야에서 활용되고 있다. 미국 노동통계국은 데이터 과학 및 분석을 가장 빠르게 성장하는 상위 20개 직업 중 하나로 꼽으며, 향후 10년간 수요가 30% 이상 증가할 것으로 예상했다.[21] 현재의 아이들은 학교를 졸업할 때 데이터가 가득한 세상에 진입하게 될 것이며, 기업의 거의 모든 직원이 데이터를 읽고 해석할 수 있다면 더 효율적으로 일할 수 있을 것이라는 데는 의심의 여지가 없다.[22]

하지만 학생들이 데이터와 데이터 시각 자료를 정확하게 해석하도록 돕는 것은 단순히 취업에만 도움이 되는 일이 아니다. 소셜 미디어와 인터넷에 접속하기 시작하면서 아이들은 잘못된 정보의 유포에 취약해진다. 우리는 아이들이 사실과 허구를 구분하는 방법을 배우고, 오해를 불러일으킬 수 있는 정보를 포함한 다양한 시각적 데이터 자료와 정보를 이해할 수 있도록 도와야 한다. 이것은 매우 중요하며 조속히 해결해야 하는 형평성의 문제이다. 데이터와 데이터 표현을 이해하도록 돕지 않는다면, 청소년들은 자기 앞에 놓인 탈진실 세계post-factual world에 취약한 상태가 될 것이다. 이 장의 나머지 부분에서는 전 세계 모든 사람에게 중요한 데이터 리터러시에 관한 몇 가지 중요한 아이디어와 가정과 교실에서 그 능력을 발달시키기 위해 실천할 수 있는 방법을 공유할 것이다.

스티브 레빗은 내게 자신의 팟캐스트 '프리코노믹스'에 출연해 달라고 요청하면서, 초중고 교육에서 데이터를 더 강조하기 위해 노력하는 지도자 그룹에 대해 이야기해주었다. 이 그룹에는 레빗 본인, 전 교육부 장관인 안 덩컨Arne Duncan, 통계학자이자 선거 분석 등을 제공하는 파이브서티에이트FiveThirtyEight의 창립자인 네이트 실버Nate Silver, 전 구글 CEO인 에릭 슈미트Eric Schmidt 등이 포함돼 있었다. 나는 이 그룹을 돕는 데 동의하고 스탠퍼드대학교 팀과 함께 교사들을 지원하기 위한 데이터 자원을 만들기 시작했다. 다만 학생들에게 데이터 이해력이 필요하다는 것을 아무리 강조하더라도 교사들이 자신이 학사 일정에 새로운 학습 내용을 추가할 여력이 없다는 것을 알고 있었다. 그래서 나와 나의 팀은 학습 내용보다 더 유용한 것을 개발하는 데 도움을 주었다. 교사들이 자신이 이미 가르치고 있는 것에 데이터 관련 내용을 스며들게 할 수 있도록 데이터 인식 능력 개발을 도운 것이다.[23] 이렇게 하면 아이들은 유치원에서부터 데이터 리터러시 능력을 기를 수 있다. 중학교에 진학하는 학생들은 수학 표준의 일부로서 데이터와 확률을 배울 수 있다. 고등학교에서는 대수, 삼각함수, 미적분 대신 데이터 과학 입문 과정을 수강하고 데이터 과학과 통계에 중점을 둔 진로로 전환할 수 있다.[24] 다행히 대학들도 이러한 다양한 경로를 기존 미적분 경로만큼 중요하게 여기는 방향으로 선회하고 있다.

체계적인 불평등: 수학의 현실

다른 많은 학교와 마찬가지로 수학 과목의 확대를 지지하는 하버드대학교는 고등학교 수학 과목이 개념적 사고에 초점을 맞추고, 학생들이 세상을 비판적으로 바라보는 추론을 사용하도록 장려해야 한다고 주장한다.[25] 데이터 과학 과목은 학생들에게 이러한 중요한 기술을 배울 이상적인 기회를 제공한다.

학생들이 데이터 과학과 통계에 중점을 둔 고등학교 과정을 수강할 수 있도록 하는 것은 작은 변화처럼 보일 수 있지만, 1800년대 이후 고등학교 수학 내용이 바뀐 것은 이번이 처음이다. 1892년에 10명의 백인 남성으로 구성된 그룹(10인 위원회)이 학교에서 학생들이 배워야 할 수학 커리큘럼을 개발했다.[26] 세상의 수학적 요구가 크게 변화했음에도 최근까지 그때와 여전히 같은 수학을 가르치고 있었다는 사실이 당황스럽다. 물론 이런 변화는 학생들이 대수와 미적분만 배우면 된다고 믿는 전통주의자들의 상당한 반발에 부딪히고 있다.

나는 미적분을 좋아하며 높이 평가한다. 스티브 스트로가츠가 지적한 것처럼 미적분은 휴대전화, 컴퓨터, 전자레인지, 라디오, 텔레비전 등을 가능하게 한 강력한 아이디어의 집합이다.[27] 나는 고등학교에 다닐 때, 학생들이 아이디어를 토론하도록 유도하는 훌륭한 수학 선생님에게 미적분 수업을 들었다. 그 선생님은 내게 그런 기회를 주신 최초의 수학 교사였고, 그 덕분에 내 모든 것이 바뀌었다. 하지만 미국의 미적분 교과 과정에는 큰 문제가 있다. 고등학교에서 미적분을 배우기 전에 너무 많은 것을 배워야 한다는 것이다. 학생들이 고등학교에서 미적분을 배우려면 중학교 과정에서 대수학 수업을 들어야 한다. 이에 따라 학군에서는 중학교 마지막 학년인 8학년 때 대수학으로 이어지는 트랙과 그렇지 않은 트랙, 이렇게 두 가지 중학교 트랙을 설정했다. 게다가 4학년부터의 시험 데이터를 사용해 중학교 첫 학년인 6학년부터 학생들이 이런 서로 다른 경로를 시작하게 만드는 경우가 흔하다. 즉, 만 10세 이하의 나이에 치르는 좁은 의미의 수학 시험에 따라 고등학교 졸업 학년인 12학년 때 어떤 과목을 수강할지, 그리고 그 이후에는 어떤 대학에 가고 어떤 미래를 살아갈지 결정되는 것이다. 학생들을 이런 식으로 분류하는 것은 인종적, 사회적 불평등을 초래하고 있다. 아시아계 학생의 46%, 라틴계 학생의 9%, 흑인 학생의 6%만이 미적분을 수강하며, 미국 전체에서는 16%만이 미적분을 수강한다.[28] 이는 대부분의 학생, 특히 유색 인종 학생들이 어릴 때부터 고등교육 과정에서 밀려나기 때문이다. 미국 고등학교의 절반(일반적으로 부유한 지역에 있는 고등학교)만이 AP 미적분 과정*을 제공하므로 대학에서 이 과목을 입학 요건으로 사용하는 것은 문제가 있다.[29] 고등학교에서 미적

---

* Advanced Placement의 약자로 대학 과목 선이수제를 뜻한다. AP 교육 과정을 마치고 대학 위원회가 주관하는 시험에 통과하면 대학 학점으로 인정받을 수 있다.

분을 수강하는 16%의 학생들도 사실 제대로 된 수업을 받지 못하고 있다. 맥칼레스터대학교의 수학과 교수이자 전 미국수학협회 회장인 데이비드 M. 브레수드David M. Bressoud는 80만 명 이상의 학생을 대상으로 대규모 데이터를 조사한 결과, 학교에서 미적분을 수강한 학생의 3분의 2 이상이 재수강을 하거나 대학에서 더 낮은 수준의 과목을 수강한다는 사실을 발견했다.[30]

이러한 체계적인 인종차별과 낮은 참여도에 대한 해결책은 미적분을 없애는 것이 아니라 과목의 순서와 내용을 재고하는 것이다. 고등학교 미적분 전 단계에 4개의 과목(대수-기하-대수2-미적분 기초)을 두지 않는다면, 중학교에서 초등학교 성취도에 따라 다른 경로를 설정할 필요가 없을 것이다. 나는 캘리포니아주 교육위원회에서 만장일치로 채택한 일련의 교육과정 지침인 '2023 캘리포니아주 수학 프레임워크'의 다섯 집필자 중 하나였다. 이 프레임워크의 권고사항에 고등학교 과정의 내용을 재고하고 간소화하는 것이 포함돼 있다.[31] 현대사회에서 더 이상 필요하지 않은 내용은 교과 과정에서 삭제하고 다른 유용한 내용을 가르친다면, 하버드대학교의 권고대로 학생들이 "수학적 추론을 사용하여 세계를 비판적으로 검토"할 수 있도록 한다면, 수학적으로 역량을 갖춘 학생들이 더 많이 배출될 것이다. 미국수학협회는 이른바 "미적분학 러시"를 중단하고 대학에서 미적분을 가르칠 것을 권장한다.[32]

수학 교육에서의 제도적 불평등을 해소하는 또 다른 방법은 데이터 과학을 고등학교 과정으로 제공하는 것이다. 이렇게 되면 학생들은 중학교에서 고급 과정을 거치지 않고도 고등학교 3학년 과정에서 데이터 과학을 수강할 수 있다. 그러면 전에 낮은 수준의 수업을 들었고, 이 때문에 수학의 길로 들어설 수 없었던 대다수 학생이 이제 아름다운 수학의 길을 걸을 수 있을 것이다. 데이터 과학을 배우기 위한 이상적인 과정은 통계학을 배우는 것이다. 스티브 레빗이 초중고 교육과정에 데이터 과학을 도입하는 일에 도움을 달라고 요청해온 다음 해, 스탠퍼드의 우리 팀은 데이터 과학자들과 데이터 및 통계학 교수들로 구성된 팀의 조언을 받아 데이터 과학 과목의 고등학교 과정을 개발했다. 이 과정에서는 무료 도구만 사용한다.[33] 이 글을 쓰고 있는 현재 미국에서 5개의 데이터 과학 과정이 학생들에게 제공되고 있다. 이 과정의 두 번째 해에 이미 16만 명 이상의 학생이 데이터 과학을 수강했다. 이 과정을 가르치는 교사들에 따르면, 학생들의 구성 비율은 다음과 같다.

- 여학생과 비이성애자 46%
- 유색 인종 학생 57%
- 수학을 잘하지 못했던 학생 68%

이 무료 강좌는 이렇게 다양한 학생 그룹에게 그들의 수학적 배경과 관계없이 중요한 수학적 옵션을 제공한다. 한 연구에 따르면, 이 과정을 마친 학생들은 수학을 더 많이 수강하고 STEM과 고등 교육에 더 열성적인 것으로 나타났다.[34]

안타깝게도, 전통주의자들은 일반적으로 STEM 분야에서 공부하고 일할 기회가 없었던 사람들을 위한 이러한 경로 개방과 기회 확대에 반대하는 캠페인을 벌이고 있다. 더 많은 사람에게 수학을 개방하기 위한 싸움은 역사적으로 격렬했다.[35] 수학에서 큰 성공을 거둔 사람들의 반대도 만만치 않다. 냉소적인 사람들은 누구나 수학을 높은 수준으로 배울 수 있다는 생각은 우월성을 증명한 '특별한' 사람들의 정체성을 위협한다고 말하기도 한다. 또 다른 냉소주의자들은 인종, 성별, 사회 계층에 따라 아이들을 분리하는 수학교육 시스템을 좋아한다고 말할지도 모른다. 하지만 이런 냉소적인 생각을 모든 고수준高水準 수학자가 가지고 있는 것은 아니며, 인종차별과 편견을 이유로 수학 개방에 반대하는 사람들은 목소리는 크지만 소수에 불과하다. 이에 대해서는 8장에서 다시 다룰 것이다.

초중고 교실에서 데이터 과학은 특히 고등학생들에게 새로운 가능성을 제공할 뿐만 아니라, 모든 교사에게 수학을 보는 흥미롭고 새로운 렌즈가 되기도 한다. 이 관점에서 수학은 모든 연령대의 학생을 위한 콘텐츠를 다양화할 기회를 제공하는 과목이다. 교사가 데이터적 관점을 취하면, 학생들에게 항상 가르쳤던 것과 같은 수를 가르친다 해도, 그 수는 세상에 존재하는 실제적인 무언가를 나타내는 의미를 갖게 된다. (물론 학생들이 세상에서 만나는 모든 수는 대략적 수이다. 이것은 인정해야 하며 널리 알려야 할 사실이다.) 그러므로 예를 들어, 십진수에 대해 가르치려 할 때 학생들에게 숫자가 적힌 워크시트를 주는 대신 교실이나 학교 주변의 물체를 측정하고 수집한 데이터를 기록하도록 할 수 있다. 또는 식물의 성장을 측정하도록 할 수도 있다. 세상은 자연적으로 발생하는 십진수와 대략적 수로 가득 차 있다.

데이터에 호기심을 가지게 하자

데이터가 꼭 숫자일 필요는 없다. 어떤 데이터는 '범주형categorical'이거나 '정성적qualitative'이다. 사람들이 좋아하는 색깔을 기록하기로 한다면, 이는 범주형 데이터를 수집하는 것이다.

숫자로 된 데이터라도 다양한 유형이 있는데, 대표적으로는 '연속형' 데이터와 '불연속형' 데이터가 있다. 연속형 데이터는 주요 값들 사이에 있는 숫자가 의미가 있을 때 발생한다. 예를 들어, 사람들의 키에 대한 데이터를 수집하는 경우 키 1.5m와 키 1.8m 사이에 선을 그릴 수 있다. 1.5와 1.8 사이에 있는 값들이 의미 있는 데이터이기 때문이다. 불연속형 데이터의 예로는 반려동물을 포함한 가족의 다리 수 또는 한 그룹의 형제자매 수를 들 수 있다. 형제자매나 다리가 2.5개일 수는 없다.

이런 형태의 데이터는 우리 주변에 널려 있으며, 학생들은 자신의 세계에서 이런 데이터를 탐색하는 많은 재미를 느낄 수 있다. 이런 데이터를 이용하면 학생들이 접하는 대략적 수뿐만 아니라 수학에도 의미를 부여할 수 있다. 학생들이 데이터에 익숙해지면 그림 4.12에 표시된 것처럼 자신의 질문으로 시작하는 데이터 조사를 시작할 수 있다. 데이터 조사의 중요한 특징 중 하나는, 모든 수학에 도움이 되는 접근 방법인 패턴 찾기를 하도록 유도한다는 점이다. 패턴을 조사하고 발견할 때, 그들은 자신의 작업에서 의미를 발견하고 그 결과를 전달하게 된다. 이 과정은 수학, 과학(조사 주제가 무엇이든), 영어 과목 등의 표준을 충족할 수 있으며 통합 교과적이다.

이와 관련한 수업이나 가족 대화의 이상적인 시작은 '데이터 토크data talk'라고 부르는 것이다. 이 경우 학생들은 데이터 표현에 대해 주목하고 궁금해하도록 초대받는다. 이런 데이터 시각 자료를 청소년과 공유하고 이해를 돕는 것은, 청소년을 오도할 준비가 되어 있는 탈진실 세계로부터 그들을 보호해줄 데이터 리터러시를 기르는 데 매우 중요하다.[36] 데이터 표현은 잡지, 신문, 소셜 미디어, 웹사이트 등 모든 곳에서 찾을 수 있다. 나는 교실에서 데이터 수업을 할 때 학생들에게 데이터와 출처에 주의를 기울이도록 권장한다.

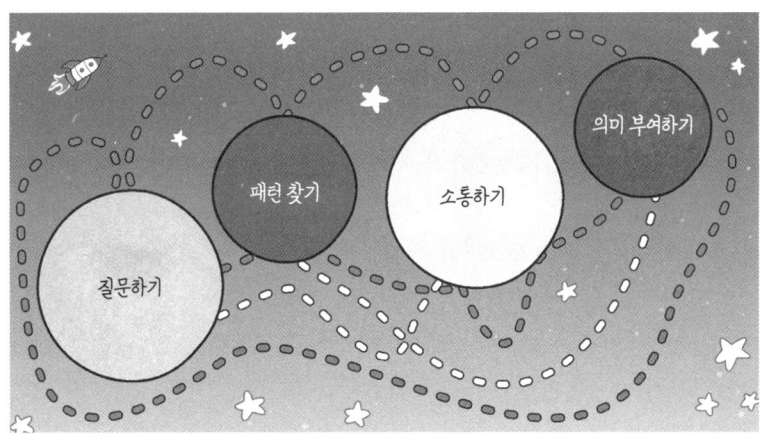

그림 4.12 탐사적 데이터 과학 프로세스

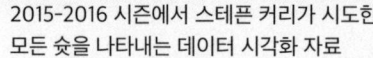

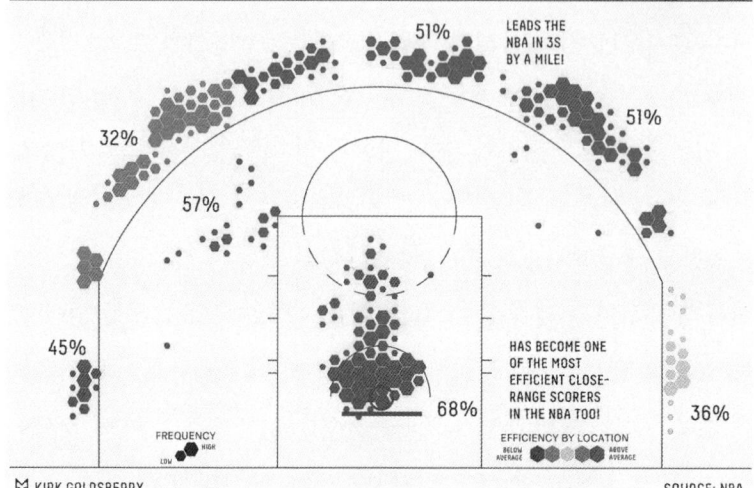

그림 4.13 스포츠 분야의 데이터 시각화 활용의 예 1

    데이터 토크는 데이터에 대한 사고의 힘을 설명하는 것 외에도 모든 연령대의 학생들에게 현대의 데이터 시각화에서 구현할 수 있는 창의성을 보여준다. 전통적인 커리큘럼이 사회의 요구에 부응하지 못하는 것을 보여주는 한 가지 예로, 학교에서 학생들에게 5년 동안 매년 선 그래프를 그리고 배우도록 요구하는 것을 들 수 있다. 오늘날의 데이터 시각화는 매우 창의적이며, 선 그래프가 보여줄 수 없는 데이터의 측면을 보여준다. 한 인상적인 데이터 토크는 그림 4.13과 같은 자료를 사용했는데, 이것은 전설적인 농구선수 스테픈 커리$^{Stephen\ Curry}$가 코트의 이곳저곳에서 슛을 던질 때의 위치 데이터이다. 같은 정보를 선 그래프로 그릴 수도 있지만, 농구 코트 위에 표현하면 훨씬 더 많은 것을 보여줄 수 있다.[37]

유큐브드에서 이 데이터 시각 자료를 처음 공유하고 나서, 나는 내가 가장 좋아하는 스포츠인 축구의 데이터 시각 자료도 공유할 수 있다는 것을 깨달았다. 이제 데이터는 선수를 선발하고 선수와 팀의 경기력을 향상시키는 데 사용되어 스포츠 분야에서 큰 가치를 지니고 있다. 축구 관련 데이터 시각 자료를 찾던 중, 제임스매디슨대학교 여자 축구팀 데이터 분석가를 거쳐 현재 여자 프로 축구팀 휴스턴 대시의 데이터 분석가로 활동하는 마이클 포마Michael Poma를 알게 됐다.[38] 포마의 역할은 데이터를 이해하는 사람이 할 수 있는 일의 범위를 잘 보여준다. 그는 그림 4.14의 데이터 표현을 통해 축구 골과 페널티킥 시 선수들의 슛 위치를 보여주었다. (축구를 잘 모르는 분들을 위해 설명하자면, 페널티킥은 골대를 둘러싸고 있는 박스 안에서 상대편 선수가 파울을 범했을 때 주어진다. 선수는 상대편 수비 골키퍼만 수비하는 상황에서 골문을 향해 공을 찬다.) PSxG, 즉 유효 슈팅 기대 실점은 공이 선수의 발을 떠난 후 골이 발생할 확률을 측정한다. 이 데이터 시각화에서 색상의 밀도는 선수의 슛 성공률을 나타낸다.

나는 이렇게 학생들의 관심을 끌 수 있는 데이터와 그에 대한 분석으로 가득 찬 스포츠에 초점을 맞춘 두 가지 데이터 시각화 자료를 공유했지만, 삼림 벌채, 주거 비용, 인기 있는 개, 바이러스로부터의 보호 등 어떤 주제를 선택해도 데이터 토크에 활용할 수 있다.[39] 데이터 토크에서는 시각적이고 창의적인 방식으로 데이터를

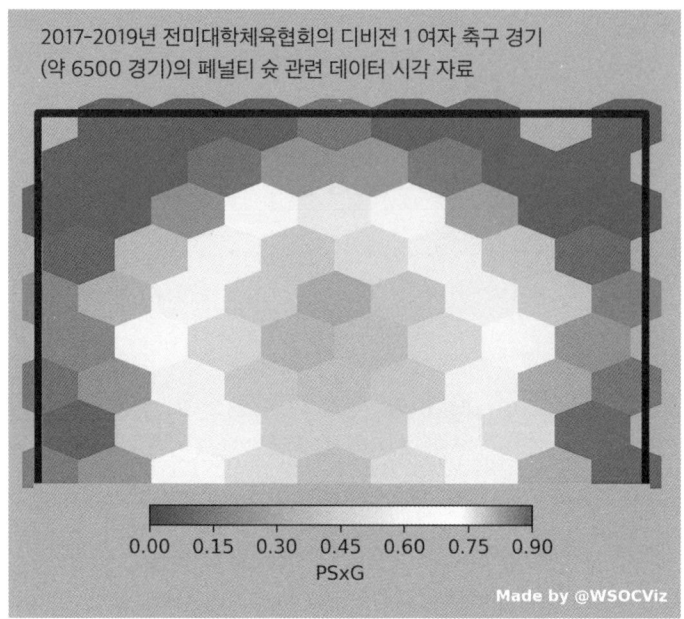

그림 4.14 스포츠 분야의 데이터 시각화 활용의 예 2

공유하여 풍부한 대화를 유도할 수 있다. 여기서 중요한 것은 사람들이 데이터를 읽는 법을 배우면서 데이터 리터러시를 개발할 수 있다는 점이다.

영국 출신인 나는 미국으로 이주한 후 대서양을 꽤 많이 건너다녔다. 이런 경험 때문인지 나는 서로 대서양 반대편에 살고 있는 두 명의 유명 디자이너, 조르지아 루피Giorgia Lupi와 스테파니 포사베크 Stefanie Posavec에 대해 알았을 때 특별히 관심이 갔다. 스테파니는 런던에, 조르지아는 뉴욕에 살고 있다. 두 디자이너는 1년 동안 서로에게 매주 엽서를 보내며 데이터를 통해 삶의 모습을 공유했다. 그들은 이 프로젝트를 '친애하는 데이터'라고 부르며 미소, 웃음, 우유부단함 등 여러 가지 주제를 선택하여 진행했다.[40] 이런 주제에 대한 다양한 정보는 변수라고 불렀다. 예를 들어, 이들은 한 주에는 작별 인사에 초점을 맞추었고(그림 4.15), 이때 수집한 변수는 작별 인사의 유형, 상대방, 장소 등이었다. (세 개 이상의 변수로 구성된 데이터를 다변수 데이터라고 하는데, 다변수 데이터는 데이터 리터러시와 데이터 과학의 핵심 개념이다.) 이들의 아름다운 데이터 시각 자료는 현재 웹사이트와 책에서 볼 수 있다.[41]

그림 4.15 굿바이 주간: 스테파니 포사베크가 조르지아 루피에게 보낸 엽서

출처: dear-data.com.

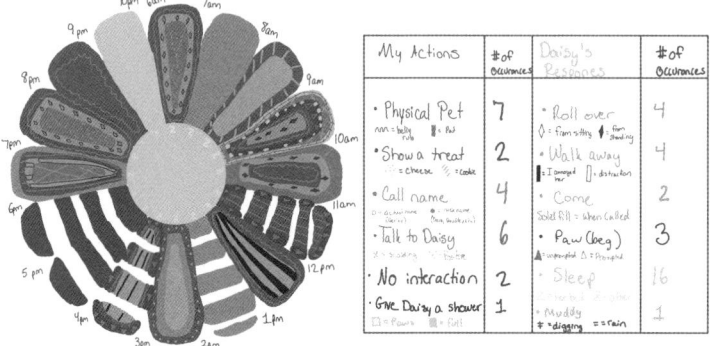

그림 4.16 키라가 반려견 데이지와의 상호작용을 표현한 데이터 시각 자료

    이 두 디자이너의 작업에서 영감을 받아 나는 스탠퍼드에서 진행하는 웹사이트의 강좌, 고등학교 데이터 과학 수업에 이와 비슷한 활동을 포함시켰다. 그리고 학생들에게 세 가지 이상의 변수를 사용해 생활 속 모든 것에 대한 데이터를 수집하도록 했다. 그 후 교실에서 데이터를 표현하는 시간을 가졌다. 이 활동은 데이터와 수학에 대한 학생들의 관점을 중요한 방식으로 변화시켰다.

    스탠퍼드에서 내 강의를 수강한 학부생인 키라 콘테의 어머니는 유큐브드 사이트 이용자로서 딸에게 마인드셋의 중요성을 알려주었다. 키라는 성장 마인드셋을 바탕으로 스탠퍼드에 입학한 후 마인드셋에 관해 공부하고 이 분야에 기여하기 시작했다. 내가 학부생들에게 자신의 삶에 대한 데이터를 수집하고 최소한 세 가지의 변수를 설정하라는 과제를 주었을 때, 키라는 자기 반려견인 데이지와 상호작용하는 방식에 집중하기로 선택했다. 키라가 수집한 데이터에는 상호작용 유형, 데이지의 반응, 하루 중 시간 등이 포함되었다. 그녀가 만든 시각 자료는 데이터로 작업할 때 가능한 창의성을 보여준다(그림 4.16).

무료 데이터 과학 과정의 첫 번째 단계에서는 학생들에게 자신의 삶에 대한 데이터를 수집하고 동료들과 함께 데이터 시각 자료를 만들도록 한다.[42] 이 활동을 경험한 학생들은 자신의 삶을 수학 수업에 가져온 것은 처음이라고 말했다. 한 학생은 자신이 먹는 음식과 음료를 기록하기로 했고, 이를 통해 더 건강한 음식을 먹어야 한다는 사실을 깨닫게 되었다. 또 다른 학생은 휴대전화 녹음기를 사용하여 24시간 동안 햄스터의 활동을 녹음했다. 또 다른 학생들은 자신이 듣는 음악, 집에서 사용하는 언어, 욕설 사용 등을 기록해 재미있게 표현했다. 이런 활동을 통해 학생들은 수학에서 개인적인 관련성을 느꼈고, 처음으로 수학을 자신과 밀접하게 생각하게 되었다. 교사라면 누구나 이 단계를 수업에 포함시켜 학생들이 데이터에 대해 생각해보고 의미 있는 수학을 배울 기회를 제공할 수 있다.

유큐브드 과정의 학생들은 자신의 생활에 대한 데이터를 수집하는 활동을 통해, 데이터를 접하고 데이터 활용 방법에 관한 생각과 관점을 가지게 된다. 이 오프닝 활동을 시작으로 대규모 데이터 집합을 조사하고, 수학적 모델을 구성하여 사용하는 방법을 배우고, 효과적인 데이터 분석가가 되기 위해 노력한다. 데이터 과학 과정을 수강하는 학생들을 대상으로 한 연구에 따르면, 학생들은 이 과정이 엄격함이나 개념의 난이도에서가 아니라, 개념에 접근하는 방식과 접하는 아이디어의 다양성에서 전에 경험한 수학과는 다르다는 것을 알게 된다.[43] 학생들이 전에 경험한 수학은 정답과 오답, 정확성에 관한 것이지만, 데이터 과학의 학습은 광범위한 아이디어의 사용, 적용, 해석과 대략적 수의 이해에 관한 것이라는 점에서 대조적이다. 이 모든 것이 수학적 다양성의 중요한 구성 요소이다.

수학적 다양성은 학생들에게 대수학과 같은 전통적인 개념에 대해서도 더 깊은 이해를 제공한다. 이는 3개 학군의 여러 고등학교에서 대수2 과목 그리고/또는 데이터 과학 과목을 수강하는 학생들을 대상으로 실시한 연구에서도 확인됐다. 연구에 참여한 학생들은 일일 칼로리, 기대 수명, 영아 사망률 등 다양한 변수 간 관계를 고려하고, 그 관계를 기술하는 선형 모델을 설정하도록 요청받았다. 선형 모델에 대한 이해는 대수 과목과 데이터 과학 과목의 핵심 내용이다. 그런데 데이터 과학 과목을 수강하는 학생들이 대수2 과목을 수강하는 학생들보다 훨씬 더 높은 수준의 점수를 받았다($p < 0.001$). P값은 우연에 의한 두 그룹 간의 성취도 차이가 1000분의 1 미만임을 보여준다. 대수2 과정을 수강한 학생들은 변수를 조사하고 선형 모델을 만들 수 있어야 하지만, 실제 데이터로 작업하는 데

는 서툰 것으로 보였다.

이 장의 서두에서 말했듯, 대학교수들에게 신입생에게 중요한 수학 영역이 무엇이냐고 물었을 때 그들이 강조한 상위 3개 영역 중 하나가 지금 이야기하는 선형방정식이다. 변수가 서로 어떻게 관련되어 있는지를 보여주는 이 중요한 수학적 개념은 데이터 과학과 대수학 수업에서 모두 다뤄지며, 교실 밖에서 삶을 살아가는 사람들에게도 적용된다.

핵심 영역 3: 선형방정식

코로나19 팬데믹 기간 동안 TV 뉴스 화면은 바이러스가 어떻게 확산되는지, 바이러스가 초래하는 위험은 무엇인지, 백신을 통해 바이러스의 확산을 최소화할 수 있는 방법은 어떤 것인지 보여주는 선형 모델로 가득했다. 일부 사람들은 데이터 리터러시를 활용해 제시된 정보를 이해할 수 있었지만, 대부분의 사람은 정보 이해에 어려움을 겪었고 잘못된 정보에 현혹돼 자신이나 사랑하는 사람들을 보호하는 능력을 갖출 수 없었다. 주택 담보 대출 금리, 건강 및 피트니스, 스포츠, 날씨 등에 관한 데이터에서 볼 수 있듯이 많은 중요한 정보가 선형적 관계로 제시된다.

세상의 선형적 관계를 고려할 때, 데이터 과학 강좌에서 가르치는 중요한 개념 중 하나인 상관관계correlation와 인과관계causation의 차

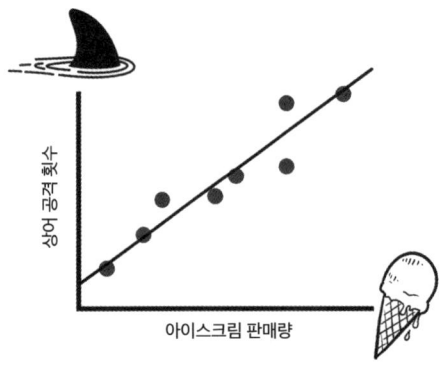

그림 4.17 아이스크림 판매량과 상어 공격 횟수

이에 대해 알아둘 필요가 있다. 그림 4.17의 그래프는 상어 공격 횟수를 한 축에, 아이스크림 판매량을 다른 축에 나타낸다.

많은 사람이 이 그래프를 보면 두 변수에 상관관계가 있다고 보고, 한 변수의 변화가 다른 변수의 변화를 **유발하므로 인과관계가 있다**고 생각할 것이다. 하지만 사실 겉으로 보이는 이 관계는 교란 변수confounding variable라고 하는 세 번째 변수에 의해 발생한다.

이 경우 교란 변수는 일조 시간이다. 일조 시간이 길어지면 사람들이 해변으로 몰려들어 바다에서 수영을 하기 때문에 상어의 공격이 증가하고, 이런저런 활동도 더 오래하기 때문에 아이스크림 판매량 역시 증가한다. 따라서 상어 공격과 아이스크림 판매량이라는 두 변수는 상관관계가 있지만, 둘 다 일조 시간이라는 다른 변수의 영향을 받아 발생한다는 것을 알 수 있다.

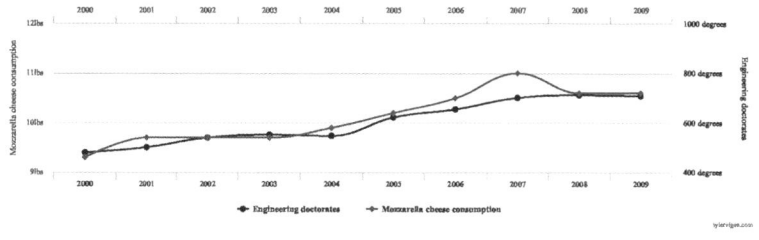

그림 4.18 모차렐라 치즈 섭취량과 공학 박사 학위 수여 횟수
출처: 미국 농무부, 미국국립과학재단, tylervigen.com.

이처럼 많은 데이터가 인과관계가 있는 것처럼 보이지만, 실제로는 하나 이상의 교란 변수에 의해 유사성이 발생한다. 이러한 사실에 착안해 하버드대학교 로스쿨 학생이었던 타일러 비겐Tyler Vigen은 '가짜 상관관계spurious correlation'라는 이름의 재미있는 웹사이트를 만들었다.44 그가 공유하는 상관관계 중 하나는 모차렐라 치즈 소비량과 토목공학 박사 학위 수여 횟수 사이의 상관관계이다.

그림 4.18의 데이터 그래프를 청중과 공유하고 의견을 물어보면, 사람들은 엔지니어들이 박사 학위 과정을 밟으면서 피자를 많이 먹었을 것이라고 추측한다. 이 웹사이트는 혼란을 일으키는 변수가 무엇인지 끝끝내 공유하지 않는데, 아마도 우리가 계속 추측하기를 원해서일 것이다.

우리 삶에 중요한 선형관계의 더 많은 예는 다음 5장에서 살펴볼 것이다. 이 장에서는 대수를 포함한 모든 수학적 주제가 세상에서 가져온 데이터로 향상될 수 있다는 점에 집중하고자 한다. 수년 동안 교육자들과 데이터를 공유하면서 알게 된 사실은, 데이터를 삶과 교육에 도입하면 사람들이 데이터와 수학을 더 멋지고, 접근하기 쉽고, 널리 퍼진 것으로 보기 시작한다는 것이다.

수학의 쓸모: 데이터 인식

데이터에 대한 조사가 전 세계적으로 널리 확산되고 있는 만큼이나 잘못된 정보를 퍼뜨리는 사람들 또한 늘어나고 있으며, 그중 일부 사례는 심각한 결과를 초래하고 있다.[45] 잘못된 정보의 확산으로부터 자신과 다른 사람들을 보호하려면 데이터 또는 데이터 시각 자료를 볼 때마다 스스로에게 다음과 같은 질문을 던져보길 바란다.

- 누가 이 데이터를 생산했는가? 이 데이터를 생산한 목적은 무엇인가?
- 모든 데이터가 표시되고 있는가? 그렇지 않다면 무엇이 생략되어 있는가?
- 그래프의 축과 범례의 내용이 합리적인가? 아니면, 요점을 강조하기 위해 만들어진 것인가?
- 어떤 관계가 분명하게 드러나는가?
- 관계가 인과관계인가, 아니면 단순한 상관관계인가?

인생을 살아가면서 이런 질문들을 고려한다면, 여러분을 현혹하려는 악당(은행과 대부업자 포함)으로부터 보호받을 수 있고 데이터에 능통한 사람이 될 수 있을 것이다.

이 장에서는 대학교수들이 가장 중요하다고 말하는 세 가지 수학적 아이디어인 수 감각, 데이터 리터러시, 선형방정식과 이들이 수학적으로 다양할 때 어떤 모습인지 등 세상 속의 수학에 대해 살펴봤다. 다음 장에서는 수학적 다양성의 중요한 부분을 이루는 또 다른 렌즈를 통해 이러한 아이디어를 확장해볼 것이다. 나는 이 렌즈를 열정적으로 알리고 공유하려 하는데, 수학을 시각적으로 보는 것은 중요하며 이런 관점은 놀라운 아름다움과 창의성으로 이어지기 때문이다.

5장

시각적
경험으로서의
수학

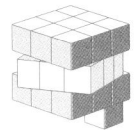

　스탠퍼드대학교 캠퍼스에서 중학생 그룹을 대상으로 첫 번째 유큐브 여름 캠프를 진행하고 1년이 지난 2016년의 일이다. 캠프가 끝났을 때 나는 학생들의 수학 점수가 상당히 높아졌다는 것을 알고 있었지만, 장기적으로 어떤 영향이 있었는지도 알고 싶었다.[1] 우리는 캠프에 참가했던 학생들의 학교로 찾아가 짝을 지어 인터뷰를 진행했다. 학생들은 캠프에서 얼마나 많은 도움을 받았는지, 수학이 다양한 방법으로 접근할 수 있는 과목임을 알게 된 것이 캠프 이후의 학습에 어떤 변화를 가져왔는지 이야기했다. 특히 눈에 띄는 이야기가 하나 있었다. '큐브 페인트칠하기'라는 활동과 관련된 것이었다.[2] 우리는 캠프에서 학생들에게 한 모서리의 길이가 1cm인 작은 정육면체들로 구성된 4×4×4cm 정육면체가 페인트 통에 담긴 이미지를 보여주고, 작은 정육면체들에 파란색 면이 0, 1, 2, 3, 4, 5,

6개 중 몇 개나 생길지 물어보았다. 이 활동은 높은 수준의 대수적 추론으로 이어지는 활동이었다. 학생들은 1cm 크기의 각설탕을 받고 조별로 4×4×4 정육면체를 만들었다. 큰 정육면체를 물리적으로 만들면서 학생들은 다양한 두뇌 경로를 활성화하고 수, 시각, 물리적 처리를 담당하는 두뇌 영역을 발달시켰다.³

그로부터 1년 후, 제드라는 학생에게 캠프가 어떤 영향을 미쳤는지 물어보았을 때 그 대답은 매우 놀라웠다. 제드는 기하학 수업 시간에 캠프에서 손에 쥐어보았던 1cm 크기의 각설탕 기억을 떠올리면서 내내 도움을 받았다고 말했다. 그는 그 각설탕을 손에 쥐었을 때의 물리적 느낌뿐만 아니라 모양도 기억할 수 있었고, '1cm 정육면체'가 무엇을 의미하는지 머릿속에 그림이 그려졌다고 말했다. 제드는 그 기억을 이용해 많은 기하학 문제를 풀었다. 그가 공유한 한 가지 예는 신발의 부피를 추정하는 수학 문제였다. 그는 자기 신발이 1cm 크기의 각설탕으로 가득 차 있다고 상상했다고 말했다. 나는 제드가 안데르스 에릭손과 로버트 풀Robert Pool이 전문성 발달에

중요하다고 설명한 '정신적 표현mental representation'을 묘사하고 있음을 알았다.[4]

정신적 표현이 꼭 물리적 사물일 필요는 없지만, 정신적 표현은 대부분의 학생이 수학 수업에서 얻는 것보다 더 많은 것을 요구한다. 앞으로 몇 장에 걸쳐 학생들에게 헤아릴 수 없이 큰 도움이 될 수 있는 몇 가지 정신적 표현을 설명하고 공유할 것이다. 그중 일부는 여러분을 놀라게 할 것이다.

세계적인 전문성 전문가인 안데르스 에릭손은 체스, 스포츠, 학계 등 다양한 분야에서 최고 수준의 성취를 이룬 사람들의 학습과 성취의 본질을 연구했다. 에릭손과 그의 공동 저자인 로버트 풀은 중요한 학습 조건을 '의도적 연습deliberate practice'이라는 말로 설명한 것으로 유명하다.[5] 의도적 연습의 가장 중요한 특성은 정신적 표현을 개발할 기회를 제공한다는 것이다. 여기에 더해 에릭손과 풀은 의도적 연습의 두 번째 중요한 특성은 학생들에게 투쟁할 기회를 제공하는 것이라고 설명하면서 다음과 같이 말했다.

정신적 표현은 무언가를 생각함으로써 구축되는 것이 아니라, 무언가를 시도하고, 실패하고, 수정하고, 다시 시도하는 과정을 반복함으로써 구축된다.

정신적 표현

에릭손과 풀은 미식축구와 축구를 예로 들어 정신적 표현을 설명한다. 두 스포츠 모두 문외한의 경우 경기장 곳곳에 흩어져 있는 22명의 선수를 보면서 혼돈을 느낄 수 있다(그림 5.1).

하지만 축구 전문가는 그림 5.2와 같은 패턴을 볼 수 있고, 이러한 패턴은 경기의 진행 방식과 중요한 움직임의 흐름을 이해하는 데 도움이 된다.

에릭손과 풀은 문외한에게 축구는 공을 향해 소용돌이치는 혼돈으로 보이지만, 전문가는 "이 혼돈은 전혀 혼돈이 아니며 아름답고 미묘하게 변화하는 패턴"이라고 생각한다고 설명한다.[6] 그러면서 그들은 전문가들은 경기장에서의 행동 패턴을 해석하는 능력이 고도로 발달해 있다고 지적한다.

미식축구와 축구에 대해 나 자신도 이런 방식으로 이해하고 있다. 나는 영국에서 축구를 보며 자랐고, 네 살 때부터 웨스트 브로미치 앨비언의 홈구장인 호손스의 테라스에 앉아 축구를 즐겼다. (1970년대에 우리 팀이 역사상 최초로 흑인 선수 3명을 보유하게 된 것을 매우

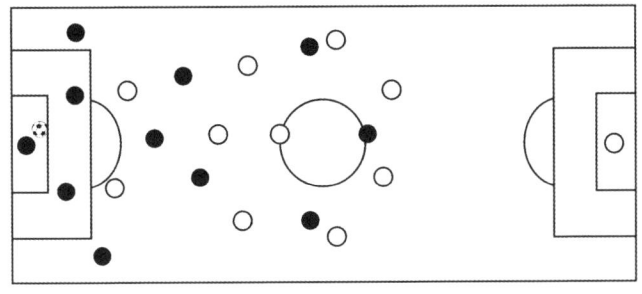

그림 5.1 22명의 선수가 뛰는 축구 경기장

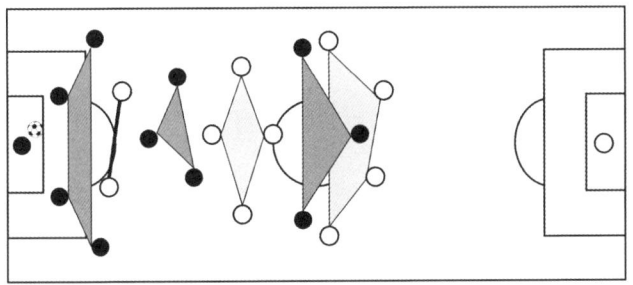

그림 5.2 22명의 선수가 보이는 패턴에 대한 정신적 표현

자랑스럽게 생각한다. 우리 구단은 스포츠에서 인종적, 문화적 다양성의 가치를 알리는 데 계속해서 앞서고 있다).

 미국으로 이주했을 때 나는 미식축구를 무시하면서, 미식축구가 손으로 공을 잡고 던지는 스포츠라는 사실에만 약간의 흥미를 느끼며 오랜 세월을 보냈다. 하지만 최근 몇 년 동안 스탠퍼드 경기 시청을 하면서 미식축구에 관심을 가지기 시작했고, 포티나이너스[49ers]를 시작으로 다른 팀까지 시청 범위를 넓혔다. 처음 미식축구를 보기 시작했을 때는 선수들의 위치가 나에게 아무런 의미가 없었고, 무슨 일이 벌어지고 있는지 이해하기 위해 주목해야 할 것이 너무 많아서 선수들이 정말 혼란스럽게 뒤섞인 것처럼 보였다. 하지만 미식축구에 대해 더 많이 배우고 경기를 더 즐기기 시작하면서 미식축구에 대한 사실이나 절차가 아니라 패턴을 보는 법을 배웠고, 그 패턴은 이제 내 머릿속에서 정신적 표현이 됐다. 이제 나는 이런 정신적 표현을 통해 경기에서 일어나는 일을 보고 이해할 수 있다.

정신적 표현의 신경과학

정신적 표현이나 모델의 중요성에 관해 이야기하는 연구자는 에릭슨과 풀뿐만이 아니다. 인지과학은 학습과 수행을 위한 정신 모델mental model*의 가치를 확립해온 오랜 역사가 있다. 흥미롭게도, 우리의 뇌가 세상의 모델을 생성함으로써 기능한다는 사실이 신경과학의 핵심 발견으로 떠오르고 있다. 신경과학자 제프 호킨스Jeff Hawkins는 평생을 뇌 전두엽 피질의 역할을 연구해왔다.[7] 뇌의 이 중요한 부분은 인지 능력, 문제 해결, 고차원적 기능, 사회적 상호작용 등 광범위하고 중요한 능력을 담당한다. 호킨스는 우리의 뇌가, 한 경험에서 다음 경험으로 이동하면서 끊임없이 조정하는 세계 모델

---

* 개인이 세상이나 시스템에 대해 가지고 있는 내면의 지도 또는 표상을 뜻한다.

을 만들어내는 방식으로 기능한다는 사실을 발견했다. 이는 학습과 이해에 있어 정신 모델의 가치를 보여주는 인지과학과 연결된다. 이 방식은 학습뿐만 아니라 삶에서 뇌가 기능하는 방식이기도 하기 때문에, 사고와 앎의 근거를 마련하기 위해 정신 모델이 필요한 것은 당연한 일이다.

앞서 학생 제드가 1cm 크기의 각설탕을 보고 만지는 것의 가치를 공유한 사례를 이야기했는데, 제드의 정신 모델은 물리적이었다. 학생들이 수학의 물리적 표현과 상호작용하는 것이 학습에 매우 효과적이라는 연구 결과는 상당히 많다.[8] 하지만 학생과 교사는 또 다른 중요한 형태의 정신 모델인 시각적 표현도 만들 수 있다. 사고 실험을 통해, 수학적 아이디어의 정신 모델로 개발하도록 권장되는 물리적 또는 시각적 표현에 대해 생각해보자. 숫자와 절차에 대한 일반적인 수학 경험을 했다면 아무것도 생각나지 않을 수도 있다. 대부분 사람에게 수학은 거의 전적으로 기호적記號的이고 수치적인 경험이기 때문이다. 시각적 자료가 있더라도 각을 이등분하거나 원을 조각으로 나눈 무미건조한 그림이 대부분이어서, 학생들이 수학적 개념에 대한 시각적 또는 물리적 모델을 스스로 개발하는 데는 도움이 되지 않는다. 수학적 아이디어에 대한 정신 모델을 개발할 기회가 거의 또는 전혀 없었던 성인이라면, 이 장의 나머지 내용이 특히 도움이 될 것이다.

앞서도 언급한 적이 있지만, 연구자들은 수학자들의 뇌와 비 수학 분야에서 비슷한 성취도를 보이는 학자들의 뇌를 비교해 흥미로운 사실을 발견해냈다. 우리는 사람들이 숫자로 생각할 때 '언어로' 생각하고 있으며, 높은 수준의 수학적 추론은 뇌의 언어 처리 영역에서 나온다고 가정한다. 하지만 연구자들의 발견에 따르면, 수학자와 다른 학자를 구분하는 뇌 활동은 뇌의 시각 영역에서 비롯되며, 이는 수학적 내용과 관계없이 항상 그렇다.[9] 기하학과 위상수학뿐만 아니라 대수학 및 기타 계산도 언어 영역을 거의 사용하지 않고 뇌 시각 영역의 활동을 유발한다는 사실도 발견됐다. 이 발견에 기초해 연구자들은, 수학자들의 성취가 어린 시절 '수와 도형'에 대한 경험에서 비롯된 것이라고 설명한다. 나는 이런 경험이 어릴 때부터 수학적 아이디어에 대한 정신적 표현을 발달시키는 데 도움이 되었을 것이라고 본다.

신경과학자 비노드 메논Vinod Menon의 획기적인 연구에 따르면, 수학 문제를 풀 때뿐만 아니라, 심지어 추상적인 수 계산을 할 때도 다섯 가지 뇌 경로의 도움을 받을 수 있다고 한다(그림 5.3).[10]

《내셔널지오그래픽National Geographic》은 '천재'의 본질에 관한 연구 결과를 요약하면서, 이렇게 다양한 경로에 대한 유용한 정보를 추가했다. 이 잡지는 매우 뛰어난 성취를 이룬 사람들을 '개척자'라고 불렀다. 과학자 알베르트 아인슈타인Albert Einstein과 마리 퀴리Marie Curie, 코미디언 앤 리베라Anne Libera, 수학자 테렌스 타오Terence Tao 등 자신의 분야에서 엄청난 공헌으로 두각을 나타낸 사람들이 여기에 포함됐다. 이 흥미로운 이야기의 결론은 우리가 천재라고 여기

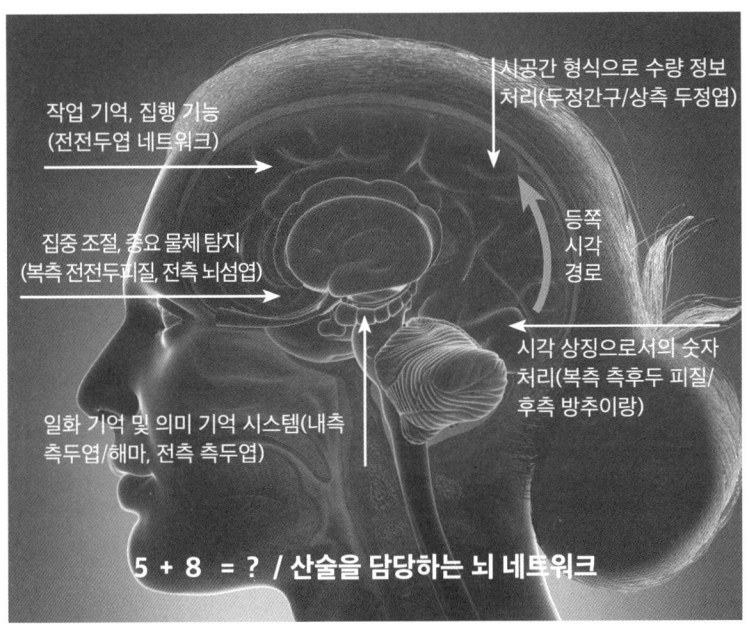

그림 5.3 수학적 사고를 담당하는 뇌 영역

는 사람들의 성취는 실제로 학습 기회, 문화, 지리, 특권 그리고 뇌 발달을 포함한 복합적인 환경의 조합에서 비롯된다는 것이다. 특히 개척자의 뇌와 일반인의 뇌를 구분 짓는 것은 뇌 경로 간의 연결성과 뇌 시각 영역의 발달 수준이다.[11] 시각에 초점을 맞춘 두 개의 뇌 경로는 우리 머리 뒤쪽에 있다. 숫자로 된 문제를 접하고 시각적 표현이나 잘 쓰인 설명을 볼 때 뇌 영역 간에 연결이 이루어진다. 연구 결과에 따르면, 학생들은 숫자와 시각 자료가 모두 포함된 수학 과제를 받았을 때 더 높은 성취도를 보인다고 한다.[12]

다행히, 수학을 가르치는 우리에게는 여러 가지 뇌 경로와 연결성을 자극하는 방식으로 학생들에게 아이디어를 소개할 기회가 많이 있다. 이를테면, 학생들을 개념으로 초대할 때 숫자뿐만 아니라 단어, 시각 자료, 물리적 표현, 표, 알고리즘, 모델, 움직임 등을 활용할 수 있다. 우리는 학생과 자녀, 우리 자신에게 서로 다른 뇌 경로가 소통하고 연결될 수 있는 다차원적인 수학 경험을 제공하는 것을 목표로 삼아야 한다.

그룹화

수학 교육, 인지과학, 신경과학 분야에서는 지난 수십 년 동안 수학의 시각적, 물리적 표현이 학생들의 학습을 향상시킨다는 연구 결과가 발표되고 있다.[13] 이렇게 다양하고 광범위한 연구에도, 거의 모든 학교의 수학 교실과 가장 강력하고 지배적인 출판사에서 펴낸 수학 교과서는 숫자로 가득 차 있다. 전통적인 수학 교육은 더디게 변화하겠지만, 교사는 학생들이 시각적이고 물리적인 모델, 즉 수학에 대한 풍부하고 깊은 이해의 기초가 되는 강력한 정신 모델을 개발하도록 당장 격려할 수 있다. 학생들이 시각적, 물리적 모델을 만들고 사용하는 방법을 배우면 수학적 다양성의 영역으로 초대되어, 다양한 방식으로 수학을 보고 다양한 아이디어로서 수학을 경험한다. 이제 공유할 사례들은 숫자, 곱셈과 나눗셈, 분수, 대수 영역으로, 초중고 학년에 전반 걸쳐 있다. 이런 사례들을 보고 나면, 교사, 학부모 및 모든 사람이 수학의 모든 영역에서 학습자(자신을 포함)가 자신만의 정신 모델을 개발할 기회를 만들어줄 수 있고, 또 만들어야 하는 이유를 더 잘 알 수 있을 것이다.

숫자 보기

스탠퍼드대학교 동료인 신경과학자 브루스 맥캔들리스Bruce McCandliss는 교육과 학습에 관한 연구에 주력하고 있는데,[14] 그의 팀이 놀라운 연구 결과를 제시한 적이 있다.[15] 어린 학생들이 숫자를 보고 그룹화groupitizing하는 방식이 그 뒤 몇 년간 주 정부 주관 시험에서 그들의 성취도를 예측하고, 심지어 낮은 가계 소득의 영향을 개선한다는 것이었다. 연구자와 교육자 들은 이런 연구 전에도 직산直算의 중요성에 주목해왔다. 인간은 점이나 다른 물체를 보고 최대 4개까지 그 수를 세지 않고도 몇 개인지 말할 수 있는 선천적인 능력을 갖추고 있다. 이 능력은 보통 유치원에 다닐 때 나타나 고학년이 될 때까지 발달한다. 맥캔들리스와 그의 동료들은 **그룹화**라는 용어를 도입해, 직산으로 점들의 모임을 하나의 더 큰 그룹으로 묶는 능력을 설명했다. 예를 들어, 그림 5.4의 시각 자료를 보고 점의 개수를 묻는다면, 학생들은 4, 4, 2의 모둠을 보고 (직산해) 10개라고 말할 수 있다.

초중고 학생 1209명을 대상으로 한 연구에서 맥캔들리스와 그의 동료들은 학생들의 그룹화 수준이 숫자에 대한 '유창성fluency'이나

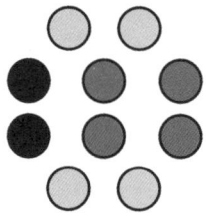

그림 5.4 그룹화: 4 + 4 + 2 = 10

산술 성취도를 넘어, 주州 수학 시험에서의 성취도를 예측한다는 사실을 보여주었다. 그 결과는 중학생인 8학년까지 일관되게 나타났다. 그림 5.5는 연구자들이 주목한 중요한 관계를 보여준다.

연구자들은 가구 소득(형평성의 척도로 수집한 데이터)이, 수학 성취도를 통제한 후에도 0.67의 표준 회귀계수를 보여, 주 시험 점수와 안타까운 관계가 있음을 발견했다. 하지만 이 모델은 표준 회귀계수 0.56으로 그룹화 또한 거의 같은 영향을 미친다는 것을 보여준다. 다이어그램의 하단을 보면, 학생들이 그룹화하는 법을 배웠을 때 낮은 가구 소득의 영향이 0.25로 떨어진다. 이 데이터는 그룹화가 학생들의 수학 성취도를 크게 높이고 제도적 불평등의 영향을 줄인다는 것을 보여준다는 점에서 큰 중요성을 가지며, 이 두 가지 사실은 학생들에게 그룹화를 가르쳐야 하는 매우 좋은 이유가 된다.

그룹화를 가르치는 한 가지 방법은 '도트 카드 수 토크^{dot card number talk}'라는 활동이다. 이 활동에서 교사나 학부모는 그림 5.6처럼 여러 점들의 모임을 보여주고 학습자에게 몇 개가 보이는지 물어본다.

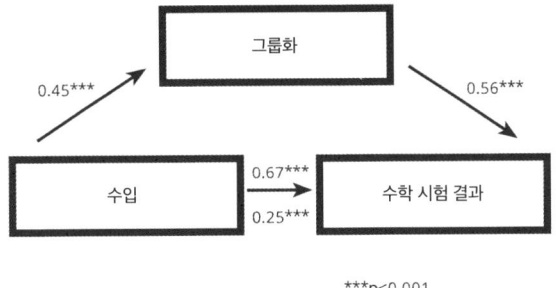

그림 5.5 맥캔들리스와 공동 연구자들이 시각적으로 표현한 그룹화, 가구 소득, 주 수학 시험 결과 사이의 관계

이때 이미지를 볼 시간이 몇 초밖에 없으므로 점을 세지 말고 그룹화해야 한다고 알려주는 것이 중요하다. 나는 보통 학생들에게 우리의 뇌는 자연스럽게 점을 그룹화하기를 원하기 때문에 누구나 할 수 있는 일이라고 말한다.

그림 5.6 7개의 점

최근에 여중생으로 가득 찬 교실에서 도트 카드 수 토크 활동을 진행했을 때 학생들은 7개의 점을 그룹화하는 24가지 방법을 생각

해냈다(그림 5.7).

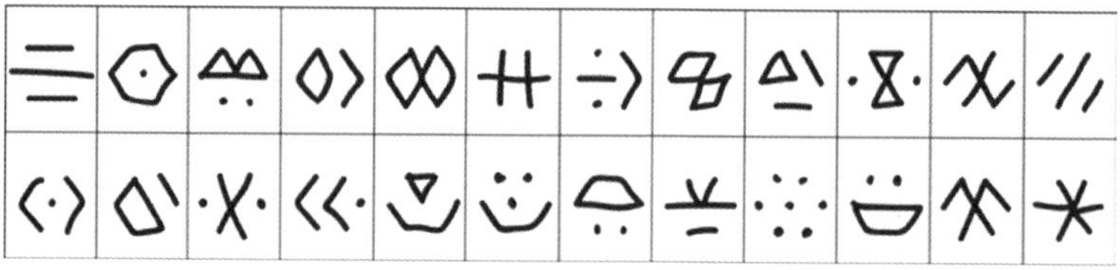

그림 5.7 여중생들이 생각해낸 24가지 그룹화 방법

나는 이 활동을 할 때 항상 그림 5.8과 같이 다양한 그룹화 방법을 표시하고 각 방법에 그것을 제안한 학생의 이름을 붙인다. 또한 학생들에게 자신의 시각 자료와 어울리는 숫자 문장을 공유하도록 요청해, 숫자가 형성될 수 있는 다양한 방법을 살펴볼 수 있도록 한다.

브루스 맥캔들리스와 그의 팀의 연구는 매우 놀랍다. 우리는 초등교육 현장에서 수와 연산을 가르치는 데 많은 시간을 할애하는데, 학생들에게 점을 다양한 수로 그룹화할 방법을 경험하게 하면 좁은 범위의 수학 능력을 테스트하는 주 시험에서도 수학 성취도가 훨씬 더 향상된다. 학생들은 점을 그룹화하는 방법을 배우면서 수에 대해 생각할 때 참고할 수 있는 정신 모델을 개발하게 된다. 이 단일 연구는 미국 및 전 세계 초등학교에서 수학의 우선순위를 다시 생각하게 만드는 계기가 될 것이다. 브루스와 동료들은 다른 연구에서, 앞서 4장에서 소개한 퀴즈네어 막대를 중심으로 한 수학 활동이 수, 분수, 동치와 같은 기본 개념에 대한 학생들의 이해에 의

그림 5.8 첫 번째 유큐브드 캠프의 모습

미 있는 변화를 불러온다는 것을 보여주었다. 중요한 것은 퀴즈네어 막대가 학생들에게 이러한 추상적인 아이디어를 정신적으로 표현하게 만들어 대수까지 학생들의 학습이 확장된다는 점이다.[16]

수를 나타내는 또 다른 중요한 모델은 손가락이다. 최근 연구에 따르면, 손가락 지각finger perception이 수학 이해에 얼마나 중요한지 보여주는 놀라운 증거가 나왔다. **손가락 지각**은 사람들이 자기 손가락을 어느 정도 알고 있는지를 설명하는 신경학적 용어이다. 손가락 지각 테스트는 책이나 테이블 아래에 손을 넣어 보이지 않게 한 다음, 다른 사람이 그 손의 손가락들을 가볍게 만지게 하는 것이다. 다른 사람이 자신의 어떤 손가락을 만졌는지 모두 맞힐 수 있다면 손가락 지각이 발달한 것이다. 연구자들은 시험 점수보다 손가락 지각이 초등학교 2학년 학생의 수학 성취도를 더 잘 예측한다는 것을 보여주었다.[17] 또한 연구자들은 학생들이 손가락을 사용하지 못하게 하는 것은 수학적 발달을 중단시키는 것과 비슷하다고 말했다.[18] 나는 손가락이 수직선number line(원점의 오른쪽에 양수를, 왼쪽에 음수를 나타낸 직선)의 물리적 모델을 제공하기 때문에 엄청난 가치를 지니고 있다고 확신한다. 이 주장에 대한 증거는 수직선으로 학습하는 학생들의 성취도가 크게 향상된다는 다른 연구에서도 찾아볼 수 있다. 한 연구에서는, 아이들이 초등학교 1학년이 되었을 때 가구 소득에 따라 수 감각에서 차이를 보이며, 저소득층 가정의 아이들이 수 감각이 더 약하다는 사실을 발견했다. 하지만 이 차이는 15분씩 4회에 걸쳐 수직선이 포함된 게임을 했을 때 완전히 사라졌다.[19]

수직선은 수를 연속적으로 표현하지만, 어린 학습자의 경우 손가락이 수 사이에 놓이는 경우가 많고, 그것이 무엇을 의미하는지 모르기 때문에 혼란스러울 수 있다. 그림 5.9와 같은 숫자 경로는 초보 학생들이 수를 정신적으로 표현하는 데 더 좋은 도구다.

최근에 내가 방문한 한 교실에는 벽을 온통 뒤덮고 있는 거대한 숫자 경로가 있었는데, 학생들은 숫자와 관련된 학습을 할 때 이 경로를 자주 바라보고 사용했다. 이 학생들은 준비가 되면 손가락을 사용해 숫자에 대한 정신 모델을 개발할 수 있다. 손가락을 사용해 수를 생각하는 학생들은 평생 가지고 다닐 수 있는 모델을 개발하는 것이다.

우리는 시각적, 물리적 모델이 학생들의 수학 이해에 얼마나 중

그림 5.9 숫자 경로

요한지 이제 막 깨닫기 시작했다. 따라서 우리는 신경과학 및 교육 분야의 새로운 연구를 최우선으로 고려해야 한다.

수학적으로 다양한 연산

수를 배울 때는 학생들이 그것을 시각적, 물리적으로 경험할 뿐만 아니라 놀이로 경험하는 것이 중요하다. 놀이로 경험하는 것의 반대는 수와 연산을 반드시 지켜야 하는 딱딱한 규칙으로 경험하는 것이다. 이 차이는 20까지 덧셈을 하는 데 초점을 맞춘 두 가지 교실 활동을 통해 설명하려고 하는데, 이 덧셈 공부는 미국에서 초등학교 1학년 때 가르치는 수학 영역이다. 한 활동은 좁은 의미의 수학의 예시이고, 다른 활동은 수학적 다양성과 정신 모델을 개발할 기회를 만드는 예시이다.

덧셈

미국 및 전 세계에서 사용하는 많은 교과서는 그림 5.10과 같이 수학을 일련의 질문으로 제시한다.

```
1 + 17 =  ◯        4 + 12 =  ◯
7 + 12 =  ◯        9 + 10 =  ◯
8 +  7 =  ◯        2 +  9 =  ◯
12 + 5 =  ◯       10 +  2 =  ◯
1 + 12 =  ◯       18 +  2 =  ◯
6 +  4 =  ◯        9 +  8 =  ◯
14 + 4 =  ◯        2 + 17 =  ◯
9 +  3 =  ◯       19 +  1 =  ◯
1 + 19 =  ◯       13 +  1 =  ◯
```

그림 5.10 덧셈에 관한 교과서의 접근

한편, 그림 5.11은 같은 내용을 다른 방식으로 제시한 것이다. 학생들은 모두 다른 개수의 발을 가진 동물들을 소개받고, 각기 다른 수의 '발 퍼레이드'를 만들도록 유도된다. 예를 들어, 20개의 발 퍼레이드를 만든다면 어떤 동물을 포함해야 할지 생각해야 한다.

이와 관련해 수업에서 좁은 의미의 워크시트를 사용하던 한 교사가 나에게 날카로운 질문을 던진 적이 있다. **"어떤 학생은 20까지 더할 수 있고 어떤 학생은 못한다면 어떻게 그 학생들을 같은 반에 배치할 수 있을까요?"** 좁은 수학의 세계에서 이것은 매우 합리적인 질문이다. 1학년 학생들이 책상에 앉아 워크시트를 마주하고 있다고 상상해보자. 미리 내용을 배운 학생 중 일부는 아무 생각 없이 워크시트를 훑어볼 수도 있을 것이다. 어린 마음에 공포와 두려움이 가득한

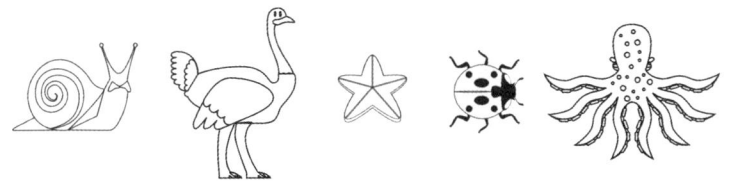

그림 5.11 발 퍼레이드를 만드는 데 사용되는 동물 그림
출처: 조 볼러 외, '마인드셋 수학(Mindset Mathematics),' 1학년

채로 워크시트를 바라보며 어쩔 줄 몰라 하는 학생들도 있을 것이다. 교사가 성취 수준과 능력이 서로 다른 학생들이 섞여 있는 교실에서 이 내용을 가르치고 싶지 않은 것은 충분히 이해한다.

하지만 좁은 수학의 세계에서 벗어나 수학적 다양성의 세계로 나가, 학생들이 정신 모델을 개발할 기회를 만들면 모든 것이 달라진다. 20까지 더하기의 발 퍼레이드는 워크시트와 적어도 세 가지 점에서 다르다. 첫 번째 차이점은 그 시각적 특성인데, 이는 시각적으로 더 매력적일 뿐만 아니라 학생들에게 계산할 대상과 머릿속에서 발전시킬 수 있는 모델을 제공한다는 점에서 중요하다. 즉, 다리의 수를 세고 싶은 학생은 세고, 세지 않고도 숫자 결합을 만들 수 있는 학생은 그렇게 하면 된다. 두 번째, 발 퍼레이드를 활용할 때에는 학생들이 흥미롭고 매력적인 세상의 무언가와 상호작용한다. 내 경험상, 아이들은 다양한 동물을 선택해 포스터에 표시하는 것을 좋아한다(그림 5.12). 세 번째, 각 숫자를 만드는 방법이 다양하기 때문에 학생들이 서로 같은 답을 맞히기 위해 경쟁하는 것이 아니라, 자부심을 느낄 수 있는 자신만의 발 퍼레이드를 만들 수 있다. 이와

그림 5.12 발 퍼레이드 포스터

같은 활동에서는 학생들이 서로 다른 지식을 가지고 있어도 상관없으며, 질문의 폭이 넓고 접근 방식이 다양해서 모든 학생이 참여하고 학습할 수 있다. 또한 똑같은 수학을 가르치더라도 워크시트를 활용할 경우 유발되는 불안과 지루함이 참여와 즐거움으로 대체된다. 이는 우리가 좁은 수학의 세계에서 벗어나 수학적 다양성이라는 놀라운 세계로 들어섰기 때문이다.

다시 말해, 발 퍼레이드를 이용해 배경과 성취도가 다른 모든 학생이 과제에 참여할 수 있는 것이다. 어떤 학생은 동물의 다리를 더할 수도 있고, 어떤 학생은 숫자 결합에 대한 사전 지식을 활용할 수도 있다. 어떤 학생은 다리 18개로 이루어진 모임을 몇 가지 버전으로 만들 수 있는지 조사하면서 과제를 높은 수준으로 끌어올릴 수도 있다. 수학 과제가 다양하다면, 어린 학생들을 여러 그룹과 학급으로 분리함으로써 그들의 잠재력을 손상시키지 않아도 된다. 중요

한 것은 과제의 다양성을 통해 학생들이 다른 학습으로 이어질 수 있는 시각적인 정신적 표현을 개발할 수 있다는 점이다.

곱셈과 나눗셈

학생들은 학년이 올라감에 따라 일반적으로 숫자로 제시되는 곱셈과 나눗셈에 대해 배우게 된다. 곱셈이나 나눗셈 문제의 좁은 버전에서는 오직 하나의 가치 있는 방법과 하나의 가치 있는 답만 존재한다. 하지만 다양한 버전의 수학은 학생들이 곱하거나 나눌 수 있는 다양한 방식과 이러한 방식들을 시각적으로 보는 방법에 대해 생각할 수 있게 만들어, 뇌 연결과 정신 모델을 형성할 중요한 기회를 제공한다.

앞서 덧셈에서 설명했기 때문에 좁은 워크시트의 또 다른 예를 들 필요는 없을 것 같다. 곱셈과 나눗셈 워크시트는 이미 여러분의 머릿속에도 많이 저장되어 있을 것이다. 그런 것들을 사용하는 대신에 곱셈 문제를 풀 때, 이를테면 38×5를 적지 않고 머릿속으로 생각해보자. 처음 이 활동을 할 때는 어떤 시각적 이미지를 그려야 할지 몰라 시각화 아이디어가 전혀 없는 경우가 많다. 하지만 시간이 지나면서 아이들은 수를 시각화하는 방법을 배운다. 나는 그 방법과 시각적 표현을 공유하는데(그림 5.13), 학생들 대부분은 그 공유가 이해에 도움이 되었다고 말한다. 예를 들어, 스탠퍼드대학교 학

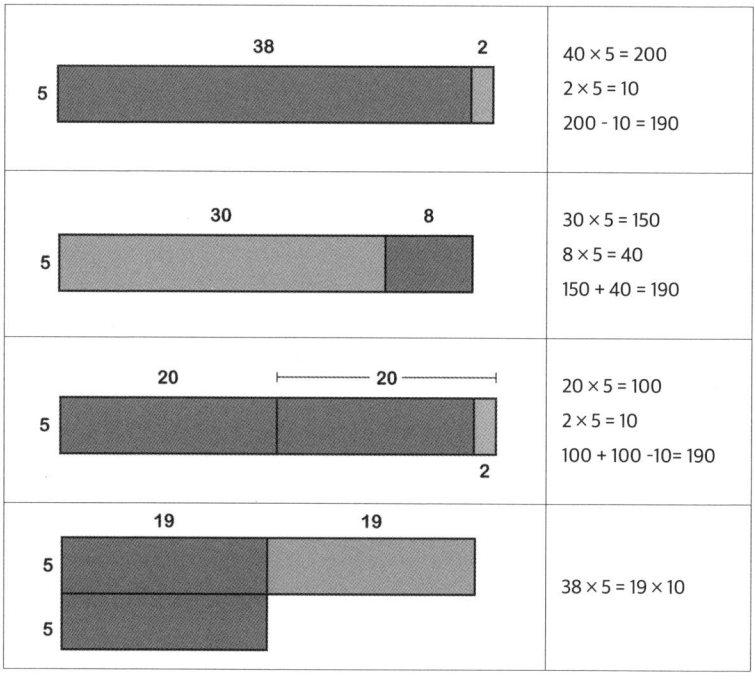

그림 5.13 38 × 5의 숫자 해법과 시각적 해법

부생들에게 그림 5.14에 나오는 38×5의 표현을 보여주었을 때, 그들은 수를 곱할 때 왜 이 과정(한 수를 두 배로 하고 다른 수를 반으로 줄이는)을 사용할 수 있는지 처음으로 이해하게 되었다고 말했다.

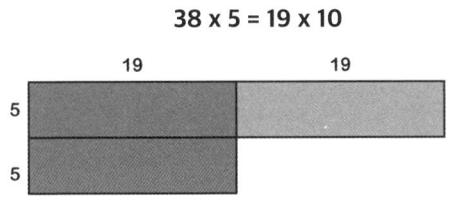

그림 5.14 38 × 5의 한 해법

나는 학생들에게 38×5를 계산하는 다양한 방법의 차이점을 설명하고, 38×5를 보고 여러 방법을 고려하는 것이 문제를 '여는' 길이 될 수 있다고 말한다. 어떤 사람들은 성장 마인드셋 이론의 옹호자들이 학생들에게 변화의 책임을 떠넘기고 있다고 비판하기도 한다. 그런 비판을 이해하며, 마인드셋 메시지가 자리 잡을 수 있도록 콘텐츠를 개방하는 것이 교사의 책임이라고 굳게 믿는다. 학생들에게 무엇이든 배울 수 있다고 말하면서 38×5를 하나의 답과 하나의 방법으로 계산하는 좁은 콘텐츠를 제시하면, 학생들은 어떻게 배우고 성장할 수 있는지 알지 못할 것이다. 하지만 콘텐츠가 개방되고 학생들이 스스로 생각하고 추론하도록 초대되면 그들은 말 그대로 자신의 학습과 마인드셋 메시지가 뿌리를 내리고 번성하는 것을 느끼게 된다. 일부 연구에 따르면, 수업의 변화 없이 수업 외적으로 제공되는 마인드셋 메시지는 효과가 없거나 미미하지만,[20] 수학적 접근 방식의 변화와 함께 제공되는 마인드셋 메시지는 학생들의 성취도와 신념을 크게 향상시키는 것으로 나타났다.[21]

나눗셈에 대한 시각적 접근 방식에서는 학생들이 전체 면적과 한 변의 길이를 알고 있을 때 모델을 만들도록 한다.[22] 예를 들어, 학생들에게 273을 7로 나누라고 하는 대신, 그림 5.15와 같이 면적이 273이고 한 변의 길이가 7인 직사각형을 만들도록 요청할 수 있다. 학생들의 역할은 다른 변의 길이를 다양한 방법으로 찾는 것이다.

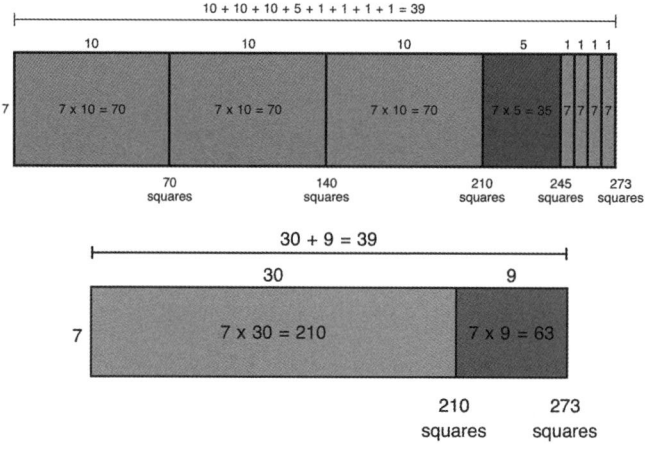

그림 5.15 273을 7로 나누는 방법에 대한 다양한 시각적 표현

곱셈과 나눗셈의 시각적 표현은 정신 모델을 장려할 뿐만 아니라, 계산에 대해 생각할 수 있는 다양한 방법과 작동 원리를 보여준

다. 이는 높은 성취도로 이어지는 수에 대한 접근 방식인 수 감각을 개발하는 데에도 도움이 된다.[23] 학생들이 수 감각을 갖추면 수를 이해하고 다양한 상황에서 유연하게 사용할 수 있다. 수 감각은 수학적 사실을 맹목적으로 암기한다고 해서 생기는 것이 아니다.

나는 수년 동안, 학생들에게 시각적으로뿐만 아니라 신체적으로도 생각하라고 유도함으로써 정신적 표현을 개발하도록 격려하는 훌륭한 초등학교 선생님들과 함께 일할 수 있는 행운을 누렸다. 캘리포니아주 센트럴 밸리에서 5학년을 가르치는 진 매독스Jean Maddox도 그중 한 명이다. 우리가 만나기 전에 진은 교육구 교과서를 사용해 곱셈을 가르쳤다(그림 5.16).

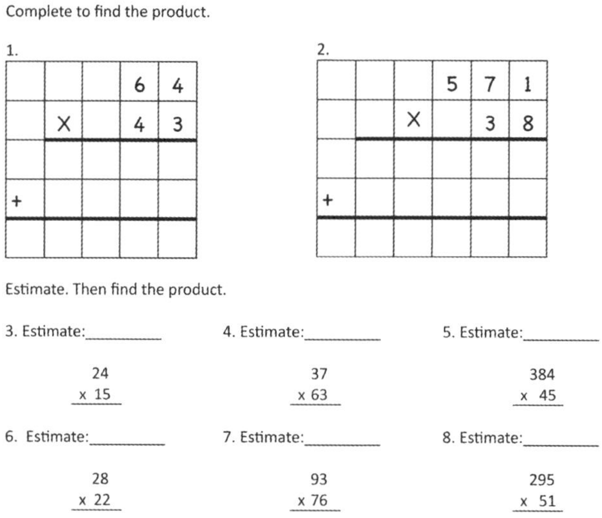

Complete to find the product.

1.

			6	4
	×		4	3
+				

2.

			5	7	1
		×		3	8
+					

Estimate. Then find the product.

3. Estimate:_____   4. Estimate:_____   5. Estimate:_____

   24   37   384
 × 15   × 63   × 45

6. Estimate:_____   7. Estimate:_____   8. Estimate:_____

   28   93   295
 × 22   × 76   × 51

그림 5.16 곱셈에 대한 교과서의 접근 방식

이 교과서는 미국 전역에서 사용되는 전형적인 수학 교과서이다. 하지만 이제 진은 수학적 다양성이라는 개념을 받아들이고 학생들에게 곱셈에 대해 물리적으로, 시각적으로, 수치적으로 생각해 보라고 말한다. 학생들은 정육면체로 숫자를 만들고, 숫자를 그리고, 숫자 작업을 통해 곱셈을 한다. 그림 5.17은 다양한 학생 작업물의 몇 가지 예를 보여준다. 진의 수업에 참여한 학생들은 숫자의 물리적 표현을 느끼고 움직이면서 시각 자료, 단어, 숫자 문장을 만들 기회가 주어지기 때문에 곱셈의 정신 모델을 풍부하고 다채롭게 개

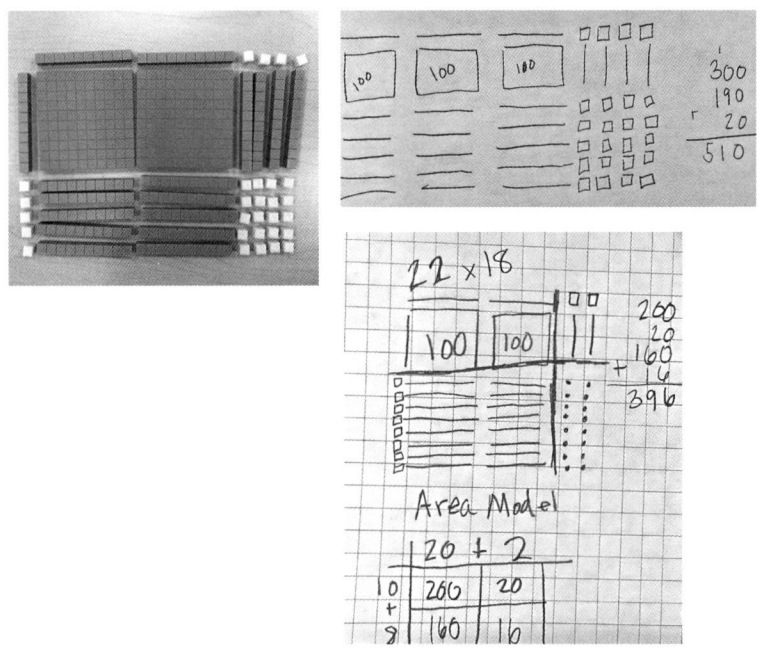

그림 5.17 물리적, 시각적, 수치적으로 이루어진 곱셈의 예

발할 수 있다.

좁은 과제와 다양하고 활발한 교실 환경을 조성하는 과제를 가르는 것은 아주 작은 차이일 수 있다. 예를 들어, 학생들에게 12×2 직사각형의 넓이를 구하라고 하는 대신, 넓이가 24인 직사각형을 몇 개나 찾을 수 있는지 물어볼 수 있다(그림 5.18).

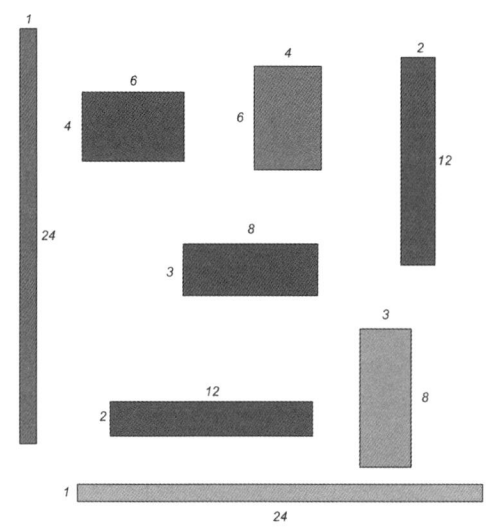

그림 5.18 면적이 24인 직사각형의 개수 구하기

첫 번째 질문은 계산을 요구하고, 두 번째 질문은 시각 자료와 함께 즐거운 탐구로 초대한다. 두 번째 질문은 길이와 너비의 관계를 고려하도록 유도해 면적에 대한 개념적 이해를 쉽게 만든다.

분수의 나눗셈

초등학교에서 가르치는 수학에서 가장 논쟁의 여지가 많은 영역 중 하나는 학생들에게 큰 어려움을 주고, 시험 점수가 낮으며, 실용적인 가치가 거의 없는 분수의 나눗셈이다. 성인에게 분수의 나눗셈과 관련한 실생활의 예를 말해보라고 하면 대부분 단 한 가지도 떠올리지 못한다.[24] 생각건대, 분수의 나눗셈은 표준 교육과정에서 더 높은 학년으로 옮기는 것을 포함해, 교육 방식 면에서 완전히 재고해야 할 주요 후보다. 분수의 나눗셈은 어린아이들에게 개념적으로 가르치는 것이 가장 좋으며, 그래야 아이들이 그 과정을 이해할 수 있다. 현재 우리는 아이들에게 의미와 함께 가르치는 대신 일반적으로 규칙으로서 그 과정을 가르친다. **뒤집기와 곱셈을 활용하는 방법, 즉 분수 중 하나의 분자를 분모로 바꾼 다음 두 분수를 곱하는 방법만을 가르치는 것이다.** 이 과정은 학생들에게 너무 무의미하기 때문에 그들은 흔히 이렇게 말한다. "우리는 왜 그런지 추론하는 게 아니라 뒤집고 곱하기만 하면 돼요."

'이유를 추론하는 것'이 수학의 본질이기 때문에 이것은 매우 안타까운 일이다. 추론은 수학의 핵심이며, 모든 고차원적인 수학 작업과 증명의 기초가 된다. 수학자들은 논문을 작성하고 서로 소통할 때 수학적 추론을 이용해 아이디어 간의 논리적 연결을 설정한다. 자신이 선택한 방법과 그것을 사용하는 방식을 서로에게 설명하는 법을 배울 때, 학생들은 가장 중요한 수학적 활동인 추론에 참여하게 된다. 미국에서 분수의 나눗셈을 가르치는 연령인 10세에게는 연산 자체를 이해하거나 추론하기가 너무 어렵기 때문에 "왜 그런지 추론하는 게 아니라 뒤집고 곱하기만 하면 돼요."같은 말이 나온 것이 확실하다.

지난 몇 년 동안 나는, 스탠퍼드에서 '어떻게 수학을 배울 것인가' 강의를 하며 알게 된 한 학생을 멘토링하며 배움을 얻는 기쁨을 누렸다. 몬체 코르데로Montse Cordero는 코스타리카 출신으로 학교와 국제수학올림피아드에서 매우 높은 성취도를 보인 학생이었다. 나는 몬체에게서 진정한 수학적 호기심을 가지고 무언가의 작동 원리에 대해 생각할 때 눈을 반짝이는 학생을 보았다. 몬체는 수학 교사들 사이에서 스타가 되었고, 온라인 학생용 강의[25]와 학생용 동영상에서 유큐브드의 슈퍼 히어로로 등장하기도 했다.[26] 하지만 몬체의 진정한 스타덤은 학생 시절에는 전혀 인연이 없던 학교에서 수학을 전공하고, 다행히 다른 대학에서 석사 학위를 취득한 끈기와 자립심에서 비롯되었다. 몬체는 현재 수학 박사 학위를 취득하기 위해 공부하고 있다. 몬체에 대한 기억을 오래도록 남긴 수업 중 하나는 신입생들에게 분수의 나눗셈을 소개하고 시각적으로 생각해보라고 했던 수업이다. 이때 짧게 예정됐던 토론이 수업 시간 내내 이어지게 되었는데, 모든 학생이 자신들이 분수의 나눗셈을 이해하지 못하고 '뒤집고 곱하기'만 했음을 깨달았기 때문이었다. 수학 교사인 캐시 험프리스Cathy Humphreys가 7학년 학생들에게 1을 2/3로 나누는 계산을 시각화하는 방법을 가르치는 동영상을 보여줬을 때 학생들은 충격을 받았다.[27]

이 동영상에서는 학생들이 세 가지 시각적 방법으로 분수의 나눗셈을 이해하는 것을 볼 수 있다(그림 5.19). 왼쪽에 위치한 원에서, 더 밝은 부분은 원의 2/3를 나타낸다. 학생들은 이 부분이 원 안에 한 번 들어가고, 그 부분의 절반이 더 들어갈 수 있음을 쉽게 알 수 있다. 가운데의 직사각형은 더 어두운 부분이 직사각형의 2/3를 나타낸다. 이 부분 역시 직사각형 안에 한 번 들어가고 그 절반이 더 들어갈 수 있음을 알 수 있다. 오른쪽 수직선에서는 아래의 선이 2/3를 나타내는데, 수직선 위의 선들은 2/3와 2/3의 절반을 더한 값을 가진다는 것이 한눈에 보인다.

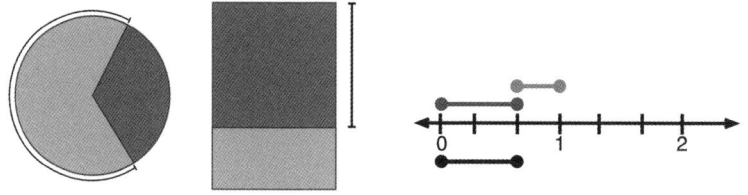

그림 5.19 1을 2/3로 나누는 3가지 시각적 방법

내게는 양을 이용해 분수의 나눗셈에 대한 시각적 접근법을 설명하는 동영상이 있다![28] 이 양 인형은 인형극을 통해 학생들이 수학을 쉽고 재미있게 배울 수 있도록 돕고자 한 수학자 팀 샤르티에 Tim Chartier가 만든 것이다.

몇 년 후, 몬체가 스탠퍼드대학교 4학년이 되었을 때, 샤르티에와 몬체는 교육학 우등 학위를 목표로 분수 나누기를 집중적으로 연구하기로 했다. 몬체는 신입생 수업에서 분수의 나눗셈을 이해할 방법이 있다는 것을 처음 깨달았다고 하면서 그 순간의 중요성에 대해 이야기했다. 또한 그 순간부터 분수의 나눗셈이 어떻게 마음에 남아 있고, 어떻게 자신을 매료시켰는지에 대해서도 이야기했다. 몬체의 학부 논문은 다음과 같은 성찰에서 시작됐다.

> 3년 전, 중학교 1학년 학생들이 예전에 암기한 계산 규칙을 사용하지 않고 분수 나누기 문제를 푸는 동영상을 보고 있었는데, 나는 그들이 무엇을 하고 있는지 제대로 이해하지 못한다는 것을 깨달았다. 나는 열두 살짜리 아이들이 작은 수학자처럼 행동하는 것을 보고 놀랐다. 아이들은 분수 나누기 뒤에 숨어 있는 진정한 수학적 작업을 하고 있었는데, 그런 모습은 전에는 한 번도 본 적이 없었다. 나는 옛날에 외웠던 뒤집기와 곱하기 방법을 이용해 답을 낼 수 있었지만, 왜 그 방법이 효과가 있는지는 전혀 몰랐다.[29]

몬체는 학부 졸업 논문을 쓰기 위해, 뒤집기 및 곱하기 계산 규칙의 효율성과 개념적 요구 사항을 컴퓨터 과학적 관점에서 조사하고, 공통분모를 찾는 데에서 시작하는 더 나은 규칙을 연구하는 흥미로운 접근 방식을 취했다.[30] 몬체의 연구 결과 중 재미있는 것 하나는 학생들에게 뒤집기 및 곱하기 규칙을 이해시키려면, 분수 나누기가 등장하는 학년에서 아직 배우지 않은 내용을 제공해야 한다는 것이다.[31] 이는 우리가 학생들이 규칙을 이해하고 이유를 추론하기보다는 그냥 받아들이고 사용하길 **기대한다**는 것을 시사한다.

학생들이 이해하지 못하는 규칙을 도입하는 것은 문제가 있다. 초등학교 교사는 학생들이 수 감각을 키우고, 더 일반적으로는 중요한 시각적, 물리적 표현을 사용해 수학적 아이디어를 이해하도록 돕는 중요한 일을 한다. 하지만 규칙을 가르치면 학생들의 감각 발달이 멈추는 것으로 보인다.

수학 교육자인 돌로레스 페섹Dolores Pesek과 데이비드 커쉬너David Kirshner는 규칙을 학습한 후에는 다른 방식으로 사고하지 못하는 현상을 '인지적 방해cognitive interference'라고 명명한 뒤 연구를 진행했다.[32] 규칙을 먼저 학습한 다음에 개념적으로 학습한 학생들은 개념적으로만 학습한 학생들보다 다양한 수학 활동에서 성적이 좋지 않았다. 방법과 규칙 위주의 학습은 학생들이 유용한 정신 모델을 개발하는 데 **방해가 되는 것으로** 보였다. 이와 관련된 더 자세한 연구 내용은 뒤에 6장에서 다룰 것이다. 미국 전역의 열세 살 학생들을 대상으로 한 전국 교육 진도 평가NAEP 결과에서 볼 수 있듯이, 학생들은 분수의 나눗셈뿐만 아니라 분수의 덧셈에도 어려움을 겪고 있다. 이 학생들에게 1, 2, 19, 21 중에서 12/13+7/8의 답을 추정하도록 요청했을 때 가장 많이 나온 답은 19였고, 그다음이 21이었다. 학생들은 분자를 더하거나(19) 분모를 더하는(21) 방식으로 답했다. 정답 2를 맞힌 학생은 24%에 불과했다.[33] 수 문제에 대해 대략적 접근법을 사용할 기회가 있었다면, 학생들은 두 분수의 예상 합이 2인 것을 알았을 것이다. 대략적 접근법은 표준화된 시험 문제에서 학생들에게 도움이 될 수 있기 때문이다.

학생들이 말도 안 되는 답을 내는 것이 놀랍지 않은 이유는 무엇일까? 분수를 배울 때 개념적으로, 즉 대략적인 방식으로 생각하지 않고, 일반적으로 다음과 같은 규칙들을 배우기 때문이다.

- 분수의 덧셈을 하려면 공통분모를 만든 다음 분자와 분자를 더한다.
- 분수의 뺄셈을 하려면 공통분모를 만든 다음 분자에서 분자를 뺀다.
- 분수의 곱셈을 하려면 분자는 분자끼리 분모는 분모끼리 곱한다.
- 분수의 나눗셈을 하려면 나눗셈 기호를 곱셈 기호로 바꾼 다음, 곱셈 기호 다음에 나오는 분수의 분자와 분모의 자리를 서로 바꾼다(뒤집고 곱하기).

이 모든 규칙은 분수의 이해에서 가장 중요한 사실, 즉 분자와 분모라는 두 수가 서로 관계가 있다는 사실을 짓밟는 것이다. 분수를 생각할 때는 분자나 분모의 크기가 중요한 것이 아니라, 분자와 분모가 얼마나 크게 관계가 있는지가 중요하다. 분자나 분모에 대해 연산하라고 하면 학생들은 분수의 의미를 잊어버린다. 학생들이

12/13와 7/8을 더한 값이 19라고 답한다면, 그 답은 12와 13 또는 7과 8의 관계에 대해 생각하지 않고 낸 것이다. 분수와 분모의 **상관관계를 이해하면서** 분수에 대해 전체적으로 생각하는 시간을 갖지 않았고, 분수에 대한 정신 모델을 개발하지 않았기 때문에 정답을 제시할 수 없는 것이다.

예전에 초등학교 5학년이었던 큰딸과 함께 보낸 어느 저녁 시간이 아직도 내 기억에 남아 있다. 딸은 분수 규칙에 대한 학교의 접근 방식 때문에 어려움을 겪고 있었고, 선생님은 딸이 분수를 "이해할 능력이 없습니다."라고 말했다. 이는 부분적으로 다른 아이들과 딸의 학습 경험 차이 때문일 수 있는데, 일부 교사들은 이를 차이보다는 결함이라고 판단했다. (다행히도 딸에게는 다르게 생각하는 것이 부적절하게 생각하는 것을 의미하지 않는다는 사실을 아는 훌륭한 선생님들도 있었다.) 시험 전날 밤 딸과 나는 함께 분수를 공부하기로 했다. 딸은 교실에서 많은 시간을 들여 분수를 공부했지만, 나는 그만큼 많은 시간을 딸과 함께 보내지는 못하고 있었다.

그날 나는 한 시간 동안 같이 공부하며 항상 관계를 살펴봐야 한다고 가르쳤다. 우리는 함께 다양한 분수를 시각화하고 그 의미, 분자와 분모 사이의 관계에 대해 생각했다. 연산하기 전에는 분수의 전체 값을 살펴봤다. 그런 다음 정확한 답을 구하기 전에 대략적인 답이 무엇인지 생각하면서 더하기, 빼기, 곱하기, 나누기를 시도했다. 나는 딸에게 학습에 매우 중요한 큰 그림과 집중적인 시각적 모델을 생각해보라고 권했다(시각적 모델에 대해서는 앞 장에서 설명했다).

다음 날 학교에서 돌아온 딸은 분수 시험에서 반에서 가장 높은 점수를 받았다며 활짝 웃었다. 100만 명이 넘는 사람이 수강한 내 무료 온라인 학생 강좌에서 나는 분수에 대한 이러한 관계적 접근 방식을 공유해 참가자들이 정신 모델을 구축하도록 독려한다.[34]

나는 학생들이 가정과 학교에서 분수에 다르게 접근해야 한다고 생각한다. 합리적으로 생각하기, 수 관계, 정신적 표현으로 이어지는 시각적, 물리적 사고에 기반한 접근법을 취해야 한다는 것이다. 규칙이 유용하지 않다고 주장하는 것이 아니라, 학생들이 분수를 개념적으로 이해할 때까지 규칙을 가르쳐서는 안 된다고 주장하고 있는 것이다. 학생들은 분수가 무엇인지 이해하고 개념적 전체로서 분수의 값에 대해 생각하는 경험을 많이 해야 한다.

분수의 나눗셈은 학생들이 수학 커리큘럼에서 가장 싫어하는 부분일 수 있으며, 대수와 함께 어른들도 싫어할 가능성이 가장 높은 영역이다. 하지만 학생들에게 이해의 근거가 되는 시각적, 물리적 모델을 개발할 기회를 제공하면 이러한 혐오가 없어질 수 있다. 예를 들어, 학생들은 1을 3/4으로 나눈 값을 구하라는 요청을 받으면, 뒤집고 곱해서 1/1×4/3=4/3라는 정답에 도달할 수는 있지만, 무슨 일이 일어나고 있는지는 거의 또는 전혀 모를 것이다. 하지만 요청을 다르게 하면 분수를 그림으로 그릴 수도 있다. 3/4이 1 안에 몇 번 들어갈지 생각해보라고 하는 것이다.

그림 5.20을 보면 3/4은 한 번에 1에 전체가 들어가고 일부 빈 곳을 남긴다는 것을 알 수 있다. 3/4이 다시 이 빈 곳에 들어가려면,

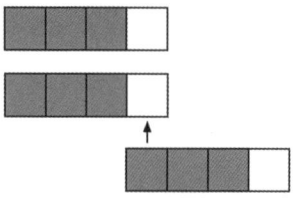

그림 5.20 1을 3/4으로 나누는 문제에 대한 시각적 접근 방법

그 3/4의 1/3만 들어갈 수 있다. 이렇게 생각하면 1과 1/3이라는 답이 나온다. 3/4은 1이라는 전체 공간 안에 한 번 들어가고, 나머지 공간에는 그 3/4의 1/3이 한 번 들어갈 수 있다는 뜻이다. 분수 나누기 과정을 시각적으로, 그리고 대략이라는 렌즈를 통해 보는 일은 뒤집고 곱하는 일보다 시간이 조금 더 걸릴 수 있지만, 그 이후로 계산과 규칙을 사용하는 모든 작업을 할 때 떠올릴 수 있는 정신적 표현을 제공한다.

분수를 분수로 나누는 경우(대부분의 사람이 학교를 졸업한 후에는 한 번도 해본 적이 없을 것이다), 나는 먼저 두 분수의 분모를 같게 만드는 것을 선호한다. 서로 다른 분수를 분모가 같도록 바꾸는 것은 관계에 초점을 맞춘 작업으로서 학생들에게 가치가 있다. 3/4을 2/3로 나눈다고 생각해보자. 이 경우에는 두 분수의 분모를 모두 12로 맞추면 된다.

방법은 간단하다. 두 분수 모두 분모가 같아질 때까지 각 분자와 분모에 같은 수를 곱한다(그렇게 해도 분수의 값은 변하지 않는다). 이 경우에는 다음과 같이 분모가 12로 같아질 때까지 같은 수를 곱하면 된다.

$$3/4 \times 2/2 = 6/8 \qquad 2/3 \times 2/2 = 4/6$$
$$3/4 \times 3/3 = 9/12 \qquad 2/3 \times 3/3 = 6/9$$
$$\qquad\qquad\qquad\qquad 2/3 \times 4/4 = 8/12$$

이제 문제는 3/4을 2/3로 나누는 것에서 9/12를 8/12로 나누는 것으로 바뀌었다. 첫 번째 문제와 두 번째 문제를 대략적 접근 방식으로 생각해보자. 3/4을 2/3로 나눈 값을 추정하기는 어렵지만, 8/12이 9/12로 몇 번 들어가는지는 쉽게 알 수 있다. 이 경우 대략적인 답은 1이 조금 넘을 것이다.

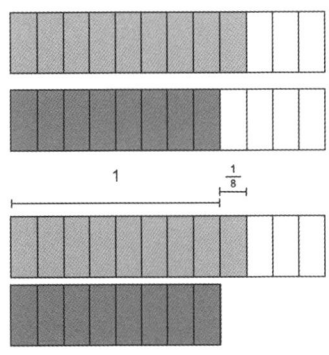

그림 5.21 9/12를 8/12로 나누는 문제에 대한 시각적 접근 방법

5장 시각적 경험으로서의 수학 213

학생들에게 이 방법을 가르칠 때 나는 9/12를 8/12로 나누는 과정을 그림으로 그린다. 그림 5.21은 8/12이 1이라는 공간에 한 번 들어가고, 그 8/12의 1/8이 하나 더 들어가면 9/12가 된다는 것을 보여준다. 따라서 답은 1과 1/8이 된다.

수학에 대한 이런 시각적 접근 방식은 모든 학년, 모든 수준, 모든 수학 및 모든 과제에 적용할 수 있다.

대수

우리 팀은 뇌 가소성과 마인드셋에 대한 연구 결과를 알게 된 뒤 처음으로 학생들을 위한 여름 캠프를 열었다. 그 5년 전부터 수학 뇌 같은 것은 존재하지 않으며, 우리의 뇌는 항상 성장하고 강화되고 연결되고 있음을 보여주는 광범위한 데이터가 축적되고 있었다.[35] 이 연구들은 자신의 잠재력을 믿고 성장 마인드셋을 갖는 것이 얼마나 중요한지 보여준다.[36] 우리는 지역 학군에서 수학에 대한 좋지 않은 경험을 한 학생 82명을 모았다. 이 학생들은 예전에 수학 성취도가 높지 않았고, 문화적, 인종적으로도 다양했다. 우리에게 오기 전에 소속 학군에서 치른 시험에서 0점을 받은 학생도 있었고, 매우 높은 수준의 점수를 받은 학생도 있었으며, 그 중간 수준의 학생도 있었다. 이들은 모두 그해 여름에 7학년 또는 8학년 입학을 준비하고 있었다.[37] 우리는 이 학생들에게 가르칠 수 있는 가장 유용한 과목이 대수라고 판단했다. 우리는 이 중요한 과목을 가르치려면, 학생들이 가변성의 개념과 변수의 의미를 이해하는 것이 중요하다고 생각했다. 나는 내가 가장 좋아하는 문제 중 하나를 선택했다. 10×10 정사각형의 가장자리에 타일이 몇 개 있는지 묻는 문제였다. 나는 학생들에게 그림 5.22와 같은 시각 자료를 몇 초 동안 보여주면서 수를 세지 말고 그룹화하도록 유도했다.

그림 5.22 10 × 10 정사각형 가장자리의 타일 개수 구하기

학생들은 36, 37, 38, 40, 44 등 다양한 대답을 내놓았고, 활발한 대화가 이어졌다. 나는 학생들에게서 다양한 답이 나와서 좋다고 말했다. 다양한 답이 나온다는 것은 이 문제가 흥미를 유발하는 문제이며, 이 문제에 대해 생각하고 이야기할 것이 많다는 뜻이기 때문이었다. 한참 동안 이야기를 나눈 후, 학생들은 정사각형의 가장자리에 있는 정사각형이 모두 36개라는 답을 내는 데 합의했다. 학생들은 36이라는 답을 얻게 된 각자의 방식을 공유했고, 나는 화이트보드에 그 방식들을 그렸다. 그 결과, 우리는 그림 5.23과 같은 다양한 시각적 이미지를 얻었다.

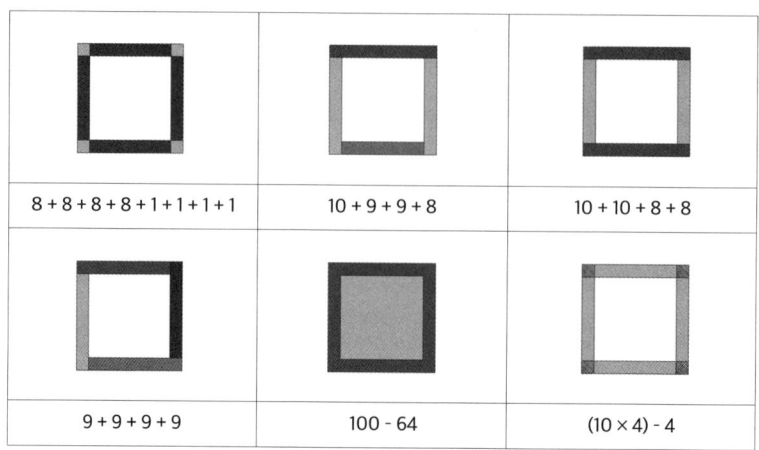

그림 5.23 시각 자료와 숫자를 이용해 나타낸 경우

우리는 몇 번의 수업에 걸쳐 다양한 크기의 정사각형에 대해 탐구했고, 나는 패턴 성장을 나타내는 변수를 사용할 수 있기 때문에 정사각형의 총 개수에 대한 우리의 생각이 어떤 크기의 정사각형에도 적용될 수 있다는 것을 설명했다. 학생들이 타일 패턴을 보는 다양한 방식은 그림 5.24와 같이 모두 동등한 대수식으로 표현할 수 있다.

이 활동은 학생들에게 대수학을 소개하는 과정이었으며, 학생들은 변수가 무엇인지, 변수가 의사소통에 왜 유용한지 확인하는 데 흥미를 보였다. 나는 도형의 테두리가 어떻게 보이는지 물어보고, 화이트보드에 학생들의 시각적 아이디어를 기록한 뒤 그 옆에 학생의 이름을 적었다. 화이트보드에는 '조시의 방법,' '일라이사의 방

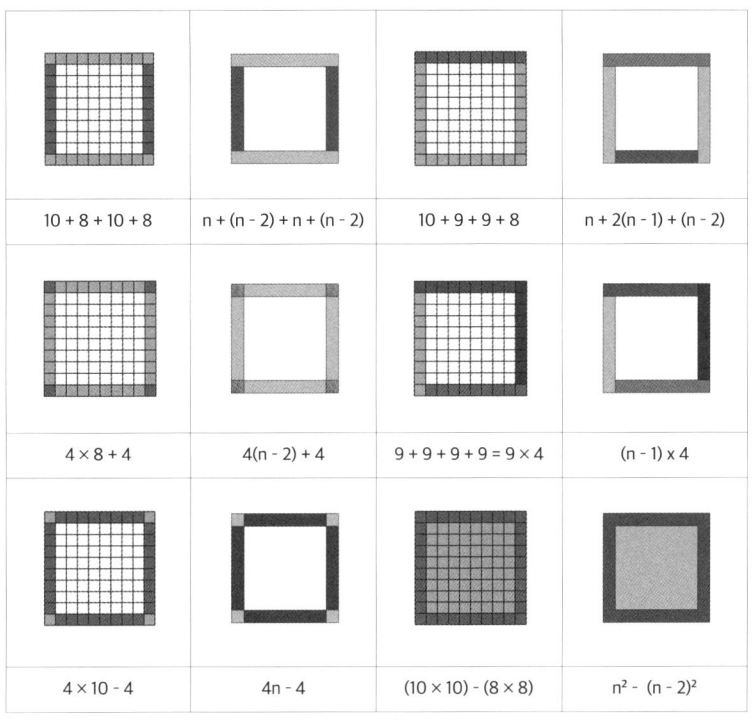

그림 5.24 대수식과 숫자를 이용해 나타낸 경우

법' 등이 적혀 있었다. 나중에 크기가 다른 정사각형에 관해 탐구하게 됐을 때, 나는 학생들이 각 방법을 선택하도록 했다. 학생들은 작업하면서 서로 다른 시각과 사고방식을 주제로 토론하고, 협력하고, 서로의 아이디어에 살을 붙였다. 중요한 것은 대수 일반화에 대한 학생들의 개념이 시각적으로, 아름답게 표현되었다는 점이다. 마지막에는 하나의 수학 함수 ($4n-4$)에 대한 여섯 가지 서로 다른 표현이 나왔는데, 값은 모두 동일하며 모두 시각적 표현을 통해 설명됐다.

패턴을 설명하기 위해 대수를 사용할 때 학생들은 세계를 설명하는 언어로 변수를 사용한다. 이것은 x의 값을 구하는 수많은 예제보다 더 많은 의미를 갖는, 중요하고 유용한 변수 사용법이다.[38] 또한 이 과정에서 학생들은 패턴의 성장을 볼 수 있으므로 대수와 일반화에 대한 발달 모델을 개발하기도 한다. 학생들에게는 바로 이러한 대수 입문 과정이 필요하며, 유큐브드 캠프에서는 4주간의 무료 강의를 통해 이 과정을 진행하고 있다.[39]

대수를 시각적으로 표현한 가장 아름다운 예 중 하나는 내가 스탠퍼드대학교의 교사 교육 프로그램에서 가르쳤던 한 여성이 보여준 것이다. 수학 교사가 되기 위해 준비 중인 사람들을 가르치는 수업에서 수학을 시각 자료와 다른 정신적 표현을 통해 다양한 과목으로 가르칠 수 있다는 생각을 공유하면, 때때로 불꽃이 타오르고 이러한 생각을 삶의 여러 영역으로 확장하는 사람이 나온다. 세네갈에서 자랐으며 현재 선형방정식과 이차방정식을 이용해 전 세계 주요 매장(노드스트롬Nordstrom, 샵밥Shopbop, 스티치 픽스Stitch Fix 등)에서 판매되는 아름다운 옷을 만드는 디아라 부오소Diarra Buosso도 그런 사람 중 한 명이다.[40] 그녀는 캘리포니아주에서 고등학교 수학을 가르치면서 이렇게 훌륭한 일을 해내고 있다.

디아라는 많은 언론인과 인터뷰했으며, 그녀의 이야기는 《보그Vogue》, CNN 및 기타 뉴스 매체에 소개됐다.[41] 여러 인터뷰에서 디아라는 자신이 세네갈의 장인 및 공예가 집안 출신이지만 수학을 좋아해 대학 진학을 위해 미국으로 건너온 뒤 월스트리트 애널리스트가 됐다고 밝혔다. 당시 디아라는 예술과 수학을 모두 좋아했지만 둘 중 하나는 선택할 수 없었기 때문에 깊은 성취감을 느끼지 못했다고 말했다. 그녀는 예술적 표현 없이 하루 종일 계산만 하고 싶지도 않았고, 수학이 없는 예술 분야에서 일하고 싶지도 않았다. 은행 업무와는 다른 일을 하고 싶다는 열망이 디아라를 스탠퍼드에서 내가 가르치는 교사 교육 수업으로 이끌었다.

우리와 함께 지내는 1년 동안 디아라는 시각적이고 창의적이며 다양한 수학에 대해 배웠고, 수학에 매료됐다. 수업이 끝난 어느 날 그녀는 수학 공식을 이용해 의류를 디자인하는 데 관심이 있다고 했다. 그녀는, 아이디어가 너무 괴상해서 아무도 관심을 두지 않을 것이라고 일축당하리라 예상했다고 한다. 물론 나는 그 아이디어를 무시하지 않았고 오히려 굉장한 아이디어라는 반응을 보였다. 그녀는 선형함수 및 이차함수를 이용해 디자인한 아름다운 옷을 만들었고, 그 예는 그림 5.25에서 볼 수 있다.

그녀는 우리 수업에서 미술과 수학을 함께 추구할 수 있다는 것을 깨닫고 창의력을 발휘했으며, 개인적으로 깊은 성취감을 느꼈다.[42] 디아라는 고등학생들에게 대수적 표현을 예술로 바꾸도록 격려하며 흥미를 유발하는 놀라운 교사다(그림 5.26). 그녀는 소통을 위해 학생들에게 시간을 어떻게 보내는지 물어보았고, 일주일에 평균 26시간을 소셜 미디어에 보낸다는 대답을 들었다. 그 뒤 그녀는 교

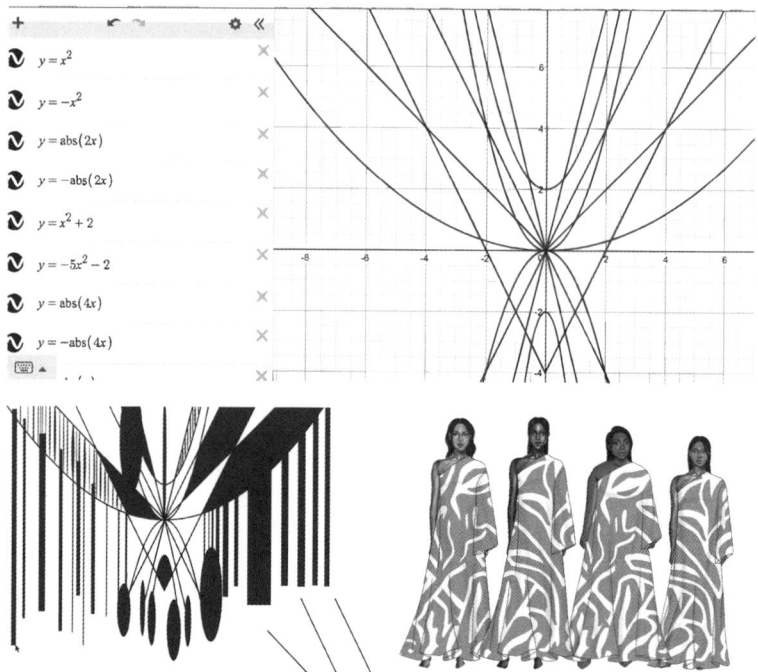

그림 5.25 대수함수의 영감을 받은 디아라의 의상 디자인

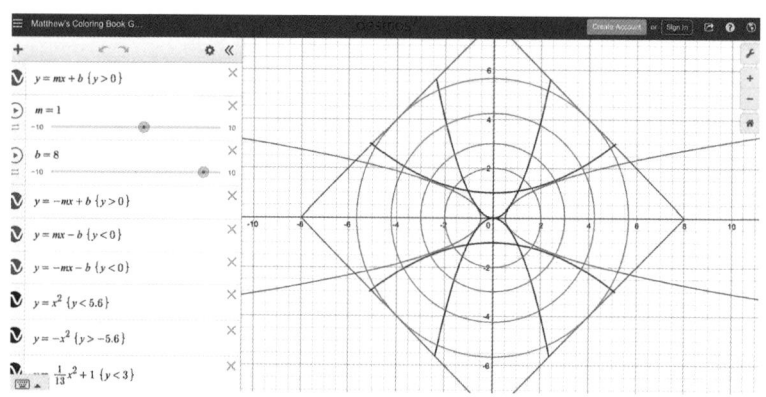

그림 5.26 데스모스Desmos 그래픽 소프트웨어를 이용한 학생들의 작업 사례

장의 승인을 받아 인스타그램 계정을 개설했고, 인스타그램 스토리를 이용해 학생들과 설문 조사와 질문을 공유한다. 이런 조사를 통해 얻은 결과로는, 학생 중 92%가 이 방법이 학습에 도움이 된다고 답했다. 학생들은 정답에 투표할 수 있다는 점을 높이 평가하고, 자기 작품에 대한 칭찬을 받는 것을 즐긴다. 디아라는 "아이들이 놀이, 재미와 연관시키는 플랫폼을 통해 수학을 게임화함으로써 그들이 수학에 더 쉽게 접근할 수 있게 됐다."라고 말했다.

디아라는, 학생들이 처음에 말했던 것처럼, 그들이 수학을 싫어하는 것이 아니라 수학을 배우는 과거의 방식을 싫어했을 뿐이라는 사실을 깨닫게 됐다. 현재 그녀는 아프리카 문화를 전 세계적으로 알리는 활동가로 활약하고 있으며, 수학과 예술의 세계를 융합하여 학생들에게 수학에 대한 다양한 접근 방식을 제공하는 데 열정을 쏟고 있다. 수학적 다양성에 대한 학습을 통해 창의력을 발휘한 디아라의 여정에서 내가 작은 역할을 한 것이 자랑스럽다.[43]

수학 문제가 학생들에게 숫자로만 생각하도록 유도한다면, 뇌 연결성 강화, 이해 접근성 향상, 더 깊은 참여와 동기 부여, 비판적 정신 모델 개발 등 중요한 기회를 놓치게 된다. 이 장에서는 질문을 시각화하는 것이 어렵지 않으며, 사람들에게 **"어떻게 보십니까?"** 라고 묻는 것만큼 간단할 수 있음을 보여주려 했다. 학생들이 이 질문을 받고 자기 생각을 공유하면, 중요한 정신 모델을 개발하면서 수학에 대한 주인의식을 갖게 된다.

이 책을 읽는 모든 교사나 학부모를 위한 흥미로운 사고 과제는,

학생들이 자신의 영역을 구성하는 주요 수학적 개념에 대해 어떤 정신적 표현을 개발하고 있는지 생각해보는 것이다. 떠오르는 것이 없다면, 학생들이 수학을 시각화하고 아이디어의 물리적 모델과 상호작용할 기회를 만들어보는 것도 재미있는 도전이 될 수 있다.

내가 함께 일했던 한 전통적인 고등학교 교사는 접근 방식을 바꿨다. 그녀는 수업에 들어가서 완벽하게 강의를 진행하고, 학생들에게 거의 똑같은 문제를 풀게 하곤 했다. 그러던 어느 날 그녀는 이 모든 것을 바꾸었다. 우선 학생들을 돌아보며 수학 문제에 대해 어떻게 생각하는지 물어보는 것부터 시작했다. 그녀는 학생들이 서로 다른 아이디어를 기꺼이 공유하고, 다양한 방법이 어떻게 작동하는지 생각하고, 칠판에 시각 자료를 그리면서 문제에 대해 의미 있는 대화를 나누는 모습에 놀랐다. 그 후로 그녀는 다시는 '완벽한 강의'로 돌아가지 않았다.

마찬가지로 나도 강의할 때 학생들에게 아이디어를 어떻게 보고 이해하는지 물어봄으로써 학생들의 생각과 사회적 존재로서 참여하고자 하는 그들의 열망을 존중한다. 교실의 가장 큰 자원은 학생들의 사고력이다. 내가 가장 좋아하는 수업 시작 방법은 수학을 시각적으로 표현한 자료를 공유하고, 학생들에게 **"무엇을 발견했나요? 무엇이 궁금한가요?"** 라고 묻는 것이다. 초등 고학년 수학 교과서 집필자인 애니 페터Annie Fetter가 처음 제안한 이 질문은, 도트 카드 수 토크에서 점들에 대한 생각을 공유할 때, 데이터 토크를 하면서 학생들이 실제 데이터를 이해하도록 유도하고 데이터 리터러시 개발을 장려할 때, 기하학적 그림을 공유할 때 사용할 수 있다.[44] 이 세 경우의 예가 그림 5.27에 나와 있다. (다음 6장에서는 캐나다의 한 보호구역에 있는 원주민 학교에 초대받아 드림캐처에 대한 시각 자료를 함께 탐구했을 때 있었던 일을 공유할 것이다. 대수함수를 시각적으로 재현한 학생들의 토론은 정말 놀라웠다). 시각적 초대로 수업이나 가족 대화를 시작할 때의 큰 장점은, 교실이나 가족 공간이 다양한 관점에 열려 있는 상태에서 정답이나 오답이 없이 발전하는 아이디어를 공유하도록 장려한다는 점이다. 교사는 수업 시작을 숙제 복습으로 시작하는 대신에 재미있고 상호작용적인 질문으로 시작할 수 있고, 학생들은 아이디어를 공유하고 발전시키면서 수학적 모험을 위해 마음을 열고 자신감을 키울 수 있다!

그림 5.27 도트 토크, 데이터 토크, 모양 토크에 사용되는 시각 자료의 예

6장

수학적 개념을 연결하기

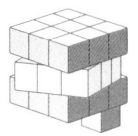

수학은 개념적인 과목이다. 많은 사람이 수학이 규칙과 방법의 집합이라고 생각하지만, 사실 수학은 학생은 물론 모든 사람이 만나고 이해하고 사랑할 수 있는 중요한 개념의 작은 집합이다. 영국 워릭대학교의 연구자인 에디 그레이Eddie Gray와 데이비드 톨David Tall은 1994년 산술과 수에 대한 어린이들의 접근 방식에 관한 연구에서 이를 확실하고 강력하게 보여주었다.[1] 나는 수년 동안 이들의 연구를 활용했지만, 최근에야 캘리포니아주 새너제이의 어린 학습자들을 대상으로 그 연구를 재현할 수 있었다. 내가 이들의 연구가 중요하다고 생각하는 이유는 성취도가 높은 학생과 낮은 학생의 행동 차이를 밝혀냈기 때문이다. 약 29년 후 미국에서 진행된 나의 연구에서도 새로운 통찰력과 함께 동일한 결과가 도출됐다.

그레이와 톨은 7세에서 13세 사이의 학생들에게 6+19와 같은 일련의 산술 문제를 주고 학생들의 풀이 전략을 기록했다. 연구진은 그 전에 교사들에게 성취도가 낮은 학생과 높은 학생을 모두 추천해달라고 요청했다. 연구진은 흥미로운 사실을 발견했는데, 성취도가 높은 학생들은 수 감각을 사용해 문제를 풀었다는 사실이다. 수 감각은 숫자를 여러 가지 방식으로 나누고, 시각적으로 보고, 다양한 전략을 사용해 다루는 등 수에 유연하게 접근할 수 있을 때 발달하는 것으로 생각된다. 이 연구에서 수 감각이 있는 학생은 6+19를 풀 때 5와 20을 더했다. 반면에 성취도가 낮은 학생들은 수에 대해 이렇게 유연한 접근 방식을 취하지 않았다. 대신 한 자릿수들을 힘겹게 더하는 계산 방법을 사용했다. 또 다른 예로, 19-16이 주어지면 이들은 19에서 시작하여 16까지 '거꾸로 세기'를 했는데, 이는 번거롭고 어려운 일이다. 하지만 수 감각을 사용하는 학생들은 10에서 10을 빼고 9에서 6을 빼는 훨씬 쉬운 작업을 수행했다.

연구진은 성취도가 낮은 학생들은 수에 개념적이고 유연하게 접근하지 않고, 방법과 규칙으로 접근하기 때문에 그런 성취도를 보이는 경우가 많다는 결론을 도출했다. 이는 수를 유연하게 다루는 법을 배우지 못했기 때문이다. 하지만 학군과 학교에서는 학생들의 성취도가 낮다는 사실을 알게 되면, 학생들을 수업에서 제외하고 훈련과 연습으로 가득 찬 워크시트를 주면서 산술에 대한 접근 방식을 일련의 규칙으로 굳혀버리는 경우가 많다. 이것은 대부분의 사람에게 필요한 것과는 정반대의 방식이다.

핵심은 수 감각

그림 6.1에서 그레이와 톨은 학생들이 수와 연산을 배울 때 수학을 방법이나 규칙으로 간주하는 것과 개념이나 아이디어로 간주하는 것의 중요한 차이점을 강조한다. 그들은 학생들이 수를 세는 법을 배울 때는 방법을 배우는 것이지만, 이것이 수의 개념에 대한 이해로 이어져야 한다고 말한다. 또한 수를 계속 세는 방법을 배우면 합의 개념으로, 같은 수를 반복해서 더하는 방법을 배우면 곱의 개념으로 이어져야 한다. 그러려면 다음과 같은 질문을 하면서 깊이 생각해야 한다. **수는 무엇일까? 다른 수를 만들기 위해 어떻게 여러 가지 방법으로 분해할 수 있을까? 시각적으로 어떻게 표현할 수 있을까? 세상에서 수는 어디에서 볼 수 있을까?** 하지만 어떤 학생들은 규칙과 방법만을 배우기 때문에 개념적으로 생각하는 법을 배우지 못한다.

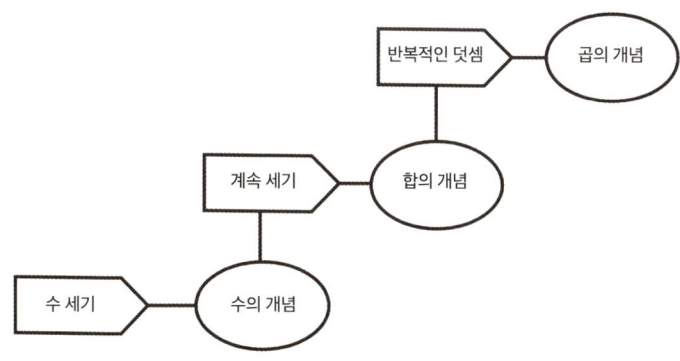

그림 6.1 수학이 개념적인 과목임을 보여주는 모델
출처: 에디 그레이, 데이비드 톨

수학을, 또는 그 어떤 것이든, 규칙의 집합으로 배웠다면 지금이라도 개념적으로 접근해보자. 세상을 구성하는 중요한 아이디어에 대해 완전히 다른 통찰력을 얻을 수 있다. 나는 수에 유연하게 접근하는 법을 배우지 못했으면서도 그렇게 시작하고 싶어 하는 어른들을 많이 만났다.

규칙 기반 접근법이 내포한 많은 문제 중 하나는 압축compression이라는 흥미로운 두뇌 과정과 관련이 있다. 우리가 새로운 지식을 배울 때 그 지식은 우리 뇌에서 실제로 많은 물리적 공간을 차지한다. 뇌가 그 지식이 이미 뇌에 있는 다른 지식과 어떻게 들어맞는지 계산해야 하기 때문이다. 예를 들어, 어린아이들이 덧셈을 처음 배울 때, 덧셈은 뇌에서 큰 공간을 차지한다. 덧셈에 대한 지식은 수년에 걸쳐 압축돼 뇌에서 점점 더 작은 물리적 공간을 차지하게 된다. 그래서 성인이 되어 3+4를 수행하라는 요청을 받으면 압축된 작은 공간에서 해당 지식을 빠르고 쉽게 검색할 수 있다. 이런 압축은 우리 뇌에 점점 더 많은 학습 공간을 만들어준다. 하지만 그레이와 톨은 그들의 기념비적인 논문에서, 우리는 개념만 압축할 수 있다고 주장한다. 그렇다면, 아이들이 규칙과 방법만 배우면 압축은 전혀 일어나지 않는다.[2]

수학계 최고의 영예인 필즈 메달을 수상한 윌리엄 서스턴William Thurston은 다음과 같이 썼다.

> 수학은 놀라울 정도로 압축이 가능하다. 하나의 과정이나 아

이디어를 학습하기 위해서는 여러 가지 접근 방식을 통해 단계별로 오랜 시간 동안 노력해야 할 수도 있다. 하지만 일단 수학을 제대로 이해하고 전체적으로 볼 수 있는 정신적 관점을 갖게 되면 엄청난 양의 정신적 압축이 일어난다. 이를 정리해두었다가 필요할 때 빠르고 완벽하게 떠올리고 다른 정신적 과정의 한 단계로 활용할 수 있다. 이러한 압축을 통해 얻을 수 있는 통찰력은 수학의 진정한 즐거움 중 하나다.[3]

서스턴은 압축을 수학 학습의 즐거움으로 설명하지만, 그레이와 톨이 지적한 것처럼 사실과 규칙으로 수학을 배우는 학생들은 이 중요한 두뇌 과정을 경험하지 못한다. 수학을 개념적으로 배우지 않기 때문에 수학을 '진정한 즐거움'이라고 표현하는 경우도 드물다.

2023년, 스탠퍼드대학교의 내 연구팀은 그레이와 톨의 연구 결과가 여전히 유효한지 알아보기 위해 (연구 수행 29년 후 다른 나라에서) 1~5학년 교사들에게 각 학급에서 가장 성취도가 높은 학생 3명과 가장 낮은 학생 3명을 지명해달라고 요청했다. 특히 연구팀은 그레이와 톨이 발견한 것처럼 두 그룹이 수학적 문제에 대한 접근 방식에 차이가 있는지 알아보고자 했다. 연구팀은 신경과학자 브루스 맥캔들리스와 그의 연구팀과 협력해 그레이와 톨의 연구 당시에는 알려지지 않았던 개념인 그룹화(앞서 5장에서 설명)에 관한 질문을 추가했다. 연구팀은 30명의 학생에게 그룹화 평가를 실시한 다음 6개의 산술 문제를 제시했다. 학생들은 작은 테이블과 의자가 있는 조

용한 공간에서 조사자와 일대일로 마주 앉았다. 테이블 위에는 수 세기 용도의 칩이 놓여 있었고, 조사자는 학생들에게 언제든지 이 칩을 자유롭게 사용할 수 있다고 알려주었다. 그런 다음 연구자들은 질문에 대한 학생들의 응답을 이중 부호화 double coding* 했다.

이 연구에서 발견된 두 가지 중요한 사실 중 하나는 그레이와 톨의 연구 결과와 마찬가지로 성취도가 높은 학생들은 수 감각으로 산술 문제에 접근하지만, 성취도가 낮은 학생들은 덜 효과적인 계산 방법을 사용한다는 것이다. 그리고 다른 하나는 그룹화를 하는 학생들이 수 감각을 더 많이 사용하고 성취도가 높다는 것이다. 그룹화 능력과 수 감각 사이의 첫 번째 연관성이 발견된 것이다.[4]

---

* 부호화는 수량화, 유형화 등으로 데이터를 분류하는 것을 말하는데, 이중 부호화는 질적 연구에서 데이터를 여러 방식으로 처리할 수 있는 경우 사용하는 방법이다.

우리 연구도 그레이와 톨의 연구와 마찬가지로 학생들이 높은 성취도를 보인 것은 더 많이 알고 있어서가 아니라, 수에 대한 접근 방식이 달랐기 때문이라는 것을 보여주었다. 성취도가 높은 학생들은 개념적이고 유연하게 접근해 수를 쪼개고, 다른 수를 만들어 문제를 해결한다는 점에서 성취도가 낮은 학생들과 달랐다. 앞서 5장에서 설명한 것처럼 그룹화는 수를 여러 가지 방식으로 분해하는 것이므로, 그룹화를 배운 학생들이 수의 유연성을 기른 것은 놀라운 일이 아니다.

성취도가 높은 학생들이 사용했고 우리가 모두 사용할 수 있는 수에 대한 개념적 접근 방식은, 덧셈과 같은 세부적인 방법에서 한 발 물러나 더 큰 아이디어나 개념에 집중하는 것을 포함한다. 모든 학생이 수에 대한 개념적이고 유연한 접근 방식을 개발하도록 도울 수 있는 한 가지 방법은, 수를 개념적으로 고려하고 작업에 대해 대략적 접근 방식을 취하도록 하는 것이다.

표준의 문제

전 세계적으로 코로나19 팬데믹이 한창일 때, 캘리포니아주 정부에서 일하는 한 교육 담당자로부터 전화를 받았다. 그녀는 봉쇄 동안 학생들이 배워야 할 더 중요한 수학적 내용을 교사들에게 알려줄 수 있는지 물었다. 주 교육위원회는 팬데믹으로 인해 평소보다 가르치는 일이 훨씬 더 어려워졌고, 교사들이 개별적이고 고립된 표준을 모두 가르칠 수 없다는 것을 인식하고 있었다. (하지만 내 생각엔 교사가 다루어야 할 방대한 양의 내용을 표면적인 수준으로나마 가르치는 것은 상황을 막론하고 **항상** 불가능한 일이다. 나는 자신의 학년이나 과목에서 가르쳐야 할 것이 너무 많다고 생각하지 않는 수학 교사를 만나본 적이 없다.)

전화를 받았을 때 나는 이미 새로운 주 프레임워크의 집필진 중 한 명이었고, 교수이자 유큐브드 센터의 공동 책임자로서 정규 업무를 수행하고 있었기 때문에 시간적 압박을 많이 받고 있었다. 그런데도 그것이 캘리포니아주 교사들이 연결적이고 개념적인 접근 방식으로 전환하도록 도울 이상적인 기회라고 생각했기 때문에 나서기로 했다. 과거에는 기관이 중요도에 따라 내용을 정리함으로써, 교사가 표준에 제시된 과도한 양의 학습 내용을 가르치는 데 도움을 주려고 했다. 나는 이런 접근 방식을 취하는 대신에, 유큐브드 동료 캐시 윌리엄스와 함께 수학 표준을 서로 연결되고 일관성 있는 큰 아이디어의 집합으로 재구성했다.[5] 그림 6.2는 유치원과 6학년의 예를 보여준다.

주 전역의 수학위원회가 큰 아이디어들로 내용을 재구성한 것을 검토했고, 2021년 5월 캘리포니아주 교육위원회는 이 제안을 만장일치로 승인했다. 큰 아이디어들을 통해 수학을 가르치는 이 접근 방식은 2023년 7월 역시 만장일치로 승인된 새로운 캘리포니아주 수학 프레임워크의 핵심이기도 하다. 교사가 작은 방법보다는 큰

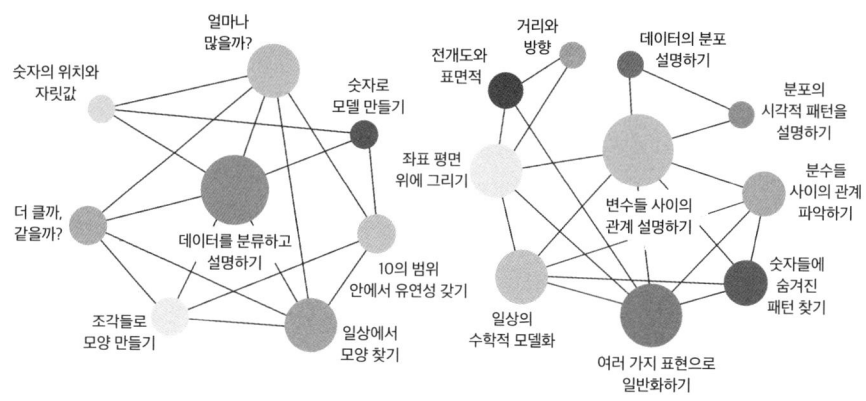

그림 6.2 유치원과 6학년을 위한, 아이디어의 집합으로서의 수학

아이디어에 집중하면 학생들은 개념 이해에 접근할 수 있고, 작은 방법은 큰 아이디어 안에서 학습할 수 있다. 국립연구위원회는 교육 분야 안팎의 정책을 알리기 위한 조언을 제공하는, 국립과학아카데미 내의 중요한 기관이다. 이 기관의 한 과학자 그룹은 교육자를 위한 책을 통해 학습에 관한 연구를 전달하는 임무를 맡았을 때 다음과 같이 말했다.

> 한 교과 영역의 모든 주제를 피상적으로 다루는 것은 해당 학문 핵심 개념의 이해를 돕는 소수의 주제를 심층적으로 다루는 것으로 대체해야 한다. 물론 범위라는 목표를 완전히 포기할 필요는 없다. 하지만 학생들이 한 학문의 특정 영역에서 본질적인 개념을 파악할 수 있도록 충분한 심층 연구 사례가

있어야 한다.[6]

피상적인 내용을 소수의 심층 연구 사례로 대체하라는 국립과학아카데미의 요구는 단절된 수학 표준을 모두 큰 아이디어로 바꾸려는 우리의 의도 중 일부였다. 연결된 큰 아이디어의 작은 집합을 가르치고 배우는 일의 장점은 교사와 학부모가 각 아이디어에 더 많은 시간을 할애할 수 있고, 학생들이 개념적으로 사고할 수 있다는 것이다. 학생들이 수학적 개념에 깊이 빠져들 수 있을 때, 같은 수학을 배우지만 단절된 방법을 하나씩 배우는 것이 아니라 풍부한 과제를 통해 연결된 아이디어와 방법을 배우게 된다. 이러한 접근 방식은 2023 캘리포니아주 수학 프레임워크[7]와 초중 과정 교과서에 모두 잘 드러난다.[8]

학생들이 자신의 학년 수준에서 여덟 가지 정도의 큰 아이디어를 깊이 있게 배우면, 그 아이디어들이 다른 모든 학습의 기초가 된다. 교사가 수학적 개념을 깊이 있게 탐구하는 풍부하고 심도 있는 과제를 통해 큰 아이디어에 집중하면, 작은 방법들도 그 안에서 의미 있게 학습되는 경우가 많다.

뇌가 지식과 정보를 저장하는 방식에 대한 신경과학자 제프 호킨스의 제안은 앞서 언급한 과학자 그룹의 교육적 조언과 일맥상통한다. 그는 뇌가 참조 프레임을 사용해 모든 지식을 배열한다고 주장하는데, 이는 도시가 지도 위에 위치하듯 모든 지식이 우리 뇌에 자리한다는 주장이다.[9] 수학 학습을 하면서 하나의 지식 영역에서 다른 영역으로 이동하기 위해서는 현재 위치를 파악하고 할 일을 알기 위해 참조 프레임이 필요하다. 이런 참조 프레임은 우리가 눈으로 보거나 머릿속으로 상상할 수 있는 시각적 이미지인 경우가 대부분이다. 호킨스는 DNA를 예로 들었다. 유전학을 공부한 사람이라면 누군가 DNA에 관해 이야기할 때 머릿속에서 이중 나선이 풀리는 모습을 떠올릴 가능성이 높다. DNA 분자를 직접 본 적이 없어도, 뇌는 이 지식 영역에 대한 참조 프레임을 만들어놓았기 때문에 그것이 조직화에 도움이 된다.

사람들이 효과적으로 학습하고 있다면 참조 프레임을 만들고 있는 것이다. 사람들은 단순히 사실을 하나씩 저장하는 것이 아니라, 지식을 더 큰 개념적 참조 프레임과 연관시킨다. 이러한 참조 프레임에는 그 근거가 되는 정신적 표현이 있을 것이다. 우리는 학생들이 일련의 큰 아이디어를 깊이 있게 잘 학습해, 그런 아이디어들이 그들의 모든 지식을 정리할 수 있는 참조 프레임 역할을 할 수 있도록 도와야 한다.

가르칠 내용이 많고, 시험이 의무화되어 있고, 연결성이 없는 교과서 문제에 직면해 있음에도, 잘 가르칠 수 있도록 도와달라고 요청하는 많은 교사들과 만난다. 이때, 나는 각 학년에서 여덟 가지 정도의 큰 아이디어를 풍부하고 깊이 있는 활동을 통해 학습하도록 하라고 조언한다. 이런 기본 아이디어를 깊고 개념적으로 학습하면, 나머지 모든 학습에 근간이 되는 뼈대를 제공할 수 있기 때문이다. 새로운 콘텐츠를 배우는 사람에게도 같은 말을 하고 싶다. 작은 세부 사항에 집중하는 대신 큰 그림을 생각하라. 이렇게 질문해보라. "세부 사항들이 실제로 무엇을 의미할까?" "그것들은 서로 어떻게 연결돼 있을까?" 때로 명시된 세부 사항 뒤에 중요한 개념이 숨어 있는 경우도 있다.

어떤 과목에서든 용어를 배우고 기억해야 한다면, 이러한 개념적 접근 방식을 학습 내용에 적용하는 것이 좋다. 캐시 윌리엄스는 유큐브드와 교육구 및 카운티 지도자로 일하기 전에, 고등학교 교사로서 수학 과목과 아비드AVID 과정을 가르쳤다. AVID는 특히 가장 취약한 학생들이 대학 진학을 준비할 수 있도록 돕는 프로그램이다. 그녀는 학생들이 자신에게 주어진 여러 가지 용어에 혼란스러워하고 압도당하는 모습을 보곤 했다고 회상한다. 학생들이 **미토콘드리아**, **핵**, **리보솜**, **세포질**을 외워야 한다고 말하자, 그녀는 학생들에게 이 용어들을 어떤 식으로든 연결하는 의미 있는 이야기를 만들고 시각화하도록 권유했다. 이를 통해 학생들은 핵심 아이디어에 몰입하고 암기와 세부적인 접근 방식에서 개념화 및 큰 그림 사고로 전환할 수 있었다.[10]

수학적 연결

주 정부를 위해 우리가 수행한 작업의 또 다른 목표는 수학을 서로 연결된 아이디어의 집합으로 공유하는 것이었다. 사려 깊은 수학자에게 자신의 분야를 설명해달라고 요청하면 앞서 보았던 그림 6.2의 네트워크 지도와 유사하고, 신경과학자 제프 호킨스가 설명한 참조 프레임과 유사한, 중요한 아이디어들 사이의 연결이 밀접한 작은 집합에 대해 설명할 것이다. 하지만 표준을 설정하는 사람들은 내용을 설명할 때 서로 연결된 여러 아이디어의 지도를 잘게 쪼개서 수백 개의 커리큘럼 표준으로 교사들과 공유한다. 따라서 학생들이 수학을 단절된 과목으로 여기는 것은 당연한 일이다. 교사에게 수학이 제시되는 방식도 단절적이기는 마찬가지다. 교과서 집필자들도 이와 똑같이 단절된 작은 표준을 사용하여 문제를 만든다. 주 프레임워크를 위해 수학의 큰 아이디어들을 제시할 때, 우리는 각 아이디어 간의 연결성을 공유하면서 서로 다른 개념 간의 관계를 되살려 각 아이디어가 서로를 통해 구축될 수 있는 방식을 보여주었다.

UCLA의 심리학자인 짐 스티글러는 전문가들이 지식을 보유하는 방식을 연구한다. 그와 그의 연구팀은 전문성을 개발하기 위해 개념적 이해, 정신적 표현, 그리고 정신적 표현들 간 연결의 중요성을 강조한다.[11] 그들은 사람들이 연결된 이해를 발전시킬 때 문제를 더 효과적으로 해결할 수 있다고 주장한다. 사람들이 부분과 전체의 관계와 같이 다른 개념과 연결되어 있지 않은 지식을 기억하고 구현하려고 하면, 문제 해결이 중단되고 결국 포기하게 된다. 반면에, 연결된 지식을 가진 사람이 비율에 관한 질문을 받고 연산에 대해 배운 내용을 기억한다면, 그런 지식을 통해 비율 문제를 풀 경로를 찾을 수 있다.

새라 놀런Sarah Nolan은 캘리포니아주에서 4학년과 5학년을 가르치는 교사로, 스탠퍼드대학교의 내 연구팀 그리고 나와 함께 일하는 교사 그룹의 일원이었다. 새라는 수학을 개념적이고 연결된 과목으로 가르치자는 우리 주장에 영감을 받아, 우리가 제안한 큰 아이디어들을 다루는 책으로 수업을 하며 학생들에게 그 아이디어들 사이의 연결 고리를 찾아보게 했다.[12] 그녀는 수학은 개념의 그물망이라는 것을 알려주면서, 각 개념 사이의 연결 고리가 다른 개념을 이해하는 데 어떻게 도움이 되는지 함께 살펴보자고 했다. 이를 위해 교실 벽에 게시하는 올해의 수학 주제를 큰 아이디어들로 정하고, 그 사이의 연관성을 지적하는 방법을 보여주었다. 그런 다음 학생들이 그 과정을 이어받아 자신만의 연결점을 발견할 때마다 그 내용을 추가했다. 학생들이 연결점을 발견하면 종이에 적고 벽에 있는 아이디어들을 줄로 연결하는 방식으로 수업이 유기적으로 진행됐다. 그해 중반에 촬영한 연결의 벽 사진은 그림 6.3에 나와 있으며, 연결 지도를 포함한 새라의 교실 동영상은 '수학 불안에서 벗어나기'라는 제목의 유큐브드 콘텐츠에서 확인할 수 있다. 연말이 되자 벽은 아이디어 사이의 연결들로 거미줄처럼 얽혀 있었다. 새라가 학생들이 만든 연결 지도를 떼어내자, 학생들은 그것을 집에 가져가도 되냐고 물었다. 학생들은 자신이 만든 연결 고리를 찾아내면서 자랑스러워했다!

수학적 아이디어에 대한 개념과 연결 지식을 개발하는 또 다른

그림 6.3 새라 놀런의 교실 벽에 붙어 있는 수학적 연결 고리들

방법은 스케치노트를 만드는 것이다.[13] 스페인과 호주의 공동 연구 팀은 스케치노트를 "과학 주제를 설명하기 위해 노트와 스케치를 통합하는 시각적 사고 양식"이라고 설명한다.[14] 두 명의 교사가 내 수업 아이디어 중 일부를 보여주는, 자신들의 스케치노트를 친절히 공유해주었다(그림 6.4).

회의, 워크숍, 비즈니스 미팅에서 공유한 아이디어를 표현하고 기억하기 위해 스케치노트를 점점 더 많이 사용하는 추세에 있는데, 교사 또한 이를 활용하여 큰 아이디어와 연결성을 강조하는 방법(배움의 내용을 막론하고 모든 학습자가 개발해야 하는)을 학생들에게 보

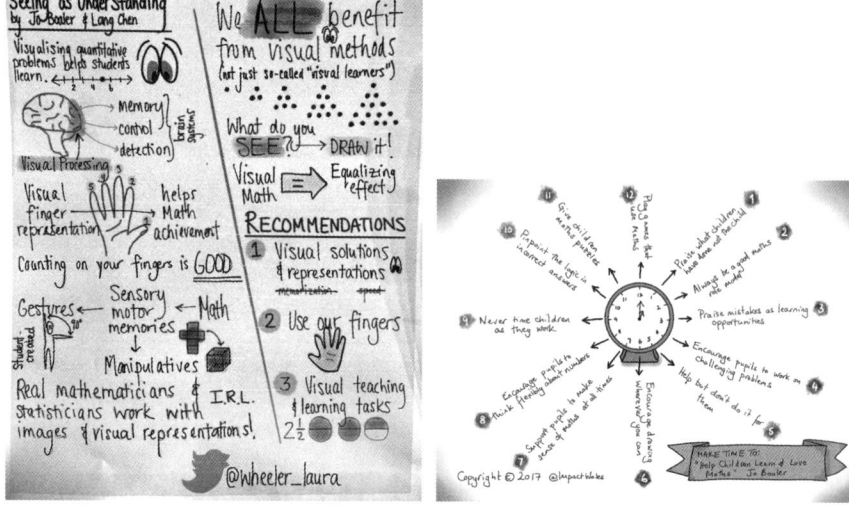

그림 6.4 내 수업 아이디어를 공유하는 스케치노트
출처: 로라 윌러, 임팩트 웨일즈(Impact Wales)

여줄 수 있다.[15] 나는 특히 스케치노트가 개념도와 마찬가지로, 전통적인 방법으로는 할 수 없었거나 하지 않았던 방식으로 아이디어를 전달할 수 있기 때문에 좋아한다. 앞 장에서 수학을 시각적으로 보는 것의 가치에 관한 연구를 공유했는데, 스케치노트는 학생들이 자신만의 시각 자료를 만들 수 있는 좋은 방법이다.

수학 교육 분야의 지도자인 재닛 너지$^{Janet\ Nuzzie}$는 학생들이 수학을 깊이 있게 이해하고 사고력을 키울 수 있도록 돕는 일을 하고 있다. 그녀와 나는 분수를 가르치는 데 있어 가장 중요한 몇 가지 개념을 그림 6.5와 같이 스케치했다.

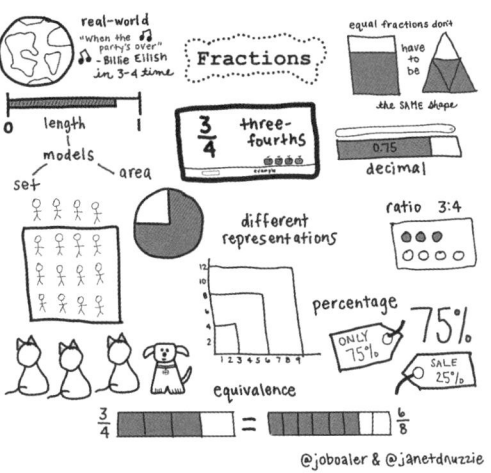

그림 6.5 중요한 분수 개념을 정리한 스케치노트

　연구에 따르면, 노트북 컴퓨터로 메모를 하면 손으로 스케치를 하거나 필기를 할 때보다 학생들의 기억력이 떨어지는 것으로 나타났다.[16] 그런데 아이디어를 그대로 적는 전통적인 공책 필기는 정보를 얕게 처리하는 데에 그치는 반면, 스케치노트를 만드는 일에는 정보 처리, 큰 그림 생각하기, 시각화, 재구성 등 매우 유용한 학습 행위가 요구된다. 연구에 따르면, 학생들이 아이디어를 스케치노트로 만들면 문장형 수학 문제 풀이 성취도와 참여도, 동기가 높아지며, 이는 특히 학습 격차를 겪는 학생에게 더 큰 영향을 미친다.[17] 대학의 수학과 교수인 하이디 빈센트Heidee Vincent도 학생들의 수학 이해를 돕기 위해 스케치노트를 활용한다. 데이터 리터러시, 통계 및

데이터 과학 분야의 중요한 아이디어를 보여주는 그녀의 스케치노트는 그림 6.6에서 볼 수 있다.[18]

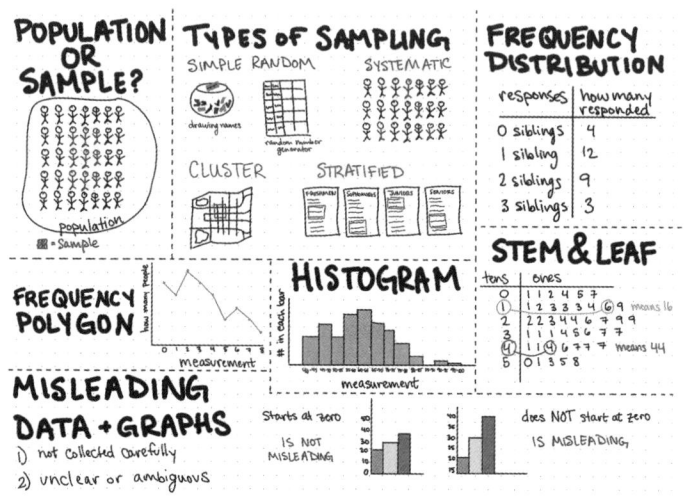

그림 6.6 하이디 빈센트의 스케치노트

여러분도 일이나 생활에서 생각하고 있는 아이디어를 직접 스케치노트로 만들어보길 바란다. 그림을 잘 그릴 수 없다는 생각에 주저된다면 인터넷에서 무료로 제공되는 아이콘을 사용하는 방법도 있다.[19] 스케치노트의 주된 목표는 아름다운 예술 작품을 만드는 것이 아니라 아이디어를 표현하고, 아이디어에 개인적인 의미를 부여하고, 개념적으로 사고해 여러 아이디어 간에 연결을 만드는 것이다.

개념과 연결성을 가르치자

캘리포니아주 툴레어 카운티 행정기관의 수학 책임자인 셸라 펠트스타인Shelah Feldstein이 스탠퍼드대학교의 내 연구실로 찾아왔던 날이 기억난다. 우리가 권장하는 접근 방식(학생들이 큰 아이디어와 연결을 공부하도록 하는)을 그 지역의 5학년 교사들에게 도입하려는 카운티 지도자들을 도와줄 수 있는지 묻기 위해서였다. 우리는 교사들이 내 온라인 수학 교육과정을 수강한 후 그룹으로 모여, 자신들이 배운 새로운 아이디어를 바탕으로 교실 변화를 모색할 수 있는 계획을 세웠다.[20] 우리는 다음 년도부터 이 계획을 실행에 옮겼고, 그해에 교사들은 교실에서 변화를 일으키기 시작했다. 그리고 곧 학생들의 수학 학습이 훨씬 좋아지는 것이 눈에 보였다.[21]

그해는 시작에 불과했다. 지역의 교사들은 계속해서 전문적 학습에 참여했고, 카운티의 지도자들은 새로운 아이디어를 다른 교사들에게 전파했다. 다양한 학년의 교사들이 이 새로운 교수법을 배우기 시작했다.

내 연구실에서 첫 회의를 하고 몇 년 후, 나는 4학년을 가르치는 교사인 애니 브라운Annie Braun, 제러미 켐프Jeremy Kemp, 스테파니 고메즈Stephanie Gomes와 만났다. 그들은 교사로서 변화한 방식, 즉 학생들이 새로운 방법으로 사고하도록 격려하고 실수를 축하하는 방식에 관해 이야기하며 즐거워했는데, 나는 변화의 한 측면에 특히 관심이 갔다.

제러미는 "눈이 번쩍 뜨이는 아하 모멘트"에 대해 말했다. 그는 풍부하고 깊이 있고 확장된 분수 과제에 학생들을 참여시켰지만, 소수小數, 기하학, 측정 등 가르쳐야 할 커리큘럼의 다른 내용에 대해 긴장하고 있었다. 그런데 그가 학생들을 소수로 이끌자, 긴장감이 금세 사라졌다고 한다.

> 아이들은 분수에 많은 시간을 할애하며 그 내용을 익혔기 때문에, 그 개념에서 배운 지식을 수학의 다른 측면에 적용할 수 있었다. 나는 소수에 관해 설명하면서 아이들이 분수에서 배운 개념을 쉽게 이해하고, 연습 없이도 그 개념을 소수에 적용할 수 있다는 사실에 놀랐다. 정말 놀라웠다.

애니와 스테파니는 학생들이 수학적 연관성을 발견하는 것은 드문 일이라며 모두 "정말 멋지고 놀랍게" 생각한다고 덧붙였다. 센트럴 밸리의 지도자 및 교사 들과 함께 일한 첫해가 끝날 무렵, 학습 여정에 참여했던 학생들은 주 수학 시험에서 상당히 높은 수준의 성취도를 보였는데, 특히 여학생, 언어 학습자(때로 영어를 모국어로 하지 않는 영어 학습자 ELL 또는 영어를 제2 언어로 하는 영어 학습자 ESL을 뜻한다), 저소득 가정 학생 등 일반적으로 수학 성적이 저조한 학생 모두에게서 높은 성취도가 나타났다.[22] 툴레어 카운티 행정 당국이 교사들과 함께 전문성 개발을 세심하게 계획한 덕분에, 그 지역의 학생들은 개념적이고 연결적이며 다양한 과목으로서 수학을 경험하기 시작했다.

개념적 교육과 연계된 성공

 모든 학생이 이렇게 의미 있는 수학 교육을 경험하는 것은 아니다. 나는 수학을 개념적이고 연결된 과목으로 접근하는 법을 배우지 못한 학생들이 겪는 문제를 여러 번 목격했다. 캘리포니아주에서 캐시 험프리스라는 훌륭한 교사가 언어 학습자로 지정된 중학생 그룹을 가르치는 모습을 지켜보던 때에도 이런 문제가 발생했다.[23] 캐시는 분수에 관한 단원을 가르치기 위해 부임했는데, 정규 교사로부터 학생들이 이 과목을 배우는 데 어려움을 겪고 있다는 말을 들었다. 캐시는 학생들이 분수를 시각적으로 그리고 개념적으로 배울 수 있는 수업을 계획했다. 수업 중 한 번은 그림 6.7의 시각 자료를 보여주며, 학생들이 간단하게 대답할 수 있으리라 생각한 질문을 던졌다. "이 도형의 몇 분의 몇이 음영으로 처리되어 있나요?"

그림 6.7 4분의 1

6장 수학적 개념을 연결하기　　247

캐시는 손을 드는 학생이 거의 없고 모두 잘 모르는 것 같다는 사실을 금방 알아차리고, 학생들에게 그룹으로 이 문제를 토론하도록 권유했다. 이때 내가 지금까지 들어본 것 중 가장 흥미롭고 깨달음을 주는 수학적 논의가 펼쳐졌다. 여기서 그 이야기의 일부를 소개한다.

휴고: 제 생각에는 두 개의 도형이 있고 하나는 음영이 있는 것 같아요.
루커스: 1/3인 것 같아요.
소피아: 전체가 하나라고 생각해요.
휴고: 아니에요, 두 조각 중 반쪽이에요.
파블로: 4분의 1인 것 같아요.
루커스: 왜?
파블로: 음, 저기랑 저기에 선이 있다고 상상해봐.
(도형을 가로와 세로로 나누는 선을 그리듯 연필을 든 손을 움직인다.)
루커스: 하지만 저기에는 선이 없어. 게다가 선생님은 증명할 수 있냐고 묻지 않고 저기 어떤 분수가 있냐고만 물으셨어.

나는 학생들이 정답을 1/2 또는 1/3이라고 말하는 것을 듣고 놀라지 않았는데, 이것은 일반적으로 생길 수 있는 오해이기 때문이다. 내가 흥미로웠던 것은 파블로가 도형을 4등분하기 위해 그릴 수 있는 선을 보여주며 도형이 왜 4분의 1인지 명확하고 정확하게 설명했을 때, 루커스가 눈에 보이는 선이 없다는 점을 지적하며 이의를 제기한 일이었다.

이 상호작용에서 우리는 루커스가 수학 수업의 일반적 규칙(예를 들어 선을 추가하는 등의 방법으로 문제를 바꾸지 않고 질문에 답하는 것)을 따르는 것을 볼 수 있다. 하지만 파블로는 학생이 배울 수 있는 가장 중요한 수학적 행위 중 하나인 도형 유연성을 보여주었다. 계산할 때 숫자를 더 친숙한 숫자로 바꿀 수 있는 수 유연성과 같이 도형 유연성은 도형의 일부를 이동하거나 선을 추가하여 이해도를 높일 수 있게 해준다. 수학 교수인 마이클 바티스타Michael Battista는 이를 '공간 구조화'라고 부르는데,[24] 공간 구조화는 수 감각과 밀접한 관련이 있다.[25] 루커스는 분수를 말하라는 것이 아니라 답을 **증명**하라는 요청을 받았다면 파블로의 유연한 접근법을 택할 수도 있었을 것이라고 주장하며, 그가 교사의 말에 세심한 주의를 기울였음을 보여줬다. 이런 반응은 모두 루커스가 규칙을 따르는 법을 배웠고, 규칙에 대한 학습이 파블로의 정확한 수학적 추론에 대해 고려해보는 능력을 방해하고 있음을 시사한다.

수업은 캐시가 학생들에게 토론 내용을 반 전체와 공유하도록 요청했을 때 더욱 흥미로워졌다. 헤수스는 칠판으로 걸어가, 네 부분으로 나눈 도형을 보여주며 명쾌하게 설명했다.

> 여기와 여기를 나누면(**칠판의 사각형을 네 개로 나눈다**) 네 개의 정사각형이 나오고 모두 같은 면적을 가지며, 하나를 음영을 넣으면 4분의 1이 되기 때문에 4분의 1이라고 생각해요.

캐시는 학생들에게 헤수스의 설명이 설득력이 있는지 물은 뒤, 만약 설득력이 없다면 그들이 헤수스에게 설득력 있는 질문을 해야 한다고 말했다. 그리고 "헤수스가 자신의 증명에 대해 설명할 수 있도록 해줍시다."라고 덧붙이며 학생들을 이 논의로 초대했다. 이때 호르헤가 헤수스에게 놀라운 질문을 던졌다. "규칙이 뭐지?" 학생들은 긴장한 채 기다렸다. 칠판 앞에 있던 헤수스는 어깨를 으쓱하며 확신하지 못하는 표정을 지었다. 호르헤는 계속해서 "규칙을 모르면 자신이 옳다는 것을 어떻게 알 수 있지?"라고 물었다.

이 순간은 매우 흥미로웠는데, 아이들이 토론을 통해 연구자들이 '인지적 간섭'이라고 부르는 것을 직접 보여주었기 때문이다.[26] 호르헤와 루커스 그리고 아마도 반의 다른 많은 학생은 모두 분수 규칙을 배웠을 것이다. 이 규칙은 학생들의 머릿속에 너무 확고하게 자리 잡았기 때문에 개념적으로 사고하고 이해의 핵심인 수학적 추론을 고려하는 능력을 가로막았다. 학생들은 마치 수학적 추론과 감각적 판단이 정당한 행위라고 믿지 않고 그저 규칙을 따르기만 하면 된다고 생각하는 것 같았다.

어린 학생들이 산술과 분수의 기초를 익히는 과정에서 계산 규칙을 배울 때도 비슷한 일이 발생한다. 교사들이 학생들에게 수 감각을 길러주는 여러 중요한 활동을 하는데도, 규칙을 가르치면 마치 그 감각이 모두 사라지는 듯이 학생들은 규칙을 맹목적으로 따른다(이에 대해서는 5장에서 분수를 다룰 때 언급했다). 나는 규칙을 가르치는 데에 반대하지는 않지만, 학생들이 규칙을 합리적으로 이해

하기 전에 너무 일찍 그것에 접하는 경우가 많다고 생각한다. 이것은 학생들을 '규칙 준수 모드'로만 몰아넣고 정작 중요한 개념적 사고에서는 멀어지게 한다.

앞서 언급했듯이, 수학 교육 연구자인 돌로레스 페섹과 데이비드 커쉬너는 학생들이 규칙 때문에 수학적 사고에 방해를 받는 여러 사례를 관찰한 후 인지적 방해라는 개념에 주목하게 됐다.[27] 한 사례는 대수 학습,[28] 두 번째는 소수 학습,[29] 세 번째는 분수 학습[30]과 관련된 것이었다. 이런 다양한 사례를 통해 페섹과 커쉬너는 이 개념을 심층적으로 연구하고 주의 깊게 조사하게 되었고, "한 영역에서 선행된 이해가 후속 학습에 자연스럽게 침투할 정도로 강력할 때 발생하는 문제"로 정의했다.[31]

많은 학생이 겪는 수학적 문제의 근원이 될 수 있다고 추측되는 이 현상을 연구하기 위해 두 연구자는 통제된 연구를 설계하고, 교사들이 개념적으로 가르치지 않는 이유에 대해 탐구했다. 이에 대해 일부 교사들은 시간이 없다고 이야기했고, 다른 교사들은 학생들이 방법과 규칙을 배운 후에 시간이 있으면 개념 교육을 할 수 있다고 이야기했다. 연구진은 초등학교 5학년 6개 학급을 성취도와 관계없이 두 그룹으로 나누어 실험을 진행했다. 두 그룹 모두 정사각형, 직사각형, 삼각형, 평행사변형의 넓이와 둘레를 배웠다. 한 그룹은 전통적인 수업을 5회 받은 후 개념 수업을 3회 받았으며, 다른 그룹은 개념 수업만 3회 받았다. 두 그룹 모두 사전 및 사후 시험과 지연된 사후 시험을 치렀다. 연구자들은 이들의 수업을 관찰하고 학생들을 인터뷰했다.

 실험에서 진행한 전통적인 수업에서는 교사들이 학생들에게 정사각형, 직사각형, 삼각형, 평행사변형의 둘레와 넓이를 구하는 공식을 설명했다. 교사가 시범적으로 문제를 풀면 학생들은 그룹으로 더 많은 문제를 풀었다. 각 수업이 끝날 때마다 교사는 공식을 다시 한번 학생들에게 설명했다.

 이와 달리, 두 그룹 모두 받은 개념 수업에서는 학생들이 개념 간의 관계를 고려해 면적과 둘레를 구하는 자신만의 방법을 생각해 내도록 했다. 학생들은 손으로 그림을 그리거나 정사각형 타일 또는 지오보드geoboard*를 이용해 측정하는 등 수학적 다양성을 가지고

---

* 판자 위에 일정한 간격으로 못을 박고, 그 위에 고무줄을 걸어 여러 가지 도형을 구성하도록 설계된 수학 교구.

아이디어를 학습했다. 전통적인 수업을 들은 그룹은 많은 교사가 이상적이라고 생각하는 대로 8일 중 5일은 학습 방법과 규칙을, 3일은 개념 탐구 교육을 받았다. 다른 그룹은 3일 동안 개념 교육만 받았다. 그 결과는 놀라웠다. 3일 동안만 학습한 학생들이 8일 동안 학습한 학생들보다 모든 평가에서 훨씬 더 높은 수준의 성취도를 보인 것이다.[32]

연구진은 인터뷰와 테스트 결과를 통해 이 놀라운 결과의 원인을 조사하여, 전통적으로 학습한 학생들은 고정된 생각을 하고 있었다는 사실을 발견했다. 예를 들어, 학생들은 **내부**inside라는 단어를 면적과 연결하고 **외부**outside라는 단어를 둘레와 연결했다. 방을 칠하는 데 필요한 페인트의 양을 계산하려면 어떤 공식이 필요한지 물었을 때 6명의 학생이 모른다고 답하거나 "벽에는 면적이 없고 벽들은 방을 둘러싸고 있기 때문에" 둘레를 알아야 한다고 답했다. 연구진은 공식과 규칙을 기억하는 데 정신적 노력이 많이 들고, 규칙 학습이 사고하고 추론하여 문제를 해결하도록 유도하기보다는 규칙에 집중하도록 하기 때문에 개념 학습에 방해가 된다는 사실을 발견했다.

이 연구는 특히 많은 교사가 학생들을 깊이 있게 그리고 개념적으로 학습에 참여시킬 시간이 없다고 생각하는 것과 관련해 중요한 의미를 갖는다. 이 연구 결과는 이런 방식으로 학생들을 참여시키는 것이 걸리는 시간은 훨씬 더 적고(8일 중 3일), 학생들이 더 효과적으로 배우게 한다는 것을 보여준다.

물론 헤수스처럼 개념적 설명을 거부하며 규칙에 집중하는 데에는 다른 문제도 있다. 규칙이 무엇이며 그것을 모르면 자신이 옳다는 것을 어떻게 알 수 있느냐는 호르헤의 질문은, 학생들이 수학에서의 자기 역할이 규칙을 기억하고 따르는 것이라고 생각할 때 개념적 사고에 참여하기를 꺼리고, 심지어 그런 사고가 '허용되지 않는다'고 생각한다는 점을 보여준다.

개념 학습 동영상을 본 일부 교사들은 한 반의 학생 수가 너무 많아 학생들을 이와 비슷하게 참여시키는 것이 불가능하다고 말한다. 이런 장벽을 알고 있던 나는 스탠퍼드 공과대학의 신입생들이 개학하기 전 여름에 미적분을 가르쳐달라는 요청을 했을 때 매우 기뻤다. 그 반에는 99명의 학생이 있었다. 인원이 많았기 때문에 나는 유큐브드 팀원들을 초대해 함께 가르쳤는데, 이것은 많은 교사가 누리지 못하는 사치였다.[33] 그해 여름의 목표는 큰 아이디어와 연결의 접근 방식으로 가르치며, 학생들이 미적분의 정신적 표현을 배울 다양한 기회를 만드는 것이었다. 많은 학생이 고등학교에서 높은 수준의 미적분을 수강했지만, 일부는 전혀 수강하지 않았기 때문에 우리는 더 도전적이고 흥미로운 수업을 할 수 있었다. 학생들의 사고와 이해의 다양성은 가르치는 학년이나 내용 또는 예전 학업 성취도에 따른 그룹화 정도에 관계없이 모든 교사가 직면하는 과제다. 학생들은 모두 다르며, 나는 이러한 차이가 자극적인 교육 및 학습 환경을 조성하는 데 훌륭한 자원이 된다고 생각한다. 앞서 3장에서 나는 코넬대학교의 응용수학자로 수학의 아름다움을 학생 및 일반 대중과 공유하는 데 전념하고 있는 스티브 스트로가츠에 대해 언급한 바 있다.[34] 스티브의 목표 중 하나는 나와 마찬가지로 수학을 개념과 큰 아이디어로서 공유하는 것이다. 스티브는 자신이 쓴 『미적분의 힘Infinite Power』이라는 저서를 통해 이 목표를 이루고 있다.[35] 미적분을 배우거나 가르치는 사람을 알고 있다면 이 책을 소개해주길 바란다. 이 책은 다른 미적분 책들이 하지 못하는 일, 즉 독자들에게 큰 아이디어의 개념적 틀을 제공하는 일을 하기 때문이다. 학생들의 일반적인 미적분 학습과는 대조적인 큰 아이디어에 대해 스티브는 이렇게 말한다.

> 하나의 크고 아름다운 아이디어가 이 과목을 처음부터 끝까지 관통한다. 이 아이디어를 인식하게 되면, 미적분의 구조는 통일된 주제에 대한 변형으로 제자리를 잡게 된다. 안타깝게도, 대부분의 미적분학 강의는 공식, 절차, 계산 기법이라는 눈사태 속에 이 주제를 묻어버린다. 실제로 이 주제는 미적분학 문화의 일부이고 모든 전문가가 암묵적으로 알고 있는 것임에도, 어디에서도 이에 대해 설명하는 것을 본 적이 없다. 이것을 무한대 원리Infinity Principle라고 부르자. 이 원리가 우리의 여정을 안내할 것이다.[36]

스티브가 무한대라는 큰 아이디어를 언급하면서, 모든 전문가가 그것을 알고 있지만 미적분 강의에서 그것이 강조되는 것을 본 적이 **없다**고 지적하는 것은 매우 흥미롭다. 확신하건대, 전문가는 모두 이 아이디어를 알고 있을 뿐만 아니라, 미적분학에서 이것을 떠올릴 때 즉시 함께 떠오르는 정신적 표현도 가지고 있다.

그해 여름 스탠퍼드대학교의 미적분학 수업에 온 신입생들은 미적분을 개념적으로 배운 것이 아니라 방법, 규칙, 절차로 배운 것이 분명했다. 우리 팀과 나는 이 학생들에게 미적분학의 큰 아이디어를 가르치기로 했다. 이 일은 전에 미적분 수업을 들었던 학생들에게도 방법과 규칙에 대한 지식을 배치할 수 있는 개념적 틀을 제공하고, 정신적 표현을 개발하고 수학적 연관성을 파악하는 데 필요한 기회를 제공한다는 점에서 유용할 것이라고 믿었다. 이 방법으로 미적분을 한 번도 수강한 적이 없는 학생들에게도 접근하기 쉽고 의미 있는 개념 소개를 제공할 수 있을 것이었다. 스티브의 책은 우리의 수업 전체를 이끌었으며, 그 내용은 큰 아이디어에 초점을 맞춘 수업을 설계하는 데 큰 도움이 되었다. 스티브는 미적분학의 큰 아이디어를 다음과 같이 설명한다.

> 미적분은 절단과 재구성의 두 단계로 진행된다. 수학적으로 잘라내는 과정에는 항상 무한히 미세한 뺄셈이 포함되며, 이는 부분 사이의 차이를 정량화하는 데 사용된다. 따라서 이 절반의 과정을 미분이라고 부른다. 재구성 과정에는 항상 무한한 덧셈이 포함되며, 이는 각 부분을 원래의 전체로 다시 통합한다. 이 절반의 과정을 적분이라고 부른다.[37]

학생들이 작은 부분으로 잘라내어 전체로 재구성하는 큰 아이디어에 대해 생각하도록 유도하고, 이 과정에 대한 정신 모델을 만들도록 하기 위해, 나는 레일사이드 스쿨에서 보았던 유형의 수업을 채택했다. 나는 학생들에게 레몬의 부피를 구하기 위한 아이디어를 생각해보라고 했다. 미적분의 주요 응용 분야 중 하나는 복잡한 곡선 도형의 부피를 구하는 것이다.[38] 학생들이 미적분을 선행 학습하면서 도형을 그려보았을 수 있지만, 이 과제를 통해 그들은 복잡한 도형을 손에 들고 미적분의 아이디어가 도형의 정신 모델에 스며들게 할 기회를 얻었다. 우리는 학생들을 그룹으로 나누어 각 그룹에 레몬을 주고 그 부피를 구하는 방법을 생각하도록 했다. 학생들에게 칼과 도마, 물이 든 꽃병, 끈, 디지털 캘리퍼스, 플레이도(점토), 각도기, 자 등 다양한 조사 도구가 제공됐다.[39] 그림 6.8은 레몬의 부피를 구하기 위한 학생들의 아이디어 중 일부를 보여준다.

그해 여름 학생들은 미적분의 큰 개념을 배우면서 실제 모형을 손에 들고, 바퀴와 눈송이 같은 실제 물체를 고려하고, 전에 학교에서 배운 방법을 실제로 적용하는 등의 경험을 한 데 감동을 받았다. 소피아라는 학생은 인터뷰에서 이렇게 말했다.

> 내 눈을 뜨게 해준 첫 번째 문제는 레몬 부피 구하기였다. 우리 조는 우리가 시도한 세 가지 방법에 대해 정말 창의적으로 생각했고, 실제로 레몬을 물리적으로 조작하면서 그 방법들이 잘 작동하는 이유를 알 수 있었다. 하지만 수업 시간 끝

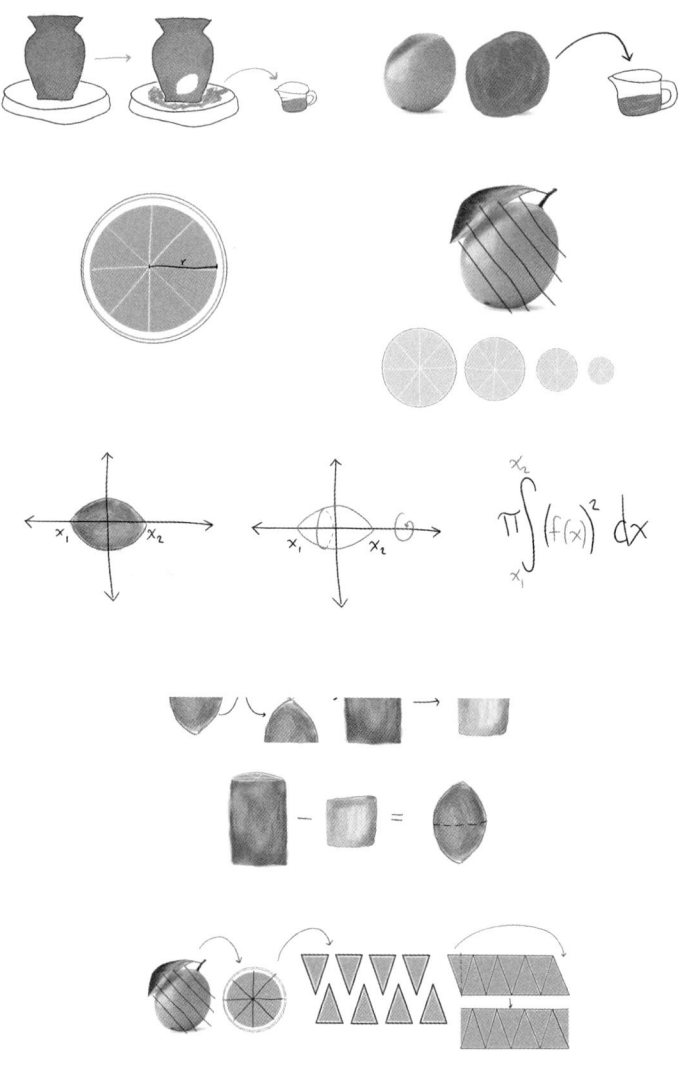

그림 6.8 합과 적분을 시각화하는 다양한 방법

부분에 이 문제를 주제로 토론할 때, 나는 우리 조가 생각해낸 모든 방법이 기본적으로 합과 적분을 수행하는 서로 다른 방법일 뿐이라는 것을 알았다. 그때 처음으로 적분 공식과 그래프를 보았고 실제로 이해가 됐다. 그 문제 이후로 나는 수업에서 일종의 고공 행진을 하고 있다. 그때 충분히 열심히 노력하고 창의적으로 생각하면 무엇이든 확실히 알아낼 수 있을 것 같다는 생각이 들었다.[40]

소피아의 경우 레몬을 가지고 작업하고 수학적 다양성을 경험하면서 무엇이든 배울 수 있다는 생각을 갖게 되었고, 이를 통해 나머지 수업에서 '일종의 고공 행진'을 할 수 있었다. 소피아의 반응은 다음 7장에서 소개할 교수법의 윤곽을 보여준다. 이 교수법은 학생들에게 먼저 아이디어를 조사한 다음 전체 토론을 하게 하여, 여러 방법을 도입하고, 연결하고, 되짚어볼 수 있도록 한다.

일부 학생은 미적분의 아이디어를 보여주기 위해 우리가 제공한 레몬, 공, 눈송이, 미니 자전거와 같은 물체[41]를 사용하는 것을 유치하다고 생각했지만, 결국 이런 경험을 통해 전에는 외워야 하는 공식으로만 접했던 개념을 더 깊이 이해할 수 있었다고 말하기도 했다.[42] 알렉이라는 학생은 전에는 수학적 아이디어를 항상 '진리'로 받아들이기만 했었는데, 이제 "초등학생처럼 블록과 밧줄, 레몬을 가지고 장난치는" 경험을 통해 그것을 진정으로 이해할 수 있게 되었다고 말했다. 이를 통해 그는 미적분에 대한 개념적 이해를 하고 그와 관련한 큰 아이디어를 확실하게 머릿속에 각인시킬 수 있었다.

***

학교 방문 초대를 받으면 항상 설레지만, 최근에 받은 초대장은 더욱 특별했다. 캐나다 원주민 보호구역에 있는 K-7 국제 바칼로레아 학교의 정력적인 교장 줄리 쇼$^{Julie Shaw}$가 보낸 초대장이었다. 모든 학생에게 열려 있는 센팍신 스쿨은 캐나다 켈로나 지역 일대의 오카나간 연맹$^{Okanagan Nation}$에 속한 7개 부족 중 하나인 은밉족$^{Nk'mip}$을 주 대상으로 한다.[43] 메일을 주고받으면서 줄리가 성장 마인드셋을 가진 사람인 것을 이미 알고 있었지만, 캐시 윌리엄스와 나의 비행편이 취소되면서 이에 대해 더욱 확신을 갖게 되었다. 줄리는 다른 경로, 항공사, 자동차를 찾기 위해 바로 행동에 나섰다. 다행히도, 우리는 문제를 해결했고 캐시와 나는 다음 날 아침 학교에 도착할 수 있었다. 그날의 활동에 참여하게 되어 설레고 영광스러웠다. 아침은 매일 다른 학생, 교사, 지역사회 구성원이 함께 연주하고 전교생이 지켜보는 북 치기 의식으로 시작됐다. 밴드의 수석인 클라렌스 루이는 우리가 도착한 후 나와 이야기를 나누며 학생들이 북을 치는 모습을 자랑스럽게 지켜보았다. 켈로나의 날씨는 추웠지만 학생들은 함께 북을 치고 노래를 부르는 단합된 모습을 보이며 아무도 신경 쓰지 않는 것 같았다.

줄리는 캐시와 나에게 3~5학년 학생들과 6~7학년 학생들을 대상으로 두 번의 수업을 해달라고 부탁했다. 나는 우리가 알고 있는, 신경과학 분야의 중요한 메시지를 공유하는 것으로 수업을 시작했다. 바로 배움은 무한하며, 뇌 경로는 항상 성장하고 강화되고 연결된다는 것이다. 나는 학생들에게 애쓰며 도전하는 시간이 가장 중요한 시간이고, 수학은 빠르게 생각하는 것이 아니며, 모든 수학 문제는 다양한 방식으로 보고 풀 수 있다고 말했다. 또한 다양한 방법으로 문제를 보고 풀고, 여러 가지 표현을 통해 수학에 접근하면 두뇌 연결이 강화된다고도 말했다. 그런 다음 이 메시지를 더욱 생생하게 전달하기 위해 도트 카드 수 토크(5장에서 설명했다) 활동을 진행했다. 학생들은 뇌와 관련된 이 메시지를 열심히 경청한 다음, 일곱 개의 점을 보는 다양한 방식을 기꺼이 공유했다.

이 활동을 마친 후, 캐시와 나는 원주민 예술 작품에서 수학적 아름다움이 드러난다는 사실을 학생들에게 공유했다. 캐시는 드림캐처 그림(그림 6.9)을 보여주며, 그것이 어떤 의미인지 물었다. 학생들은 자신의 삶과 문화에서 드림캐처가 하는 역할에 관해 이야기했다. 이제 캐시는 학생들에게 수학적 렌즈를 적용해 드림캐처 그림에 대해 수학적으로 생각해보도록 요청했다.

학생들은 그림 안에서 삼각형, 사다리꼴, 원과 같은 수학적 도형뿐 아니라 노트북, 강, 방과 같은 세상의 사물도 보인다며 즐거워했다. "삼각형이 몇 개나 보이니?"라는 캐시의 질문에는 모든 삼각형은 반으로 자르고 다시 반으로 나눌 수 있기 때문에 '무한대'라고 답했다. 어떤 사람들은 이때 삼각형의 한 변이 구부러져 있으니 실제

그림 6.9 드림캐처

로는 삼각형이 하나도 없다고 말할 수도 있다. 하지만 우리는 이 도형에 4장에서 설명한 대략적인 렌즈를 사용해 접근했다. 드림캐처에는 대략 삼각형 같은 모양이 있다. 수학적 렌즈가 유용해지려면 정확한 형태뿐만 아니라 세상의 수와 도형이 가진 대략적인 속성도 받아들여야 한다. 이런 대략적인 버전이 사람들의 삶에 훨씬 더 쓰임이 있을 가능성이 높다. 중요한 것은 학생들이 도형과 수의 부정확한 버전과 정확한 버전을 모두 배우고 사용함으로써, 큰 그림과 집중된 사고 사이를 오갈 수 있도록 도와야 한다는 점이다.[44]

학교 방문은 환상적이었다. 오카나간 사람들의 문화에 대해 더 많이 배우고 학생 및 교사 들과 함께 일할 수 있어서 영광이었다. 얼마 후, 그날 학생들과 함께 우리 수업을 지켜본 6학년과 7학년 담임 교사인 리사 반 덴 멍크호프Lisa van den Munckhof에게서 후속 이메일을 받았을 때 우리의 협업은 더욱 특별해졌다. 그녀는 우리 방문 이후

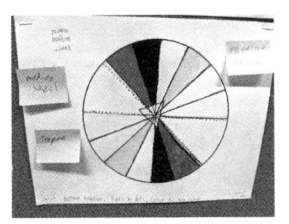 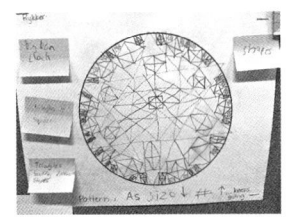 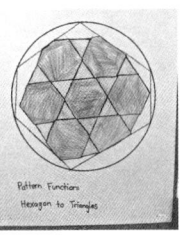

그림 6.10 학생들이 그린 드림캐처 설계도

자신이 수행한 작업을 공유했다. 그녀는 먼저 학생들에게 자신만의 드림캐처를 디자인하도록 하여 그들이 사전 지식에 접근하고, 자신의 사고를 활용하고, 교수법 개발자인 자레타 해먼드Zaretta Hammond가 말하는 '문화적 자본cultural capital'을 활성화할 수 있는 공간을 제공했다(그림 6.10).[45] 이 작업은 수학적 패턴이라는 큰 아이디어에 초점을 맞춘 것이다.

학생들이 드림캐처를 만들고 그 안의 패턴을 연구한 후, 리사는 학생들의 사고를 변수의 영역으로 가져가 대수를 사용해 패턴을 설명하도록 도와주었다. 리사는 이 작업이 학생들에게 어려웠고, 학생들이 '구덩이에 빠진' 상태였으며, 그 구덩이가 학습과 성장을 위한 최고의 장소였다고 말했다. 그녀는 토론 도중 자신도 실수한 적이 있었는데, 학생이나 교사가 실수할 때마다 그렇게 하기로 했기에, 학급에서 하이파이브로 축하해주었다고 했다. 중요한 것은 이 활동을 통해 학생들이 '훌륭한 관계'를 맺을 수 있었다는 점이다. 진정한 아름다움은 수학적 연결 속에서 발견된다. 이 점을 생각하면, 교사와 학생들이 패턴과 대수 사이의 연결에서 영감을 받았다는 것은 놀라운 일이 아니다. 학생들이 직접 만든 패턴은 문화적 의미를 내포하는 동시에 대수라는 추상적인 개념을 생생하게 표현하고 있다.

학교와 함께 일하며 원주민과 그 문화를 보존하고 존중하는 가치에 대해 배운 경험은 매우 강력해서, 우리는 전 세계의 원주민 교육자들과 협력해 원주민 예술과 수학의 다양한 사례를 공유하는 새로운 프로젝트를 시작하게 되었다.[46]

이 장에서 제시한 접근 방식, 즉 개념적이고 연결된 이해를 발전시킬 수 있는 방식으로 가르치고 배우는 것은 수학적 다양성의 핵심적인 부분이다. 풍부한 과제는 학생들에게 애쓸 기회를 제공하고, 정신적 표현을 발전시키며, 평생 사용할 깊은 개념적 이해에 접근할 수 있도록 도와준다.[47] 개념적으로 사고하고 연결을 추구하는 접근 방식은 학생에게만 혜택을 주는 것이 아니다. 우리 모두가 지식을 습득할 때 이러한 접근 방식을 취할 수 있으며, 이를 통해 위대한 아름다움과 통찰력에 다가갈 수 있을 것이다. 내가 가장 좋아하는 방법 중 하나는 큰 아이디어에 대한 개념적 통찰력을 개발하기 위해 저널을 쓰거나 스케치노트를 만드는 것이다. 단어나 시각적 자료를 메모하는 것은 아이디어를 듣고, 연결하고, 추적하는 데 정말 좋은 연습이 된다.

앞서 4장에서 말했듯, 나는 수학적 연결을 강조하는 방식으로 수학 문제를 시각적으로 해결했던 스탠퍼드대학교 학부생 야스미나의 동영상을 자주 수업에서 보여준다. 나의 흥미를 끄는 것은 그 영향력이다. 동영상을 보면, 사람들은 말 그대로 수학적 개념과 연결의 아름다움을 시각적 움직임으로 접하고 감탄한다. 수학을 개념, 큰 아이디어, 연결의 집합으로 접근할 때 우리 모두가 이러한 아름다움을 누릴 수 있다. 이 점을 알기에 나는 학생들(그리고 성인들)의 수학 경험을 변화시키는 데 열정적으로 임하고 있다.

7장

연습과
피드백의
재설계

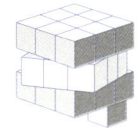

　지금쯤이면 여러분의 학생 또는 자녀가 다양성과 '대략'적임이라는 렌즈로 수학에 접근하고, 깊은 메타인지적 사고로 아이디어 간의 연결에 대해 개념적으로 생각하고, 가능한 한 자주 **"왜?"**라는 매우 중요한 질문을 던져보았기를 바란다. 여러분이 학습과 생활에서 이렇게 유연하고 개념적인 접근 방식으로 수학에 다가가고 있기를 바란다. 어쩌면 여러분은 다른 사람들과 대화를 나눌 때 추정치를 제안하고 회의론자의 역할을 했을지도 모른다. 수학적 다양성을 처음 접하는 교사나 학부모라면 수학과 상호작용하는 이 모든 방법을 시도해보고, 학생들이 이렇게 다양하고 매력적인 방식으로 수학을 경험하도록 권유하기 바란다.

　수년 동안 많은 사람이 이러한 아이디어를 시도한 뒤 추가적인 지도를 요청하러 나를 찾아왔다. 그들은 다음과 같은 질문을 자주 한다.

- 학생들을 이런 방식으로 탐구와 토론에 참여하게 한 다음에는 연습할 수 있는 워크시트를 주어야 하나요?
- 학생들이 탐구한 후에 아이디어를 학습했는지 확인하려면 시험을 치르게 해야 하나요?
- 학생들을 잘 평가하려면 어떻게 해야 하나요?

이 장에서는 이러한 중요한 질문에 답하는 동시에, 학생들이 연습을 하거나 평가에 임할 때에도 역시 수학적 다양성을 접하고 심도 있게, 전략적으로, 개념적으로 참여해야 한다는 점을 강조할 것이다.

다양하고 신중한 연습이란 무엇인가

생산적인 연습 형태에 대한 내 생각을 형성하는 데 도움을 준 전문가 중 한 명은 플로리다주립대 교수인 안데르스 에릭손이다.[1] 앞서 말했듯, 그와 공동 저자인 로버트 풀은 어떤 분야에서든 전문가가 되기 위한 과정의 중요한 부분은 '의도적 연습'이라고 설명한 것으로 유명하다.[2] 에릭손은 의도적 연습을 "목적이 있고, 개선 방법에 대한 명확한 피드백 고리가 있는 전문적인 정신적 표현으로 이어지는 연습"이라고 정의한다. 에릭손이 자신의 연구를 발표하고 연습이 전문성 개발에 매우 중요하다고 설명했을 때, 전통적인 교육을 장려하는 사람들은 자신들의 접근 방식이 이런 연습을 가능하게 하는 데 이상적이라고 주장했다. 하지만 전통적인 수학 수업에서 제공되는 기회는 여러 가지 면에서 부족하다. 의도적 연습은 학생들이 **의미 있는** 아이디어를 생각해내 **표현 모델**을 개발하면, 이를 통해 개선의 기회를 제공하는 명확한 **피드백 고리**를 포함해야 하기 때문이다.[3] 전통적인 수학 교실에서는 학생들이 의미, 다양성, 도전 없이 내용을 연습하고, 표현 모델을 개발하도록 권장받지 않으며, 개선 방법에 대한 정보 없이 건조한 시험 점수로 피드백을 받는다. 다행히도 우리는 훨씬 더 잘할 수 있으며, 우리가 그렇게 할 때 학생들의 실력이 향상될 것이다.[4]

다양한 방식의 연습 사례

킹스칼리지런던의 박사 과정에 지원했을 때 나는 연구하고 싶은 것이 무엇인지 확실하게 알고 있었다. 그 전 2년 동안 수학교육 석사 학위를 받기 위해 공부하면서, 낮에는 런던의 한 공립 중등학교(7~12학년)에서 학생들을 가르치고 저녁에는 대학원 수업을 들었다. 그런 시간을 보낸 후 박사 학위에 도전할 준비가 되었다고 느꼈고, 경쟁률이 매우 높은 학비 지원 프로그램에 제안서를 냈다. 내 제안서가 채택된다면 장학금을 받으면서 수학 교육과 학습에 관한 공부를 이어갈 수 있었다. 몇 달 후 장학금 지원이 확정됐다는 통보를 받왔고, 다니던 중등학교를 그만두고 그때부터 몇 년 동안 박사 학위 과정에 전념하기로 했다.

내 제안서는 수학 교육과 학습에 대한 두 가지 접근법을 연구하고, 각각의 효과에 대한 증거를 수집하는 계획을 담고 있었다. 수학을 가르치는 방법에 대한 논쟁과 논란은 많지만 이를 뒷받침하는 데이터나 과학적 증거는 거의 없다는 것을 잘 알고 있었기에, 이 분야에 데이터와 증거를 제공함으로써 도움을 주기로 결심한 것이다. 나는 13세에서 16세에 이르는 학생 집단을 3년 동안 추적 관찰했다. 영국에서는 16세에 의무교육이 끝난다. 이 학생들은 두 곳의 학교에 재학 중이었는데, 그 두 학교를 선택한 것은 그곳들은 성취도와 인구통계학적 데이터 측면에서 매우 유사하지만, 수학을 가르치는 방식이 서로 완전히 달랐기 때문이었다. 나는 그 두 학교의 교실에서 수백 시간을 보내며 다양한 형태의 데이터를 수집했다. 여기에는 교실 관찰, 교사 및 학생 인터뷰, 학생 이해도 평가, 시험 성적 분석 등이 포함됐다.[5] 서로 다른 교수법이 학습에 미치는 영향을 다룬 이 상세한 연구는 나중에 영국교육연구협회BERA에서 수여하는 영국 최고의 교육학 박사 학위 논문상을 받았다.

내가 '앰버 힐'이라고 부른 학교에서는 교사가 학생들에게 방법을 설명하고, 학생들은 교과서 문제를 풀며 연습하는 전형적인 수학 교육 방식을 사용했다. 학생들은 수백 시간 동안 문제 풀이 연습을 했고, 훌륭한 자격을 갖춘 교사들은 학생들을 잘 지원했다. 한편, 내가 '피닉스 파크'라고 부른 다른 학교에서는 교사가 학생들에게 아이디어와 활동을 소개하고, 아이디어를 탐구할 기회를 주고, 학생들이 아이디어를 발전시키고 연결할 수 있도록 전체 토론을 권장하고, 중요한 아이디어를 요약하는 방식을 택하고 있었다.[6]

자취^{locus}라는 수학적 주제를 예로 들어보자. 수학에서 자취는 특정 점, 위치 또는 장소로 정의되며, 일반적으로 특정 장소에서 일정 거리에 있는 평면상의 모든 점을 포함하도록 확장된다. 자취는 학생들이 점, 선, 곡선 사이의 관계를 탐구하는 데 도움이 되는 수학적 도구이며, 과학 및 기타 분야에서 생물학적 또는 사회적 시스템을 예측하고 분석할 때 유용하게 쓰인다. 피닉스 파크의 학생들이 자취를 배울 때에는, 단일 점의 자취에 대해 생각하면서 이 주제를 학습한 다음, 한 점에서 가능한 자취의 모든 위치가 원이 된다는 것을 이해하는 단계로 나아간다.

일반적인 미국 교과서에서는 자취의 개념이 정의와 함께 소개되며, 학생들은 좁은 범위의 문제를 풀면서 이 개념을 익힌다. 피닉스 파크에서는 학생들이 운동장에 나가서 여러 장소에 서보면서 자취의 개념을 익혔다. 학생들은 처음에 교사와 5m 떨어진 곳에 서 있으라는 요청을 받았는데, 그러다 보니 자신들이 대략적인 원을 형성한 것을 알게 되었다.

이 개념을 확장해 교사는 학생들을 한 선에서 5m 떨어진 곳에 서도록 했다. 그런 다음에는 서로 다른 두 지점에서 같은 거리만큼 떨어져 서도록 했다. 학생들은 수업 내내 자취의 개념에 대해 생각하고 움직임을 통해 자취라는 개념을 몸으로 경험했다. 피닉스 파

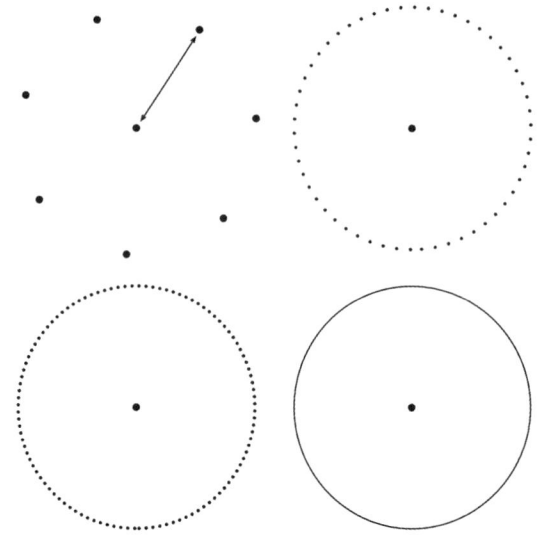

그림 7.1 피닉스 파크 학생들이 자취에 대해 배우는 방법을 보여주는 예

크는 성취도에 따라 학생들을 그룹화하지 않았고, 학생들이 자신의 지식과 이해에 따라 다양한 방향으로 풀 수 있도록 항상 열려 있는 문제를 제시했다. 어떤 학생에게는 학교에서 내주는 과제가 도형과 대칭에 대해 생각할 수 있는 기회였고, 어떤 학생에게는 피타고라스 정리에 대해 배울 수 있는 기회였으며, 또 다른 학생에게는 포물선의 장축과 보조축에 대해 배울 기회였다.

교과서 도표로 간단히 설명할 수 있는 개념에 많은 시간을 할애하는 것처럼 보일 수 있지만, 연구에 따르면 몸의 움직임을 통해 수학적 아이디어를 경험하는 것이 학생들에게 주는 가치는 매우 크다.

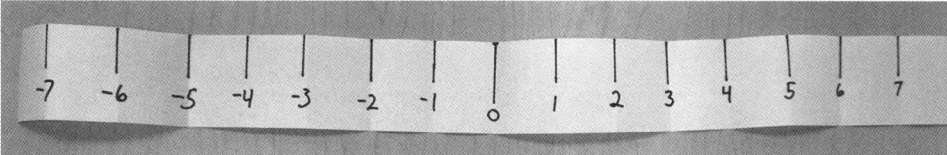

그림 7.2 음수를 이해하기 위한 종이 접기

수많은 논문과 책에서 모든 수학 개념에 스며들어야 할 이러한 강력한 정신적 표현을 다루고 있는데,[7] 예를 들어 한 연구에서는 학생들이 종이를 접으면서 음수에 대해 배우는 것을 관찰했다(그림 7.2). 연구자들은 종이를 물리적으로 조작하는 경험을 통해 학생들이 정수에 대한 정신적 표현을 개발할 수 있다는 것을 발견했다. 그 결과, 학생들은 음수뿐만 아니라 분수 및 대수 시험에서 더 높은 수준의 성취도를 보였다.[8]

피닉스 파크의 학생들은 운동장에서 다양한 위치에 서서 자취 개념을 경험한 후 아이디어를 익히라는 숙제를 받았다. 교사는 원형 카드에 그려진 점이 평평한 표면 위에서 굴러갈 경우 어떤 경로가 생길지 생각해보라고 했다. 또한 삼각형, 정사각형 등 학생들 자신이 선택한 도형 위에서 이동하는 점에 대해서도 생각해보라고 했다. 학생들은 도형에서 점의 위치를 바꾸면서 그로 인해 형성된 경로에 대해 탐색하기도 했다.

이 숙제 활동은 여러 가지 이유로 피닉스 파크의 학생들에게 중요했지만(예를 들어 대략적인 속성과 수학적 다양성 측면에서), 나는 그 다

양한 성격에 초점을 맞추고 싶다. 학생들에게 주어진 과제는 비슷한 문제를 반복해서 푸는 것이 아니라, 이해한 내용을 다른 도형에 적용하는 것이었다. 이는 과제가 응용 연습을 가능하게 했을 뿐만 아니라 애쓸 기회를 제공할 만큼 도전적이었다는 의미이기도 하다. 이 연습에는 다른 중요한 특성도 있다. 바로 학생들이 삼각형과 정사각형과 관련한 자취를 그릴 때, 연구자들이 '대조 사례contrasting case'라고 부르는 개념에 대해 생각하게 만든다는 점이다.

더 많이 보기

스탠퍼드 교육대학원의 동료인 세라 레빈Sarah Levine과 댄 슈워츠Dan Schwartz는 전문성을 개발하는 데 있어 대조 사례의 중요성을 강조한다. 예를 들어, 사람들에게 그림 7.3의 물체를 설명해달라고 요청한다고 생각해보자.

그림 7.3 가위

대부분은 그냥 '가위'라고 말할 것이다. 하지만 그림 7.4의 두 물체를 설명해달라고 요청하면 반응이 달라진다.

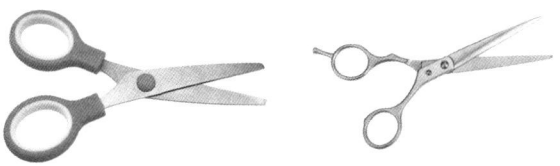

그림 7.4 서로 다른 2개의 가위

아마도 사람들은 왼쪽의 가위는 플라스틱 손잡이가 달린 짧은 가위로 날카롭지 않고 끝이 뭉툭한 어린이용 가위이고, 오른쪽의 가위는 금속 손잡이에 고리가 달린 길고 날카로운 가위라고 설명할 것이다.[9] 관찰의 세부 사항은 대조 사례가 제시되기 때문에 생겨난다.

이 원리는 물론 수학을 포함해 삶의 많은 상황에 적용할 수 있다. 학생들에게 그림 7.5의 도형을 설명해보라고 하면, 그저 '삼각형'이라고 할 것이다. 하지만 그림 7.6의 도형들을 설명해보라고 한다면 다른 반응이 나온다.

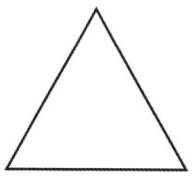 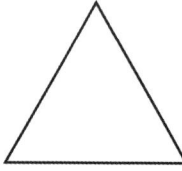 

그림 7.5 삼각형 　　　　　그림 7.6 서로 다른 2개의 삼각형

학생들은 이렇게 말할 것이다. "왼쪽의 도형은 정삼각형, 즉 세 변과 세 각이 같은 삼각형이고, 오른쪽의 도형은 이등변삼각형, 즉 두 변과 두 각이 같은 삼각형으로 왼쪽의 삼각형과는 성질이 다릅니다." 물론 대조 사례를 고려할 때는 단어의 진술뿐만 아니라 단어와 관련된 사고도 중요하다. 연구자들은 학생들이 대조 사례에 대해 생각하면 이해도가 크게 높아진다는 사실을 발견했다.[10]

또 다른 예는, 학생들이 자주 어려워하는 두 가지 수학 영역인 백분율과 분수의 대조 사례를 제공하는 다음 두 가지 문제에서 볼 수 있다. 여기서 중요한 점은 이 질문이 계산보다는 개념에 관한 질문이라는 점이다.

- 어떤 여자아이가 용돈을 더 많이 받을까? 근거를 들어 증명해 보자. 증명에는 그림, 단어, 숫자가 포함되어야 한다.

- 어떤 여자아이가 더 많은 쿠키를 원할까? 근거를 들어 증명해 보자. 증명에는 그림, 단어, 숫자가 포함되어야 한다.

학생들에게 두 가지 문제를 보여주고 각자가 어떻게 자신의 답에 도달했는지 설명하게 해보자. 이때 학생들은 함께 작업하면서(이상적인 경우에 해당한다) 추론한 다음 서로 수학적 증명을 제시할 수 있으며, 이는 토론과 학습의 기회가 될 수 있다.

수학 학습에서 우리는 학생들에게 가능한 한 자주 대조 사례를 제시해야 한다. 학생들은 무언가가 왜 비슷하고 왜 다른지 생각하고, 서로 다른 수학적 아이디어의 특징을 찾아내고, 차이점을 통해 배우고, 선택의 이유를 제시할 수 있다. 이 모든 것이 심층 학습과 전문성을 키우는 데 도움이 되는 소중한 경험이다.[11]

최근 나는 샌디에이고에 사는 친구를 방문한 적이 있다. 그곳에서의 생활이 어떤지 알고 싶어서 친구에게 질문을 했는데, 나중에 나는 그 질문 중 하나가 대조 사례에 대한 내 생각에서 비롯되었다는 것을 알게 됐다. 다른 곳에서 살아본 적이 있느냐고 묻자, 그는 보스턴과 샌타바버라에서 살았다고 대답했고, 나는 됐다 싶어 샌디에이고에서의 생활은 어떠한지 물어봤다. 시간이 지나서 깨달은 일이지만 내가 첫 번째 질문을 한 이유는, 다른 곳에서 산 적이 없다면 현재 거주지가 흥미롭거나 주목할 만한지 알 수 없으리라 생각했기 때문이었다.

피닉스 파크의 학생들은 대조 사례에 대해 생각해보라는 요청을 자주 받았다. 학생들은 움직이는 삼각형, 사각형 같은 도형에서 서로 다른 점의 경로를 추적하면서 자취의 개념을 익혔다. 서로 다르게 움직이는 도형들과 관련해 자취에 대해 생각해보라는 이런 요청은, 학생들이 서로 다른 도형들의 속성과 자취가 어떻게 상호 작용하는지 직접 보고 이해하도록 장려했을 것이다. 당연한 결과이지만 학생들은 원과 관련된 자취에 대해서만 생각했을 때보다 더 많은 것을 배웠다. 이는 이 학교의 학생들에게 주어지는 전형적인 수학 연습이었다.

피닉스 파크의 교사들은 학생들에게 작은 방법들이 아닌 자취라는 큰 개념에 초점을 맞춘 연습 경험을 제공함으로써, 학생들이 수업에서 경험한 물리적 표현을 바탕으로 시각적, 정신적 표현을 개발하는 데 도움을 주었다. 이 연습에는 직접 도형을 만들 기회가 포함되어 있어 수학 학습 과정에서 학생들에게 주체성을 부여할 수 있었다. 자신이 직접 학습 방향을 선택할 기회를 가질 때, 학생들은 인간적인 주체성을 발휘해 더 깊이 몰입하게 된다.[12] 학생들에게 자신만의 도형을 만들도록 유도하는 단순한 행위가 이 중요한 학습 특성을 불러일으킨 것이다.

학생들이 참여한 연습의 다양한 특성은 그들이 시험과 인생에서 성공을 이루는 데 기여했다.[13] 학생들은 조사와 프로젝트를 통해 아이디어를 생각했고, 교사는 학생들에게 적합한 새로운 방법을 소개했으며, 다시 학생들은 새롭고 다양한 상황에 아이디어를 적용해 새로운 지식을 익혔다. 학생들은 새로운 내용을 배우든, 아이디어를 탐구하든, 아이디어를 가지고 연습을 하든 항상 수학적 다양성을 통해 적극적으로 참여했다.

절차적 문제와 개념적 문제

피닉스 파크의 학생들이 전통적인 방식으로 학습한 학생들보다 응용문제 해결 평가에서 훨씬 더 높은 수준의 성취도를 보였다는 사실이 놀랍지 않을 수도 있다. 하지만 이들이 정해진 시간 내에 짧은 문제를 풀고 답하는 전통적인 국가시험에서도 훨씬 높은 수준의 성취도를 보였다는 사실은 분명 놀라운 것이다.[14] 영국에서 국가시험은 매우 중요한데, 이것은 시험위원회가 16세 학생들을 대상으로 시행한다. 나는 박사 과정의 일환으로 국가시험 문제에 대한 학생들의 답을 연구함으로써 두 그룹 학생들의 성취도를 조사할 수 있었다. 영국에서 매우 중요한 인물인 내 박사 학위 지도교수 폴 블랙의 도움을 받아, 시험장의 창문이 없는 작은 방에 앉아 학생들이 제출한 모든 답안지를 읽을 수 있었다(학생들은 이미 시험 결과를 받은 상태였다). 학생들이 어떤 문제의 정답을 맞혔는지 분석하는 과정에서 나는 흥미로운 사실을 발견했다.

그 작은 방에서 하루를 보내기 전에, 나는 모든 문제를 두 가지 범주로 나누었다. 간단한 방법을 이용한 재현을 통해 답을 구할 수 있는 질문은 '절차적 문제procedural question'로 분류했다. 이와 달리 방법의 적용, 상황에 대한 추론, 문제 해결 등 방법의 재현을 넘어서는 무언가가 필요한 질문은 '개념적 문제conceptual question'로 분류했다. 예를 들어, "이 수들의 평균을 계산하세요."라고 하는 문제는 학생들이 방법을 선택하거나 적용할 필요가 없고, 평균을 계산하는 법만

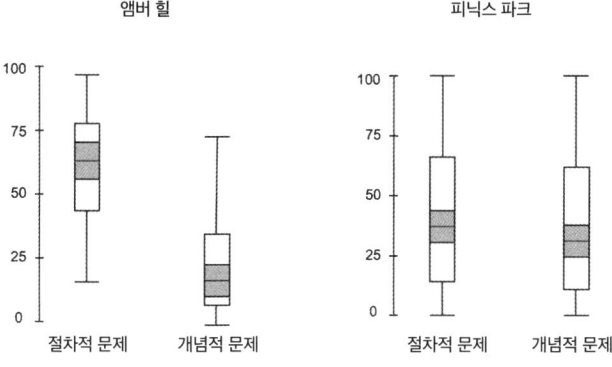

그림 7.7 절차적 문제와 개념적 문제에 대한 학생들의 시험 결과

기억하면 되기 때문에 절차적 문제로 분류했다. 이와는 대조적으로, 개념 문제는 다음과 같이 요구하는 문제다. "어떤 도형은 4개의 직사각형으로 이루어져 있으며, [그리고] 그 면적은 220cm²입니다. 직사각형 중 하나의 면적을 x로 표시하세요." 그림 7.7은 이 두 가지 유형의 문제에 대한 학생들의 시험 결과를 보여준다.

앰버 힐의 학생들은 절차적 문제에서는 높은 점수를 받았지만, 일반적으로 더 어려운 개념적 문제에서는 낮은 점수를 받았다. 피닉스 파크의 학생들은 두 문제 유형 모두에서 같은 수준의 성취도를 보였으며, 개념 문제에서 앰버 힐 학생들보다 훨씬 더 높은 성취도를 보였다. 이러한 높은 수준의 학습은 전반적으로 더 좋은 시험 결과를 가져왔을 뿐만 아니라, 향후 직장, 진학, 인생에 큰 영향을 미쳤다. 또한 피닉스 파크 학생들에게 존재했던 불평등은 이 학교의 접근 방식에 의해 제거되었지만, 전통적인 학교인 앰버 힐 학생들에게 존재했던 불평등은 국가시험에서 재현되었다는 점도 주목할 만하다.

피닉스 파크의 학생들을 인터뷰하면서, 그들이 시험에서 더 높은 수준의 성적을 거둘 수 있었던 것은 학교에서 방법을 사용하고 적용하고 그 의미를 생각하는 법을 배웠기 때문이라는 사실을 분명히 알 수 있었다. 이는 학생들이 연립방정식을 풀어야 하는 시험 문제에서 두드러지게 드러났다. 앰버 힐 학생들은 연립방정식을 푸는 방법을 반복적으로 연습했지만, 시험 문제에 직면해 이 방법을 사용하려고 할 때 대부분 절차를 헷갈려서 답을 틀렸다. 피닉스 파크 학생들은 공식적인 방법을 배우지 않았음에도, 내가 성장 마인드셋이라고 부르는 방식으로 문제에 접근해 전에 배운 다른 방법을 시도하고 적용함으로써 해결책을 찾아냈고, 결국 그 문제를 성공적으로 풀 수 있었다. 피닉스 파크의 11학년(미국의 10학년) 학생인 앵거스는 수업 시간에 접하지 못한 주제의 문제가 시험에 출제되는 것에 대해 다음과 같이 대답했다.

> 가끔은 학생들을 당황하게 만드는 방식으로 문제가 출제되는 것 같아요. 하지만 제가 실제로 풀어보지 않은 문제가 나와도 최대한 이해하려고 노력해요. 제가 할 수 있는 한 이해해서 답을 구해요. 그래도 답이 틀리면 어쩔 수 없지요.[15]

몇 년 후, 나는 스물네 살 청년이 된 이 학생들을 대상으로 후속 연구를 진행했다. 이 연구는 피닉스 파크 수학 접근법의 지속적인 효과를 보여주었다.[16] 학생들이 지식과 긍정적인 사고방식을 자신의 직업에 적용하면서 더욱 성공할 수 있었던 것이다. 그들의 직업을 분류한 결과, 피닉스 파크 학생들은 사회경제적 척도SES 면에서 상당히 높은 수준으로 상승한 것으로 나타났다. 그림 7.10의 그래프는 내가 인터뷰했을 당시 그들의 직업과 그 몇 년 전에 연구 진행 시 조사한 그들 부모의 직업을 비교한 결과를 나타낸다. 직업이 상당이 많이 상향 이동했음을 알 수 있다.

인터뷰에서 피닉스 파크 학생들은 인생(특히 구직과 직장 생활)에서 성공할 수 있었던 이유를 수학 수업에서 배운 유연한 접근 방식과 문제 해결에서 주어졌던 책임감과 연관시켰다. 그들은 다양한 직업에서 업무를 요구받았는데, 수학 수업에서 책임감을 배웠기 때문에 성공적으로 업무를 수행할 수 있었다고 말했다. 또한 한 직업

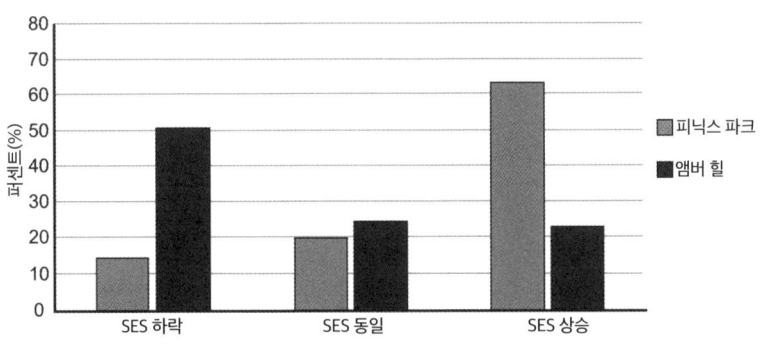

그림 7.8 졸업 후 학생들의 직업과 졸업 전 그 부모들의 직업을 비교한 그래프

에서 성취감을 느끼지 못한다면 다른 직업을 찾아야 한다는 것을 아는 데 유연한 수학적 접근 방식이 도움이 되었다고 말하기도 했다. 흔히 교사들은 학생들이 수학적 지식을 쌓을 수 있도록 수학을 가르친다고 생각하지만, 우리는 항상 그 이상의 일을 하고 있다. 수학을 통해 학생들에게 삶에 대한 접근 방식을 가르치고 있기 때문이다. 내가 이 청년들을 대상으로 실시한 연구에 따르면, 피닉스 파크의 교실에서 경험한 접근 방식과 메시지가 나중에 인생을 살아가는 데 도움이 되었다는 것을 알 수 있다.

이 학생들은 우리 모두가 기억해야 할 중요한 교훈을 배웠다. 그 교훈은 할 수 있다는 생각으로 새로운 도전에 접근하고, 배운 것을 적용하고, 앵거스가 말한 것처럼 '최대한 이해하려고' 하면 학습과 인생에서 더 크게 성공할 수 있다는 것이다.

하타노 기유波多野誼余夫와 오우라 요코大浦容子는 전문성에 대한 이해에 지대한 기여를 한 일본의 교수들이다. 이들은 두 가지 전문성 유형에 대해 설명한다. '일상적 전문성routine expertise'을 발달시킨 사람은 익숙한 문제를 빠르고 정확하게 해결할 수 있지만 절차적 효율성의 수준을 넘어서지 못하고, 이와 대조적으로 '적응적 전문성adaptive expertise'을 발달시킨 사람은 "익숙한 문제를 해결하는 속도, 정확성, 자동성보다는 해당 영역 내에서 유연하고 혁신적이며 창의적인 역량을 갖춘다"는 것이다.[17] 하타노, 오우라는 물론 나도 피닉스 파크의 학생들이 적응적 전문성을 개발했고, 그 결과 국가시험과 삶에서 모두 성공할 수 있었다는 것을 확신한다.

움직임을 통해 자취에 대해 배운 피닉스 파크 학생들이 그랬던 것처럼, 시각적, 물리적 표현을 접할 때 학생들은 의도적으로 연습하고, 다양한 상황에서 방법에 적응하고, 그 방법을 응용하는 법을 배우면서 적응적 전문성을 키운다. 이러한 전문성은 실제로 피닉스 파크 학생들에게 큰 영향을 끼쳤다. 이들은 학교에서 수학 지식에 대한 유연한 접근 방식을 배움으로써 자신의 학습 여정에 대한 책임감을 갖게 되었고, 상당수가 가난하게 자랐지만 졸업 후에는 경제적으로 안정된 상황으로 나아갔다.[18]

수학 예제에 다양성 적용하기

수학적 다양성은 다른 방식으로도 구현할 수 있다. 전통적인 수학책에서는 학생들에게 거의 같은 이미지와 예제를 보여주지만, 효과가 있는 예제를 제시하는 것보다는 효과가 없는 예제를 보여주는 것이 더 도움이 되는 경우가 많다. 예를 들어, 학생들에게 새에 대해 가르칠 때 흔히 참새, 벌새, 비둘기 등 비슷한 종류의 새를 보여준다. 하지만 이때 학생들에게는 박쥐와 같이 새가 아니면서 날아다니는 생물을 보는 것이 더 도움이 된다. 수학에서도 이와 같은 원리가 적용된다.

교사 워크숍에서 교사들과 함께 수학을 공부할 때, 그들이 평소에 학생들에게 가르치는 버전의 수학과 다른 버전의 수학을 접하면서 흥미를 느끼는 모습을 종종 볼 수 있다. 수년 동안 교사들과 많은 토론을 했지만, 대부분 교사는 그림 7.9의 도형을 거꾸로 된 삼각형이라고 설명한다. 가끔은 "삼각형이라고도 하는 도형을 말하는 건가요?"라고 다소 비꼬는 투로 되묻는 교사도 있다. 삼각형은 학생들에게 소개될 때 거의 항상 꼭짓점이 위를 향하게 표시되기 때문에, 교사들도 이 도형을 거꾸로 된 삼각형이라고 부르는 것이 놀랍지는 않다. 책에 나오는 예시는 일반적으로 이러한 다양성이 부족해 학습자에게 문제를 일으킨다.

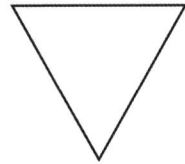

그림 7.9 '거꾸로 된' 삼각형

예를 들어, 8세 학급에서 그림 7.10의 그림을 보여주었을 때 학생들은 평행선 그림이라고 생각하지 않았다. 또 11세 학생들에게 그림 7.11에서 a가 c와 평행한 선인지 물었을 때 대부분 "아니요, b가 가로막고 있기 때문에 아니에요."라고 대답했다. 학생들의 이런 반응은 평행선이 일반적으로 그림 7.12와 같이 제시되기 때문이다.

학생들이 이렇게 잘못된 추론을 하는 이유가 바로 이 일반적인 예시에 있다. 우리는 방법을 적용하고 대조 사례를 제시하는 연습

그림 7.10 평행선   그림 7.11 평행선   그림 7.12 평행선

문제를 제공해야 하는 것처럼, 전형적이지 않은 아이디어와 표현의 예를 더 많이 제공하기 위해 노력해야 한다.

이런 유형의 연습은 안데르스 에릭손이 의미 있는 표현 모델로 이어진다고 설명한 '의도적 연습'을 가능하게 하는 것으로 보인다. 학생들이 의도적이고 효과적으로 연습할 수 있도록 돕기 위해서, 연습은 다음 특성을 가능한 한 많이 포함하게 해야 한다.

1. 방법의 적용: 문제는 새롭고 다양한 상황에서 방법을 사용하도록 요구해야 한다.
2. 대조 사례를 고려해야 한다.
3. 작은 방법이 아닌 개념과 큰 아이디어에 집중해야 한다.
4. 시각적 또는 물리적 참조 대상을 포함하는 표현 모델을 개발할 수 있어야 한다.
5. 비표준적인 예시 및 표현을 포함해야 한다.
6. 학습자가 보고 배울 수 있는 연결: 수학적 아이디어들 사이의 연결, 수학과 세상 사이의 연결을 가능하게 해야 한다.

피드백 고리를 통한 평가

에릭손은 **의미 있는** 아이디어의 연습, **표현 모델**의 개발, 개선 기회를 제공하기 위한 명확한 **피드백 고리**라는 세 가지 특성으로 의도적 연습을 설명한다. 이 장의 나머지 부분에서는 학생을 비롯한 모든 사람이 생산적으로 피드백을 주고받는 방법에 대해 살펴볼 것이다. 현재 교실과 기업에서는 이런 방법이 거의 사용되지 않으며, 학생이나 직장인은 자신이 옳거나 그르다는 말을 많이 듣는다. 하지만 이런 말은 피드백 고리에 해당하지 않는다.

많은 교사와 학부모는 학습과 관련하여, 학생이나 자녀가 앞서 2장에서 설명한 다양한 전략을 사용해 메타인지적으로 참여하지 않는다고 한탄한다. 그들이 즉시 답을 찾으려고 하거나 포기한다는 것이다. 이런 반응은 평가가 정답에만 초점을 맞추기 때문에 나온다. 다양하고 긍정적인 수학적 행동을 장려하려면 평가가 그런 행동을 존중하고, 그런 행동에 대해 보상해야 한다. 다시 말해, 평가는 생산적인 수학적 행동을 제시하고, 다양한 행동의 사용에 대한 피드백(필요한 경우 총괄적인 점수도)을 제공해야 한다. 수학적 목표는 학생들의 학습 여정을 안내하고 메타인지적 사고와 이해를 장려하는 학습 이정표 역할을 한다.

앞에서도 소개했듯이, 낸시 커셰어는 캘리포니아주에 있는 국제바칼로레아 학교의 중등 수학 책임자이다. 그녀는 수학적 다양성을 중시할 뿐만 아니라, 학습에 대한 의미 있는 피드백을 제공함으로써 학생들이 자기 자신의 수학적 행동에서 배울 기회를 제공한다.

낸시는 많은 교육자와 마찬가지로, 코로나19로 인한 전 세계적인 팬데믹 상황에서 학생들이 수학에 대한 자신감이 떨어지고 문제 해결 능력이 약화된 것을 발견했다.[19] 그녀의 대응은 경험이 적은 일부 교사처럼 수학 규칙과 절차를 두 배로 강조하거나 학생들에게 더 많이 강의하는 것이 아니라, 그림 7.13에 나타난 수학적 모델링 사이클에 학생들을 참여시켜, 평가를 학습과 적응의 반복적인 과정으로 전환하는 이정표를 제시하는 것이었다. 나는 낸시의 교수 및 평가 모델이 너무 궁금해서, 학교를 방문해 학생들과 직접 만나는 것이 어떠냐는 그녀의 초대를 수락했다.

낸시가 개발한 단원은 캘리포니아주 청소년들에게 중요한 주제인 물 절약에 관한 질문이 중심이 되었는데, 낸시는 교육 관련 기사를 통해 이 주제에 대해 알게 되었다.[20] 그녀는 이미 교실에서 실수와 애씀에 우호적인 문화를 구축하면서, 애씀의 가치를 공유하는 많은 동영상을 보여준 상태였다.[21] 이렇게 단단한 토대를 쌓은 상태에서 그녀는 학생들에게 질문을 던졌다. **"샤워와 목욕 중 어느 쪽이 더 많은 물을 사용할까?"**

낸시는 학생들에게 이 문제에 대한 답이 사람마다 다르다며, 자기 생각을 입증하기 위해 데이터를 조사하고 수집해야 한다고 말했다. 그리고 샤워기에서 나오는 물의 양(유량)과 집마다 다른 욕조의 크기를 조사하고, 자신이 원하는 유량을 선택하도록 해, 학생들에게 유연성과 선택권을 부여하고, 대략적 수를 고려하고 평가할 많은

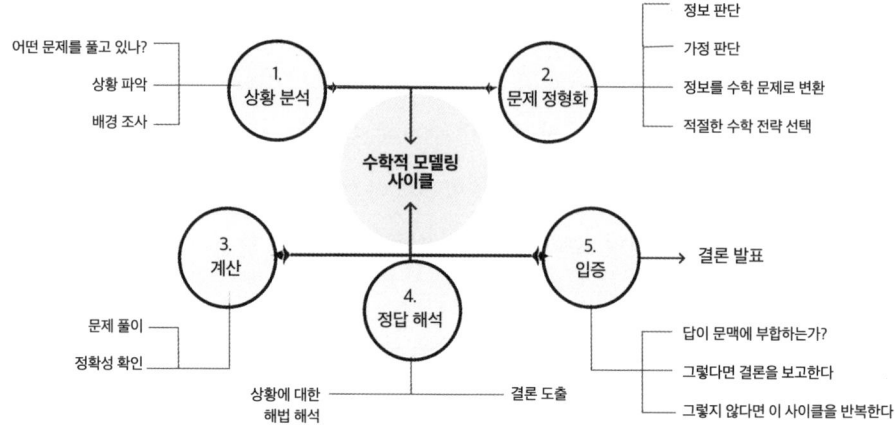

그림 7.13 수학적 모델링 사이클

기회를 제공했다. 낸시가 학생들에게 가르친 새로운 아이디어에는 선형성과 일반화라는 핵심 대수 개념이 포함되어 있었다. 여기서 중요한 것은 학생들이 데이터와 씨름하고 자신이 선택한 비율을 조사할 때 이런 개념을 가르쳐야 한다는 사실이다. 이는 학생들이 과제를 수행하는 **동안** 아이디어를 가르친다는 중요한 교육 원칙을 떠올리게 한다. 학생들은 이렇게 의미 있는 실제 맥락에서 비율과 대수적 아이디어를 접함으로써, 그것들을 정신적으로 표현할 수 있게 되었고, 상수와 변수 등을 통해 아이디어 간의 연관성을 배우고 일반화라는 큰 아이디어에 집중할 수 있었다. 하지만 나는 이 모델의 마지막 부분에서 일어난 일이 가장 흥미로웠다.

학기 중 가장 의미 있었던 프로젝트를 학부모와 공유하는 날에,

나는 낸시의 학교를 방문했다. 많은 학생이 수학 수업 때 수행한 물 절약 프로젝트를 선택했다. 발표가 끝난 후 학생들과 함께 앉아서 대화를 나눴는데, 그들이 프로젝트에 관해 이야기하는 것을 들으며 감격을 느꼈다. 많은 학생이 세상에 실제로 존재하는 것들에 대해 생각하는 일이 얼마나 가치가 있는지 이야기했다. 그들은 수학이 패턴을 찾는 것임을 배웠다고 말했다. 이는 학생들이 성장하는 데 매우 중요한 관점이다. 그들은 그룹으로 함께 작업하는 일을 얼마나 소중하게 여겼는지도 이야기했다. 하지만 정말 인상적이었던 것은, 어떻게 자신들이 메타인지 능력을 갖추게 되는 학습 여정에 초대되었는지 흥분하면서 이야기하는 모습이었다(2장 참조). 낸시는 여러 가지 교수법을 통해 이 중요한 업적을 이뤄냈다.

첫째, 낸시는 학생들에게 학습 과정을 그림 7.13에 표시된 모델링 주기로 표현해 작업과 학습을 안내했다. 많은 학생이 이 모델을 이 학습 과정에 도움이 됐다고 말했다. 그중 한 명인 벤은 다음과 같이 말했다.

> [모델이] 세분되어 있어서 꽤 도움이 되는 것 같아요. 보통 모델은 '문제 해결'로 끝나는데, 이 모델은 문제를 다섯 가지 주요 범주로 세분화해요. '상황을 분석하고, 배경 정보를 사용하고, 실제로 계산한 다음, 답을 분석하고, 결론을 보고한다.' 이렇게요. 그리고 더 쉽게 따라 할 수 있도록 그 안에서 더 작은 부분으로 나뉘어요.

많은 학생이 이 모델이 문제 해결 과정을 안내해줄 뿐만 아니라 더 깊이 있게 학습할 수 있도록 도움을 주었다고 했다. 노타라는 학생은 다음과 같이 말했다.

> 우리는 문제를 살펴보고, 문제의 표면적인 요구뿐만 아니라 깊은 요구도 해결하려고 노력했어요.

그날 함께 자리한 또 다른 사려 깊은 청소년인 테일러는 수학 모델링 사이클이 수학에만 적용되는 것이 아니라 "기본적으로 모든 것에 사용될 수 있다"면서 모델링 사이클의 생성적 특성을 강조했다.

둘째, 낸시는 학생들의 작업을 평가할 수 있는 루브릭을 제공했고, 이 루브릭은 매우 귀중한 성과를 냈다. 학생들은 이런 설명을 이정표로 삼아 학습을 작업, 수정, 개선의 반복적인 과정으로 인식했다. 테일러는 다음과 같이 설명했다.

> 제 생각에는 사이클이 단계별로 진행되는 것이 아닌 것 같아요. 예를 들어, 어딘가에서 실수하거나 엉망이 되면 다시 돌아가서 그 부분을 추가하거나 도움을 받을 수 있으니까요. 단계별이라고 생각하지 않아요. 원한다면 그런 식으로 사용할 수도 있지만, 돌아가서 자신의 작업을 다시 평가하는 데에도 이 모델을 사용할 수 있다고 생각해요.

셋째, 낸시가 가르친 학생들은 정기적으로 작업에 대한 피드백을 받았지만, 모든 피드백은 지속적인 학습에 초점을 맞춘 것이었다. 그녀는 학생들의 작업에 대한 코멘트를 작성했는데, 나는 항상 학생들이 개선할 방법을 찾아내는 교사의 통찰력을 큰 재능으로 생각한다. 브레이든이라는 학생은 이런 피드백에 감사한다며 이렇게 말했다.

> 저는 가끔 실수를 하기 때문에 선생님의 코멘트가 정말 큰 도움이 돼요. 여기 있는 모든 사람이 실수를 해본 적이 있다는 것을 알고 있어요. 실수와 코멘트를 돌아보는 것만으로도 다음에는 더 잘할 수 있다는 느낌이 들어요.

이 말은 브레이든 자신이 알게 된 반복적인 학습 과정의 본질을 잘 드러낸다. 브레이든과 만나던 날 내가 본 모든 청소년에게 학습은, 낸시가 길을 안내하기 위해 만든 이정표와 지도의 도움을 받는 여정이었다. 그들은 자신의 학습 여정과 개선을 위해 무엇을 해야 하는지 알고 있었다. 벤이라는 학생은 이 정보에 입각한 반복적인 학습 여정을 전 학교에서 받았던 수학 교육과 비교했다.

> 이곳에 오기 전에 저는 프로젝트를 수행하면 성적을 받기만 했어요. 8점을 받든 어쨌든 성적이 나오는 식이었죠. 보통은 선생님의 코멘트도 없었고, 잘했는지 못했는지 피드백도 없었어요. 늘 선생님이 주신 점수를 받는 것으로 끝나곤 했어요.

낸시의 반 학생들은 물을 절약하는 가장 좋은 방법을 찾는 과제를 즐겁게 수행했고, 실생활 데이터를 활용하는 실제 과제를 통해 대수 개념을 배웠으며, 그룹으로 작업하고 패턴을 찾으면서 학습에 도움을 받았다. 하지만 가장 큰 의미가 있었던 것은 학생들이 학습을 작업, 수정, 개선의 반복적인 과정으로 생각하게 되었다는 사실이다. 학생들은 학습 여정에서 자신의 위치를 파악하는 데 도움이 되는 도구를 제공받았고, 메타인지적인 사람이 되는 방법을 배웠.

낸시가 가르치고 평가할 때 학생들에게 작업에 대한 피드백을 주고 수정하고 개선할 기회를 주는 등의 일을 한 것은 학생들의 성장 마인드셋을 장려하는 데 가장 중요한 역할을 했다.[22]

내 친구이자 동료인 영국 출신의 콘래드 울프람Conrad Wolfram과 그의 동생 스티븐 울프람Steven Wolfram 그리고 그들 각자의 팀은 각각 응용 수학 분야에 많은 공헌을 해왔다. 예를 들어, 이들은 수학 소프트웨어 마테마티카Mathematica[23]와 수학을 배우거나 연구하는 사람들을 도울 뿐만 아니라 시리Siri, 알렉사Alexa, 챗GPTChatGPT를 구동하는 울프람알파WolframAlpha[24]를 만들었다. 이러한 놀라운 업적 외에도 콘래드는 수학 교육에 크게 이바지해왔다. 예를 들어, 그는 TED 강연에서 낸시의 학생들이 사용한 것과 유사한 모델링 주기를 모든 수학 학습의 지침으로 공유했다(그림 7.14).[25]

콘래드는 현실에서 수학적인 작업을 할 때에는 상황을 해석하고 질문을 정의하는 방법을 배운 다음, 질문을 계산할 수 있는 형태로 바꾸어 계산을 수행하고 결과를 해석해야 한다고 지적한다. 그

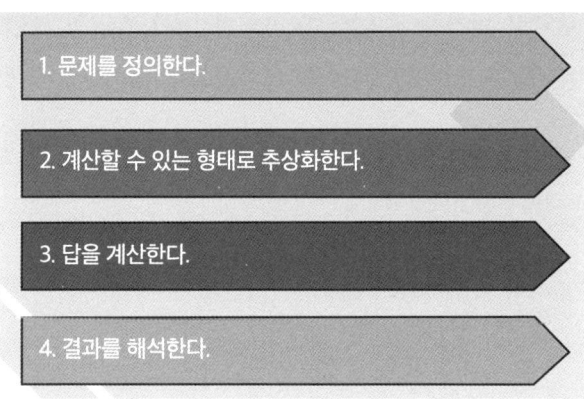

그림 7.14 콘래드 울프람의 수학적 모델링

의 말에 따르면, 교실에서는 학생들이 이 주기의 세 번째 부분인 계산에만 집중한다. 하지만 광범위하게 이용이 가능한 기술이 등장하면서, 이 과정은 가장 집중이 필요하지 않은 부분이 되었다. 콘래드와 그의 팀은 이런 주장을 펼쳤을 뿐만 아니라, 학생들이 수작업이 아닌 기술을 이용해 계산하도록 해주는 고등학교 수학 접근법을 만들기도 했다. 또한 다양한 수학적 질문에 학생들을 참여시켜, 문제를 설정하고 도구를 사용해 계산한 다음 결과를 해석하고 분석하는 방법을 가르치는 데도 시간을 할애한다.[26] 이때 참여형 문제의 예로는 드론 설계, 편견과 부정행위 조사 등을 들 수 있다.

콘래드와 그의 팀이 학생들에게 참여하도록 유도하는 모델링 과정은 모든 청소년이 향후 학업과 취업에 활용할 수 있는 것이다. 낸시는 중학생들에게도 비슷한 방식으로 모델링 과정을 가르치면서,

그들이 모델링 과정을 배울 뿐만 아니라 자기 자신의 작업을 모니터링하고 피드백을 받을 기회를 제공했다. 이런 과정은 학생들이 배우는 데 매우 유용하지만 대부분의 고등학교 수학 수업에서는 제공되지 않는 것이다.

피드백 고리를 이용해 가르치기

피드백 고리의 가장 중요한 특성 중 하나는 개인의 성과에 초점을 맞추지 않는다는 것이다. 다시 말해, 개인이 옳은지 그른지를 전달하지 않는다. 대신에 피드백 고리는 학습되거나 발표되는 작업과 아이디어에 수정이 필요한지 아닌지에 초점을 맞춘다. 인지과학자인 엘리자베스 비요크Elizabeth Bjork와 로버트 비요크Robert Bjork는 잦은 자기 테스트의 중요성에 주목하고, 이러한 접근 방식의 변화를 강조했다.27 이 과학자들은 우리 뇌에서 정보를 검색하는 행위가 미래의 상황에서 정보를 더 쉽게 이용할 수 있게 만든다는 점을 지적하면서, '바람직한 어려움desirable difficulty'*을 만들어내는 생산적인 형태의 테스트는 학생에 대한 평가를 하지 않는다는 점을 강조한다. 따라서 이들은 자기 테스트 또는 동료 테스트를 권장한다. 여기서

---

* 다음 단계로 나아가기 위해 겪는 어려움. 로버트 비요크가 노력을 쏟을수록 학습 효과가 높아진다는 이론을 제시하면서 만들어낸 말이다.

중요한 것은 성공적인 테스트와 피드백 고리는 사람과 성과에서 아이디어로 초점을 옮긴다는 사실이다.

나는 스탠퍼드 교육대학원의 한 동료로부터 이런 피드백 고리가 실제로 학생들에게 제공된 매우 흥미로운 사례를 들었다. 노벨상을 받은 물리학자 칼 와이먼Carl Wieman은 콜로라도대학교 볼더 캠퍼스에서 연구하던 중 교육에 관심을 갖게 됐다.[28] 그는 '똑똑하고 뛰어난 대학원생들'이 실험실에서 직접적으로 몸으로 경험하기 전까지는 물리학에 대한 감을 잡지 못하다가, 그런 경험을 하고 나면 전문가가 되기 시작한다는 것을 알게 되었다. 그는 이 현상을 이해하기 위해 과학으로 눈을 돌렸고, 신경과학, 인지과학, 교육학 연구 결과가 학생들이 경험했던 강의 방식보다 더 나은 교수법과 학습 방법을 제시한다는 사실을 발견했다. 이를 계기로 와이먼은 대학생들이 과학을 더 적극적으로 학습할 수 있는 방법을 제공하겠다는 사명을 가지고 교육 분야에서 연구하기 시작했다.[29] 현재 그는 스탠퍼드대학교에서 물리학 교수와 교육학 교수를 겸하고 있다.[30]

몇 년 전, 와이먼이 브리티시컬럼비아대학교에 재직하던 시절, 와이먼과 그의 팀은 흥미로운 실험을 진행했다. 그들은 일반적인 강의 방식과 의도적 연습의 원칙을 중심으로 고안된 접근법을 비교했다. 관찰을 위한 강의는 1학년 2학기 물리학 과목에서 이뤄졌다. 일반적 강의는 숙련된 강사가 진행했다. 의도적 연습 접근법은 강의 경험이 적은 박사 후 과정 학생에 의해 시도됐다. 의도적 연습 접근법에서는 학생들에게 딸깍 소리를 내는 클리커clicker를 주어 질문에 답하는 데 사용하도록 했다. 학생들은 수업 전에 짧은 기사를 읽었다. 수업 시간에는 소그룹으로 나뉘어 아이디어를 주제로 토론하고 클리커로 자료에 대한 질문에 답했다. 질문은 학생들이 일반적으로 어렵게 느끼는 개념에 대한 것이었다. 그런 다음 강사는 결과를 표시하고 학생들과 그 결과에 대해 이야기했다. 때때로 강사는 학생들과 새로운 아이디어를 공유한 후, 개념에 대해 다시 한번 토론하도록 요청하기도 했다.

이 과정의 초반에는 두 강의의 학생들이 예전 성취도와 경험 측면에서 거의 같았다. 하지만 과정이 모두 끝났을 때 일반적 강의를 들은 학생들의 평균 성취도는 41%, 의도적 연습을 경험한 학생들의 평균 성취도는 74%였다. 연구진은 대학에 다니는 학생들이 강의식 교육이 아닌 다른 교육 방식에 거부감을 느끼는 경우가 많다는 사실을 알고, 학생들에게 자신이 경험한 방식에 대해 어떻게 생각하는지 물었다. 응답 결과, 학생의 90%가 새로운 접근법에 만족했으며, 이 중 77%는 전체 물리학 과목에서 이 방식을 사용했다면 더 많은 것을 배웠을 것이라고 답했다.[31] 아이디어에 대한 피드백은 모든 학습에 도움이 되지만, 여기서 중요한 것은 피드백의 질이다. 이 사례에서는 학생들에게 그룹으로 아이디어에 투표하도록 한 다음 정답과 오답을 보여주고 토론하도록 했다.[32] 이런 피드백 고리는 학생을 평가하는 것이 아니라 가르치는 개념에 초점을 맞추기 때문에 완벽하다고 할 수 있다. 학생의 아이디어는 구글 폼Google Forms, 구글이 제공하는 설문 관리 소프트웨어 또는 퀴즐렛Quizlets, 온라인 학습도구과 같은 기술을 사용해 수집할 수도 있고, 종이 투표처럼 기술을 이용하지 않고 수집할 수도 있다. 여기서 중요한 것은 학생들이 함께 작업하고 그룹으로 아이디어에 투표함으로써 다양한 옵션을 평가한다는 점이다.

이 예에서 설명한 피드백 고리는 일반적인 방식이 아니며, 교사가 학생에게 옳고 그름을 알려주는 것과는 매우 다르다. 와이먼의 교육 사례가 보여주는 또 다른 중요한 특징은 연구자들이 학생들이 일반적으로 어렵게 느끼는 개념을 가르치는 데 집중했다는 점이다. 더 큰 프로젝트, 토론 목적 또는 평가를 위해 학생들을 대상으로 한 질문을 설계하려는 교사와 학부모는, 이 연구뿐만 아니라 대조적인 사례와 지식을 적용하는 학생에 대한 연구를 통해서도 많은 것을 배울 수 있을 것이다. 이 모든 연구는 수학적 연습과 피드백에도 수학적 다양성의 개념을 도입할 필요가 있음을 시사한다.

이 장에서는 의미 있는 의도적 연습과 피드백의 중요성에 대해 이야기했다. 피닉스 파크, 캘리포니아주의 중학교 수업, 와이먼과 그의 동료들이 연구한 대학 강의 등 이러한 특성을 설명하는 다양한 교육 사례를 공유했다. 각 사례는 서로 다르지만 학습 경험의 중요한 부분인 연습과 평가에서 수학적 다양성을 경험할 수 있고, 또 경험해야 한다는 중요한 점을 보여준다. 이런 기회를 통해 학생들은 정신적 표현을 응용한 문제를 해결하며 개념을 학습하고, 그 과정에서 피드백을 받으며 개선할 기회를 제공받는다. 다음 마지막 장에서는 지금까지 이 책에서 다룬 다양한 아이디어를 종합해, 모든 것을 이룰 수 있는 교수법에 대해 설명하고, 수학적 다양성을 강력한 방식으로 가르치는 사람들의 감동적인 이야기를 공유할 것이다.

8장

새로운
수학 공부의
미래

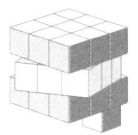

　지금까지 이 책에서 소개한 사례들은 효과적인 교수법, 학습 및 평가의 다양하고 중요한 특성들에 관한 것이다. 나는 먼저, 학생들이 자신에게 힘을 주는 수학적 전략으로 학습하는 법을 배우고, 애씀의 시기를 편안하게 받아들이는 일이 얼마나 중요한지 이야기했다. 학생들이 정확한 수와 도형뿐 아니라 그것들을 대략적으로 생각하는 법을 배우고, 표현 모델을 개발할 다양한 기회를 접하는 일의 가치에 대해서도 이야기했다. 또한 수학을 큰 아이디어들과 연결의 집합으로 배우고, 수와 도형에 유연하게 접근하는 일의 중요성도 공유했으며, 마지막으로 학생들이 아이디어를 연습하고 피드백을 받을 때 그 아이디어와 피드백은 다양해야 하고 수학의 응용을 포함해야 한다는 점을 공유했다. 다양한 아이디어는 다양한 출처에서 나온다. 이 책을 쓰면서 내가 가진 목표 중 하나는 교육 자체

뿐만 아니라 심리학, 인지과학, 신경과학 등 여러 분야에서 나온 교육에 대한 조언을 결합하는 것이었다. 이런 다양한 아이디어가 결합돼 그림 8.1에 표시된 교육 및 평가 모델이 탄생했다.

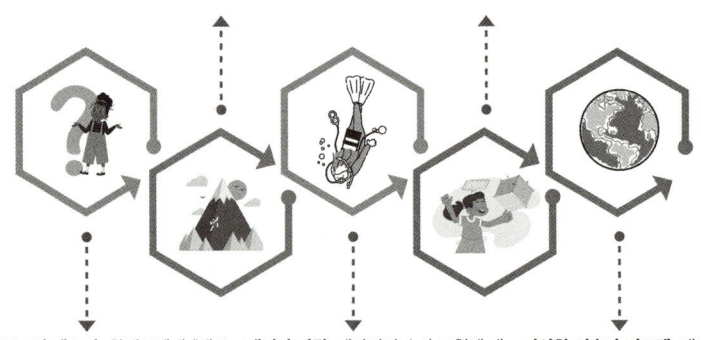

그림 8.1 형평성과 전문성을 구현하기 위한 교수법

형평성과 전문성을 위한 새로운 모델

이 모델은 서로 다른 교육 상황에 적용할 수 있도록 의도적으로 추상화한 것이다. 여기서 공유한 여러 교육 사례를 통해 각 학년과 상황에 맞게 아이디어를 구체화하고 색깔을 입히는 데 도움을 얻길 바란다. 이 모델을 연습하는 좋은 방법은, 앞서 7장에서 보여주었듯이, 학생들이 새로운 아이디어를 배우기 전에 과제를 탐색할 수 있도록 일반적인 수업 순서를 바꾸는 것이다. 이런 다양한 구성 요소들을 결합하는 방법은 교사가 가르치는 상황에 따라 다르다. 이 모델은 어떤 교수법을 사용하든 이러한 요소를 최대한 많이 포함해야 한다는 점을 상기시킨다.

이름에서 알 수 있듯이, 이 모델은 전문성과 형평성을 장려한다. 수학 교육은 매우 불평등한 시스템이다. 이 시스템 안에서는 더 높은 수준의 경로로 나아가는 학생이 거의 없으며, 앞으로 나아가는 학생들도 우리 사회의 다양한 특성을 반영하지 못한다는 사실을 간과할 수 없다.[1] 흑인 학생들은 백인 및 아시아계 학생들과 성취도가 같을 때도 '뒤처져' 있으며, 이는 샌프란시스코의 한 법률단체에 의해 입증된 바 있다.[2] 이런 일이 일어나서는 안 된다. 내가 집필진 중 한 명이었던 2023 캘리포니아주 수학 프레임워크의 핵심 목표는 이런 불평등을 지적하고, 이를 해결하는 방법을 제시하는 것이다.[3] 이 프레임워크는 이에 대한 잘못된 정보를 퍼뜨리는 소수의 사람으로부터 상당한 반발을 받았다. 하지만 새크라멘토에서 열린 캘리포니아주 교육위원회에 상정되었을 때, 참석한 교육자는 물론 주 전역의 모든 카운티 당국과 형평성 단체로부터 폭넓은 지지를 받았다. 앞서 말했듯이 2023년 7월, 주 교육위원회는 만장일치로 이 프레임워크를 정책으로 채택했다.

나는 지금까지 수학을 가르치면서 불평등을 해소하기 위해 노력하고, 교실에서 인종, 성별, 사회 계층의 불평등을 완전히 줄이거나 없애는 데 놀라울 정도로 성공한 교사들을 연구하는 행운을 누렸다.[4] 이 교사들은 모두 그림 8.1의 접근법을 사용했다. 수학을 개방해 수학이라는 과목에 다양한 방식으로 참여하고 그것을 다양한 관점에서 볼 수 있도록 장려하면, 더 많은 학생이 성공한다는 사실이 밝혀졌기 때문이다. 좁은 의미의 수학은 앞서 1장에서 자세히 설명했듯이, 상위 레벨로 진학하는 학생 집단을 좁혀 수학과 수학이 필요한 모든 STEM 과목에서 학생들을 밀어내는 엄청난 해악을 끼쳤다.[5] 하지만 다행히도, 우리는 이 상황을 개선할 수 있다. 수학을 다양화하면 더 다양한 학생 집단을 포용할 수 있고, 이는 가장 고질적인 불평등을 해소하는 데도 도움이 될 것이다.

이 교육 모델은 일본과 같이 수학 성취도가 높은 국가에서도 사용되고 있다. 수학 교수법에 대해 연구하는 스위스의 스테판 클리바즈Stéphane Clivaz와 일본의 미야카와 타케시宮川健는 한 공동 연구에서 일본과 스위스에서 수집한 흥미로운 사례 두 건을 자세히 조사했다.[6] 이들은 일본의 수업이 일반적으로 다음과 같은 구조를 따른다고 설명했다.

- 도입: 문제가 소개된다.
- 연구: 학생들은 문제를 해결하기 위해 그룹으로 공부하고 작업한다.

- 공유: 수업에서 학생들의 아이디어를 공유하고 발전시킨다.
- 종합: 가르칠 수학적 지식을 요약한다.

이 구조에는 매우 강력한 것으로 확인된 원칙들이 포함돼 있다. 학생들이 아이디어를 탐색한 **다음에** 교사가 가르친다는 원칙이다.[7] 일본 교사들이 '연구'라고 부르는 단계는 학생들이 자신의 직관과 생각을 이용하는 탐구 시간이다. 나중에 학생들이 수업 중 토론을 통해 자기 생각을 공유한 후에야 교사는 새로운 방법을 소개한다. 이 연구에서 클리바즈와 미야카와는 일본의 교사들이 스위스 교사들보다 학생들을 수업 토론에 참여시키는 시간이 더 많다는 사실을 발견했다. 일본에서는 수업 중 토론을 잘 손질해 다듬는다는 뜻의 '네리아게練り上げ'라고 부르며, 이를 수업에서 가장 중요한 부분으로 여긴다.

일본의 이런 수업 구조는 앞의 7장에서 소개한 칼 와이먼의 접근법과 특징을 공유하는데, 특히 학생들이 아이디어를 고려하고 토론한 뒤 후속적인 토론을 통해 새로운 방법을 배울 기회를 제공받는다는 점에서 그렇다.[8] 이것은 피닉스 파크의 수업 흐름이었으며, 현재 미국과 전 세계의 교사들이 가르치는 유큐브드 여름 캠프에서 학생들이 인상적인 성과를 거두는 데 활용하고 있는 구조이기도 하다. 우리는 먼저 학생들과 풍부한 과제를 공유한 다음, 학생들이 작업을 하다 새로운 지식에 대한 필요성을 발견하면 소그룹 또는 전체 토론을 통해 그 지식을 소개한다.[9]

몇 년 전, 영국 에식스대학교 수학과 교수인 알렉세이 버니츠키 Alexei Vernitski가 내 책을 읽었다는 내용의 이메일을 보내왔다.[10] 그는 내 책에서 영감을 얻었다고 말하며, 자신이 왜 좁은 의미의 수학에서 수학적 다양성을 유도하는 방법으로 교수법을 바꾸게 됐는지 다음과 같이 설명했다.

『수학이 좋아지는 스탠퍼드 마인드셋Mathematical Mindsets』을 읽은 뒤로 다시는 전통적인 강의를 하지 않았습니다. 저는 이 새로운 교수법을 좋아하고, 전통적인 수학 문제를 푸는 대신 '조 볼러 식' 과제를 수행할 때 학생들의 얼굴이 밝아지는 것을 보는 것이 좋습니다.

알렉세이는 신경과학자, 심리학자와 협력하여 학생들의 뇌파 EEG를 활용해 동기 부여와 관련해 뇌의 어떤 영역이 자극되는지 찾으면서, 좁은 의미의 수학 과제와 다양한 수학 과제의 차이를 연구했다. 이 학제 간 협업은 흥미로운 결과를 낳았다. 먼저, 시험에서 표준적인 수학 문제를 받은 학생들은 더 많은 질문에 답할수록 시험에 계속 임하는 데 흥미를 덜 느끼는 것으로 나타났다. 반면에, 더 다양한 수학 문제에 답한 학생들은 더 많은 문제를 풀수록 학습 동기가 높아졌다.[11]

또한 뇌파 검사 결과, 다양한 수학 문제를 푸는 학생들의 뇌에서 동기 부여 및 참여와 관련된 더 강력한 활동 패턴이 발견되었으며,

전전두엽 피질의 활동이 왼쪽으로 이동하는 것으로 나타났다. 그 전 연구에서 '동기 부여와 관련된motivation-related' 뇌 활동 패턴은 학생들이 일반적으로 어려운 문제를 풀 때 감소하는 것으로 나타났지만, 다양한 수학 문제를 풀 때는 증가하는 것으로 나타났다. 이러한 강력한 증거를 바탕으로 연구진은 시각 자료를 활용하는 등 다양한 해결 방법을 장려하는 문제가 학생들에게 긍정적인 학습 경험을 제공한다는 결론을 내렸다.[12]

알렉세이는 수학 과제를 학생들이 중요한 수학적 원리를 보고 배울 기회로 여기며 매우 신중하게 생각한다. 그는 학생들에게 흥미롭고 도전적인 문제를 제시하고, 학생들이 짝을 지어 그룹으로 토론하도록 유도한다. 그리고 학생들이 문제를 어렵게 느끼기를 기대하며, 그들에게 필요한 것을 미리 가르치는 대신 그들이 새로운 지식이 필요할 때까지 기다렸다가 아이디어를 소개하는 중요한 원칙을 지킨다. 알렉세이는 이런 방식으로 수학을 공부하는 학생들의 얼굴이 밝아지는 순간을 즐기며, 학생들의 참여도가 달라지는 것을 발견했다.

남아프리카의 한 엔지니어 그룹은, 개방적이고 다양한 수학을 위해 내가 공유한 아이디어를 대학의 공학 프로그램에서 사용되는 문제를 이용해 테스트했다. 그 결과, 그들은 모든 아이디어가 대학 수학에 적용 가능하다는 것을 발견하고, 공학 문제를 더 다양하게 변형한 방법과 사례를 공유했다.[13]

데이터 조사를 통한 다양한 참여

캘리포니아주 북부에서 지내던 추운 겨울 어느 날에, 수학자 솔 가펑클Sol Garfunkel로부터 한 통의 이메일을 받았다.14 솔은 다채롭고 흥미로운 사람이라 그의 이메일을 받고 기분이 좋아졌다. 수학 교육에 평생을 바친 수학자인 솔은 PBS(미국의 비영리 민간 방송국)에서 프로그램을 진행했으며, 지난 수십 년 동안 수상 경력에 빛나는 단체인 수학 및 응용 컨소시엄Consortium for Mathematics and Its Applications의 이사로 재직했다.15 솔과 나는 화상 회의를 통해 소통하기 시작했고, 그는 자주 나와 대화를 나누면서 눈 내리는 겨울의 주변 환경을 공유하곤 했다. 나는 눈을 좋아해서 대화가 더욱 즐거웠다. 그런 대화를 통해 솔에 대해 알게 된 것 중 하나는, 그가 많은 흥미로운 수학 자료와 함께 고등학생과 대학생을 위한 데이터 모델링 분야의 국제 수학 경시대회를 만들었다는 것이다.16 수학 경시대회는 그다지 흥미롭거나 삶에 중요하지 않다고 여겨질 수도 있지만, 멋진 데이터는 여러분의 관심을 끌 수 있을지 모른다.

미국 전역의 학교와 다른 많은 나라에 잘 알려진 수학 경시대회 중 하나는 수학올림피아드이다.17 나는 수학올림피아드 문제가 창의적이고 흥미로운 경우가 많아서 정말 좋아하지만, 시험 문제가 시간적 압박이 심한 고압적인 조건에서 주어지기 때문에 깊은 사고를 하는 사람들과 여학생들은 참여하기가 쉽지 않다.18 미국에서는 매년 가장 우수한 학생들로 구성된 팀이 국제 수학올림피아드에

출전한다. 그런데 지난 13년 동안 미국은 단 한 명의 여학생도, 단 한 명의 흑인이나 라틴계 학생도 수학올림피아드에 내보내지 못했다.[19] 이와 마찬가지로 끔찍한 불평등을 낳는 또 다른 대학 수학 경시대회는 퍼트넘Putnam 수학 경시대회이다. 이 대회는 '가장 권위 있는' 대학 수학 경시대회로 알려져 있으며, 120점 만점 중 중간 점수는 0점이다.[20] 각 섹션당 시간제한이 있는 이 시험은 짧고 어려운 문제들로 구성돼 있다. 퍼트넘 수학 경시대회에서 우수한 성적을 낸 사람들을 보여주는 웹페이지를 살펴보면, 여성은 전혀 보이지 않고 인종적 다양성도 찾아볼 수 없다.[21] 스탠퍼드대학교의 한 젊은 컴퓨터 과학자는 자신이 학부생일 때, 모든 학부생은 수학과 회의에 들어갈 때마다 자신의 퍼트넘 경시대회 점수를 말해야 했다고 했다. 내가 보기에, 사람들이 자신의 가치가 범위가 좁고 스트레스를 많이 유발하는 시험의 성적으로 평가받는다고 느끼게 만든다는 점에서 이것은 일종의 학대이다.

수학계 전체에 경종을 울려야 할 정도로 심각한 성별 및 인종 편중 결과를 낳는 수학 시험에 대해 암울하게 묘사했지만, 그래도 한 줄기 희망의 빛이 있다. 솔이 수학적 모델링을 평가하는 대회를 기획했기 때문이다. 매년 대회가 열리는 4일 동안, 약 8만 명의 학생들이 최대 3명으로 구성된 그룹을 이루어 고난도 응용수학 문제와 다양한 수학 문제를 푼다. 문제에는 여러 주의 재생 에너지 분석, 세계 언어의 동향 조사, 광학 헬리콥터 탐색 패턴 계획 등이 포함된다. 학생들은 이런 문제를 풀면서 수학의 다양한 영역에서 아이디어를 얻고, 다양한 방식으로 사고하고, 서로 협력하고, 서로의 아이디어를 바탕으로 수학적 다양성과 대략 수학적인 사고력을 키운다. 놀랍게도 참가자의 43%가 여성이고 수상자의 43% 역시 여성이다.[22] 처음 이 대회는 대학생을 대상으로 기획되었지만 3년째 되던 해에 고등학생으로 구성된 팀이 우승했는데, 주최 측은 고등학생들이 대회에 참가했다는 사실조차 몰랐다. 그 이후로 이 강력한 수학 경험은 점점 더 많은 고등학생 팀의 관심을 끌었고 그들의 참가를 환영했다.[23]

이 특이한 수학 경시대회에 관심을 갖게 된 계기는 스탠퍼드대학교의 내 연구팀에 솔이 한 가지 요청을 해왔을 때였다. 솔은 이 대회가 다른 모든 대학 수학 경시대회보다 훨씬 더 인상적인 성별 결과를 내는 이유를 조사할 수 있는지 물었다. 우리는 42시간이 넘는 관찰, 교수진 및 학생과의 인터뷰, 10개국 1327명의 학생을 대상으로 한 설문 조사를 포함한 혼합 방법 연구를 통해 이 질문에 답했다. 연구 결과 중 하나는, 학생들이 좁은 의미의 수학으로만 평가받지 않고 자신의 '완전한 자아$^{full\ selves}$'를 보여줄 수 있다고 생각해 대회에 참가한다는 것이었다.[24] 연구팀은 설문 조사와 인터뷰를 부호화하고 분석해, 더 공평한 결과를 낳는 대회의 특징을 찾아냈다. 그 결과 그림 8.2에 표시된 세 가지 주제가 도출되었다. 이것을 보면, 학생들은 다른 사람들과 협업할 기회, 다차원적 수학과 모델링에 참여할 기회, 수학적 아이디어로 창의성을 발휘할 기회라는 세 가지 이유로 그 경시대회에 참가했음을 알 수 있다.

매년 학생들에게 이 대회를 열정적으로 추천하는 수학과 교수

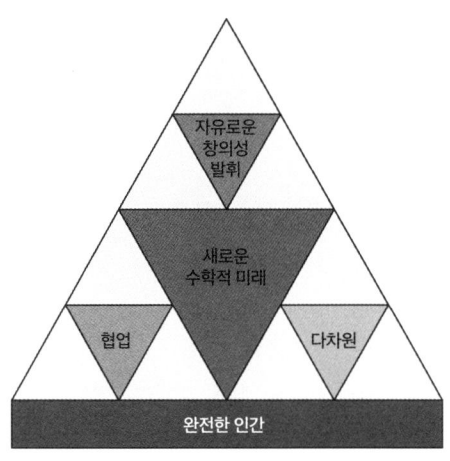

그림 8.2 학생들이 모델링 대회에 참가하는 이유

중 한 명은 다음과 같이 말한다.

> 퍼트넘 경시대회 같은 수학 경시대회와는 또 다른 경험입니다. 나는 이 대회가 전문적이고 학문적인 수학자들이 하는 일(읽기, 쓰기, 팀워크, 수학적 아이디어 교환, 처음에 잘 정의되지 않는 문제에 대한 공략, 한 문제에 비교적 긴 시간을 투자하는 것 등)을 더 정확하게 반영하는 대회라고 생각합니다. 무엇보다도 수학 '연구'가 어떤 것인지 맛보고 싶은 학생들에게 이 대회를 추천하며, 졸업 후 바로 기업 취업을 희망하는 학생들에게도 추천합니다.[25]

이런 성찰과 연구 결과는 모두 학생들의 흥미, 성공, 장기적인 학습뿐만 아니라 평가에서도 수학적 다양성의 가치를 강조한다. 이 교수는 이러한 다양한 경험이 진정한 수학이라는 중요한 사실을 공유한다.

이 데이터 경시대회는 학생들에게 더 다양한 콘텐츠에 참여하도록 유도할 때 더 다양한 그룹의 학생들이 성공한다는 것을 보여줄 뿐만 아니라, 학생들이 데이터 조사에 얼마나 관심이 있는지를 보여준다. 우리는 데이터로 가득 찬 세상에 살고 있으며, 초중고 수학 교사라면 누구나 데이터를 접목하여 학습 내용을 다양화할 수 있기 때문에 이는 다행스러운 일이다. 동물학 교수이자 자폐증 관련 활동가인 템플 그랜딘Temple Grandin은 고등학교와 대학교 초기의 필수 과목을 대수학에서 데이터 분석으로 바꾸자는 과감한 제안을 하기도 했다.[26] 솔의 데이터 경시대회를 조사한 우리 연구와 그 외 다른 연구에 따르면, 이러한 변화는 STEM 과정에 대한 학생들의 성공과 관심을 다양화하고 높일 수 있다.[27]

교사 한 명의 영향력

수년 동안 나는 학생들에게 더욱 다양한 수학적 경험을 제공해야 한다고 주장해왔는데, 그 과정에서 자녀와 학생 들이 학교에서 너무 편협한 수학을 경험하고 있음에도 변화를 일으킬 수 없다고 우려하는 학부모와 교사를 많이 만났다. 그들은 때때로 스스로도 시스템에 따라 편협한 방식으로 가르치는 것이 낫다고 생각하기도 한다. 이 생각에 대해 나는 할 이야기가 두 가지 있다.

첫째, 학생들이 2장에서 다룬 전략을 사용해 수학을 다양한 방식으로 보고 다양한 관점에서 접근하는 법을 배우면 변화하기 시작하는데, 이 변화는 그들이 나중에 교실에서 좁은 의미의 수학을 경험하더라도 유효하다. 4장에서 언급한 야스미나의 이야기를 기억할 것이다. 야스미나는 대학교 학부생으로 퀴즈네어 막대로 시각적 증명을 만들었다. 그 이야기를 이 책에서 공유해도 되냐고 물었을 때, 야스미나는 내 수업이 수학에 대한 그녀의 마인드셋과 접근 방식을 변화시켜 자신이 스탠퍼드대학교의 "(선형대수학, 다변수 미적분학, 확률과 통계 등) 여러 가지 고급 수학 강의"에서 좋은 성적을 받을 수 있었다고 말했다. 교사나 부모가 어떤 접근 방식을 선택하든, 마인드셋 메시지와 다양성을 갖춘 수학을 배우면 학생들은 남은 인생에서 성공할 수 있는 기반을 마련할 수 있다.

둘째, 내가 아는 수많은 초중고 교사가 좁은 커리큘럼 표준과 시험이 끝없이 계속되는 공립학교 시스템 내에서 학생들에게 다양한 수학적 경험을 제공했고, 이는 학생들에게 큰 변화를 가져왔으며 앞으로도 그럴 것이다.[28] 교사가 수학을 다르게 볼 수 있다는 것을 보여주면, 그 뒤로는 학생들이 모든 수학에 접근하는 방식이 좁든 다양하든 바뀌게 된다. 한 명의 교사가 누구에게나 큰 변화를 불러올 수 있으며, 여러분이 아는 사람들과 여러분 자신을 위해 그러한

변화를 불러오는 사람이 되기를 바란다.[29]

수학을 배우면서 직접 이러한 혜택을 받았기 때문에, 나는 교사 한 명의 영향력에 대해 확신을 가지고 있다. 나는 영국의 공립 '종합' 중등학교*에 다녔고, 학교에 다니는 대부분의 기간 동안 나의 수학 경험은 많은 사람이 하는 전형적인 것과 같았다. 나는 성공적이었고 빠른 속도로 계산할 수 있었는데, 이는 가치 있는 작업 방식이었지만 그다지 흥미롭지는 않았다. 나는 대학에 진학해서 과학을 공부하는 데 관심이 많았기 때문에 열일곱 살과 열여덟 살에 공부할 '고급 수준,' 즉 A 레벨 과목 중 하나로 수학을 선택했다. 그런데 이때 마셜 선생님을 만나면서 수학은 나에게 큰 변화를 일으켰다.

마셜 선생님은 꽤 개성 있는 분이셨고, 내가 전에 경험했던 어떤 수학 선생님보다 훨씬 더 매력적인 분이셨다. 그녀는 교장 선생님이 교사들에게도 금지한 달랑거리는 귀걸이를 하고, 교장 선생님을 피해 복도를 뛰어다니며 A 레벨 교실로 급히 들어오곤 했다. 마셜 선생님의 이런 반항적인 행동은 수다스러운 성격과 함께 내게 깊은 인상을 남겼다. 당시 나는 높은 수준의 수학과 매력적인 성격이 어울릴 수 있다는 것에 놀랐었다. 내 안의 수학 잠재력과 수학에 대한 흥미를 확실하게 일깨워준 것은 마셜 선생님의 가르침이었다.

마셜 선생님은 학교의 다른 선생님들과 마찬가지로 미적분 개념

---

* 영국에서 종합학교comprehensive school은 성적이나 적성에 상관 없이 원하는 학생들이 다닐 수 있는 공립학교를 의미한다.

으로 가득 찬 A 레벨 수학 교과서를 사용했지만, 방법을 가르친 다음에 학생들에게 문제를 제시하며 계산을 요구하지는 않았다. 그녀는 각 장에서 몇 가지 문제를 강조하고 학생들에게 그룹으로 토론하도록 요청했다. 학생들은 소그룹으로 문제에 대해 토론한 뒤 전체 토론을 했다. 이 중요한 시간 동안 마셜 선생님은 새로운 아이디어를 제시하고 새로운 방법을 가르쳐주셨다. 수학 학습에 대한 이러한 접근 방식, 즉 학생들의 다양한 아이디어와 생각을 소중히 여기고 수학을 다르게 볼 수 있는 과목으로 만드는 접근 방식은, 나의 모든 것을 바꿔놓았다. 나 자신에 대한 생각도 바뀌었고, 수학에 대한 생각도 바뀌었다. 덕분에 나는 수학을 나의 미래 전공과 직업으로 고려하게 됐다.

십대의 학생으로서 공부했던 그 시간을 되돌아볼 때 흥미로운 점은, 마셜 선생님이 수학 학습 경험의 두 가지 측면에서 변화를 가져와 수학에 관한 나의 생각을 바꾸었다는 사실이다. 그 변화 중 하나는 우리가 아이디어에 대해 토론하도록 유도한 것이고, 다른 하나는 우리 자신이 토론을 통해 어떤 것이 필요한지 찾아낸 뒤에 새로운 방법을 알려주었다는 것이다. 이는 책에서 여러 사례를 통해 자세히 설명한 교수 방법과 같다.

수학의 현 상태 뒤집기

나는 런던과 캘리포니아주의 학교에서 수학을 가르쳤고, 영국과 미국의 여러 환경에서 수학 교육에 대해 연구했다. 나의 교육 경험과 내가 수행한 모든 연구는 다양한 수학적 접근 방식이 학생들의 학습과 성취에서 갖는 가치를 보여주었다.[30] 하지만 성취도 향상만큼이나 중요한 다른 이점은 학생들의 수학에 대한 변화된 경험에서 비롯된다. 나는 학생들이 수학을 경쟁이 아닌 협력의 기회로 여기고, 서로를 존중하는 법을 배우고, 다른 관점을 고려하면서 학습할 때 나타나는 평등의 형태를 설명하기 위해, 이런 이점 중 하나에 '관계적 평등relational equity'이라는 이름을 붙였다.[31] 우리가 학생들에게 서로를 존중하도록 하는 집단 규범을 신중하게 설정하면서 협업을 가르치면, 평등한 사회 발전에 큰 기여를 할 수 있다. 학교의 목표 중 하나는 서로를 존중하고, 인종, 계급, 성별 또는 기타 차이와 관계없이 상호작용하는 다른 사람의 기여를 소중히 여기며, 사회에서 다른 사람의 필요를 고려하면서 정의감을 가지고 행동하는 젊은이를 배출하는 것이다. 이런 시민을 양성하기 위한 첫 번째 단계는 학생들이 이러한 방식으로 행동하는 법을 배울 수 있는 교실을 만드는 것이다.

이와 같은 사회적 혜택 외에도, 학생들은 수학적 다양성을 배우며 그것이 가져다주는 모든 것을 이해하게 된다. 내가 수행한 여러 연구에 참여한 학생들은 수학적 다양성에 대한 학습이 학업 성취에 어떻게 도움이 되는지 설명했다. 나는 미적분에 대한 다양한 접근법 연구의 일환으로 스탠퍼드 동료인 짐 그리노Jim Greeno와 함께 여러 미적분 수업을 조사했는데, 그런 수업 수강생 중에 세스라는 학생이 있었다.[32] 세스와 함께 수업을 들은 학생들은 서로 아이디어를 토론하도록 유도됐는데, 세스는 이 경험이 나중에 혼자 공부할 때 도움이 되었다고 회상하며, 막히면 다른 방식으로 문제를 바라봐야 한다는 것을 배웠기 때문이라고 말했다. 그는 수업 시간에 다른 학생들과 함께 문제를 풀면서 수학적 다양성에 대한 인식을 갖게 되었다. 그가 설명한 다양성은 혼자서 좁은 의미의 문제를 푸는 미적분 수업을 듣는 학생들의 보고서와는 극명한 대조를 이루었다.[33] 하지만 이런 접근 방식은 특히 고등학생의 수학 경험에서 매우 드문 부분이다.

수학적 다양성이 제공하는 또 다른 가치를 깨닫게 해준 학생도 있었다. 라퀴니타는 내가 미국에서 처음으로 가르친 여름 수학 캠프에 참가한 열세 살의 중학생이었다. 그 캠프는 한 학군에서 낙제한 학생들을 위해 마련한 것이었고, 참석은 의무적이었다. 라퀴니타의 성적표에는 그녀가 '지나치게 활기차다'고 묘사돼 있었다. 우리는 라퀴니타가 사려 깊고 참여도가 높았으며, 자신의 생각을 자주 그리고 기꺼이 공유해주어서 고마웠다. 여름 캠프가 끝날 무렵, 라퀴니타는 자신의 경험을 정규 학교 수학 수업과 비교하면서 이렇게 말했다.

학교에서는 수학을 이분법적으로 가르치는데 이곳 캠프에서 배우는 수학은 매우 다채롭고 밝은 것 같아요. 이곳에서는 매우 다양한 형태의 수학을 배울 수 있어요. 한쪽을 보고 있다가 고개를 돌리면 갑자기 전혀 다른 그림이 펼쳐져요.[34]

라퀴니타의 설명은 성취도와 참여도를 넘어 수학적 다양성의 또 다른 혜택을 아름답게 포착하고 있다. 수학적 다양성은 학생들이 학교 시스템에서는 거의 중시되지 않는 수학적 감탄을 경험하는 데 도움이 된다.[35] '이분법적인' 수학을 선호하는 사람도 있지만, '다채롭고 밝은' 수학의 아름다움에 영감을 받는 사람이 그보다 훨씬 더 많다.

고등학교 수학 접근법에 대한 연구를 하면서 나는 그린데일 고등학교의 17세 고등학생 토비를 만났다.[36] 토비는 분리된 대수와 기하가 아니라, 풍부하고 복합적인 수학적 상황을 통해 융합적 수학을 가르치는 접근 방식인 통합 수학 프로그램IMP으로 수학을 배우고 있었다. 수업을 관찰하면서, 학생들이 서로의 아이디어를 바탕으로 다차원적인 방식으로 협력하고 해결책을 찾기 위해 함께 노력하는 모습을 볼 수 있었다. 수업에서 학생들은 높은 수준의 수학적 언어를 사용해 문제에 대한 다양한 접근 방식을 열정적으로 토론했다. 세계적으로 유명한 인지심리학자인 짐 그리노와 함께 수업을 참관했을 때, 그리노는 그 수업을 '마법 같다'고 표현했다. 수업이 끝난 뒤 나는 토비에게 수학을 자신만의 말로 설명해달라고 부탁했고, 그는 다음과 같이 말했다.

> 수학은 정말 아름답고 그 안에는 놀라운 패턴이 있어요. 어차피 대부분의 예술은 패턴으로 이루어져 있잖아요. 그래서 저는 수학에 관한 시를 많이 썼고 노래도 많이 만들었어요. 저는 폴리리듬polyrhythm이 음악과 수학을 접목한 것 중 하나라고 생각해요. 4마디 리듬이 균등하지 않기 때문에 반복에 여러 마디가 필요한 패턴과 같고, 서로 다른 박자를 최소공배수로 맞추면 공통분모가 생기기 때문에 분수와도 매우 비슷해요. 폴리리듬은 패턴이 얼마나 흥미롭고 예술적일 수 있는지 보여주지요. 이런 점에서 수학은 내게 여러 가지로 영향을 미치는 것 같아요.

토비의 수학적 접근 방식은 여러 가지 면에서 그 자신에게 영향을 미쳤다. 나는 교실을 관찰하면서 수학적 다양성이 그의 이해력 발달에 어떻게 도움이 되는지 보았고, 미술과 음악에 수학이 미치는 영향에 대한 그의 설명을 통해 그의 수학적 감탄에 대해 깊이 느낄 수 있었다. 토비는 또한 수학적 렌즈로 세상을 보기 시작했다. 그는 이제 수학은 세상을 관통하는 일련의 아이디어 집합이라고 설명한다. 이것이 음악과 미술을 엮어내고, 자신이 '아름답다'고 생각하는 패턴 그리고 자신의 음악적 창작에 의미를 부여하는 패턴을 만들어낸다는 것이다. 삶을 보는 이 렌즈의 가치는 아무리 강조해도 지나치지 않다. 나는 이 접근법이 제공하는 수학적 기회에서 가치를 보지 못하고, 이 접근법을 학교에서 몰아내려고 노력한 사람들이 있다는 사실이 당혹스럽다. 다행히도 그들의 시도는 성공하지 못했다.

내가 언급한 세 학생은 모두 수학을 비정형적인 방식으로 이야기한다. 구체적으로 말하자면, 수학을 다채롭고, 심지어 아름다운 것으로, 사람들이 아이디어를 보는 다양한 방식으로 이해할 수 있는 사회적 과목으로 이야기하는 것이다. 그들은 수학을 예술과 음악의 세계를 비추는 일련의 패턴으로 설명한다. 라퀴니타는 겨우 열세 살이지만 "한쪽을 보고 있다가 고개를 돌리면 갑자기 전혀 다른 그림이 펼쳐"진다는 말로 수학적 다양성을 잘 포착하고 있다.

수학에 대한 이런 생각은 수학의 본질을 드러내지만, 안타깝게도 이런 생각을 하는 학생은 매우 드물다. 이보다 더 나쁜 것은 전국의 교실에서 반복되고 있는 전형적이고 편협한 버전의 수학이 자신과 다르게 생각하는 사람들을 스스로 뭔가 잘못되었고 열등하다고 믿게 만든다는 사실이다.[37] 하지만 우리는 모두를 위해 더 나은 수학, 즉 다양한 시각과 사고방식을 환영하고 수학적 연결을 구축하고 깊이 이해할 수 있도록 하는 수학을 만들 수 있다. 여기서 언급한 학생들은 모두 일반 공립학교 교실에서 수학을 배우는 학생들이다. 이렇게 우리는 수학을 배우는 학생들(그리고 우리 자신)이 아름답고 의미 있는 무언가를 성취하도록 도울 수 있다.

조직적인 인종차별과 편견

수학적 다양성에 대한 나의 메시지, 특히 모든 학생이 높은 수준의 수학에 접근할 자격이 있다는 생각은 특히 현재의 불평등한 시스템에서 성공한 사람들로부터 상당한 저항을 받게 되었다.[38] 전통적인 수학 교육 시스템은 학생들을 분류하고 서열화하고 분리한다. 시험 성적을 목표로 하는 과외 비용을 지불할 수 있는 부유한 사람들에게는 좁은 수학이 쉽게 성공을 가져다줄 수 있다. 창의성과 추론을 중시하고 요구하는 수학 접근 방식은 진정한 이해가 필요하기 때문에 지도하기가 쉽지 않다는 것도 알고 있다. 이러한 광범위한 맥락을 고려할 때, 내 아이디어와 연구 증거에 대한 저항이 괴롭힘, 학대, 최근에는 나와 내 아이들에 대한 살해 위협의 형태로 나타난 것은 놀라운 일이 아닐 수 있다. 하지만 나는 이 격동의 시기에 전보다 더 강해졌다. 이러한 강인함은 괴롭힘과 학대 속에서도 나를 보호해준 마인드셋에서 비롯된 것이다. 이제 내가 활용했던 접근 방식과 전략을 공유해야 할 때라는 생각이 든다. 이 책을 마무리하면서 우리 모두에게 도움이 된다고 믿는, 특히 불평등한 시스템을 바꾸기 위해 노력하는 사람들에게 도움이 될 것이라고 믿는, 다섯 가지 원칙을 공유하고자 한다.

다양성을 중시하는 고등학교인 레일사이드 스쿨의 학생들이 전통적인 교육을 받은 부유한 지역의 중산층 학생들보다 더 높은 수준의 성취도를 보였다는 연구 결과를 발표한 후, 나는 처음으로 내 연구에 대한 공격적인 반발과 허위 정보의 확산에 직면했다.[39] 내 연구가 교육 방식을 바꾸고 길을 열면 더 많은 학생이 성공한다는 것을 보여주자, 변화를 막으려는 전통주의자들은 내가 데이터를 조작해 이런 결과를 만들어냈다고 주장했다. 그들은 엄밀성을 인정받아 상을 받은 영국에서의 내 연구에 대해서도 같은 주장을 계속했다.[40] 내가 캘리포니아주를 위한 새로운 수학 프레임워크의 저자로 초청받았을 때, 잘못된 정보가 다시 퍼지고 반발은 몇 단계 높아져 살해 위협에 이르렀다.[41] 내 이메일 함이 욕설로 가득 차기 시작한 것은 금요일 밤이었다. 보수 정치 평론가인 터커 칼슨Tucker Carlson이 자신의 쇼에서 내 이미지를 노출하고, 캘리포니아주에서 제안된 수학 프레임워크가 사회 정의를 증진하기 위한 것이라는 사실을 조롱하자 벌어진 일이었다.[42] 스탠퍼드 경찰이 우리 집을 일일 순찰 대상에 추가하는 등 불안한 몇 달이 시작되었다. 많은 사람이 증거를 생산하기 위해 노력하는 연구자가 이런 종류의 학대와 괴롭힘을 경험해야 한다는 사실에 충격을 받고 실망했다. 안타깝게도 이런 반응은 학계에서 점점 더 흔한 일이 되고 있다.[43] 기후 변화를 연구하는 과학자들 역시 자신의 연구와 관련해 비슷한 괴롭힘과 학대를 받고 있다.[44]

캘리포니아주 수학 프레임워크에 반대하는 집단은 협박을 하는 것 외에도 내 연구 성과를 깎아내리려 하고, 학술지에서 내 연구 논문을 삭제하려는 시도를 했다. 언론과 소셜 미디어에 나에 대한 잘못된 정보를 퍼뜨리고, 내 위키백과 페이지에 잘못된 정보를 게재

했으며, 언론인들을 설득해 프레임워크와 나에 반대하는 기사들을 쓰도록 했다. 나는 미국의 부자와 권력자 들이 언론을 지휘하고 통제할 수 있다는 사실에 다시 한번 주목하게 됐다.

나는 스스로가 수줍고 내성적이라고 생각한다. 어린 시절에는 가족 외에는 누구와도 대화하지 않고 거의 모든 의사소통을 자매하고만 했다. 청년 시절에는 대중 앞에서 말하는 것을 피하고 가능한 한 다른 사람에게 그 역할을 맡겼다. 오랜 세월이 지난 지금도 나는 수천 명의 청중 앞에서 말할 때면 여전히 긴장한다. 그런데 놀랍게도, 절대 바라지 않았던 '공인'이라는 꼬리표가 내게 붙었다. 최근에는 이 수식어가 "논란의 여지가 있는" 유명인으로 바뀌기도 했다. 나는 공인이 되고 싶지 않았고, 공개적인 '전쟁'의 한가운데 있는 것은 더더욱 원치 않았다.

처음 뉴스 기사에서 나를 이런 식으로 묘사하는 것을 보고 기자에게 연락해 "논란의 여지가 있는"이라는 말을 삭제해달라고 요청했다. 기자는 수학 교육에 대한 논쟁을 불러일으키는 내 생각에 공개적으로 동의하지 않는 전통주의자들이 많기 때문에, 나를 그렇게 묘사하는 것은 매우 적절하다고 답했다. 그 기자는 자신이 논란의 여지가 있다고 생각하는 다른 유명 인사들의 예를 들었는데, 그들은 모두 내가 존경하는 사람이었다! 논란의 여지가 있는 인물을 위키백과 페이지가 여러 번 편집된 사람들로 정의하는 이들도 있다.[45] 내 위키백과 페이지는 여러 번 편집되었을 뿐만 아니라, 매우 부정확하고 표적화한 편집이 이루어졌기 때문에, 위키백과 측에서 나를

보호하기 위해 페이지를 잠갔다.[46]

나는 "논란의 여지가 있는" 유명인이라는 표현을 받아들이기 시작했다. 하지만 그렇게 하는 것(그리고 그 악명을 수용하고 심지어 즐기는 태도의 가치를 깨닫게 것)은 마인드셋 변화의 여정이 있었기에 가능했다. 많은 사람이 내 일에 대한 공격에 어떻게 대처하는지, 살해 협박과 괴롭힘에도 어떻게 계속 나아갈 수 있는지 물어왔다. 내가 살아남고 교육 평등을 위해 더 강한 사람으로 거듭날 수 있었던 것은 모두에게 중요하다고 여기는 몇 가지 생각 덕분이다. 이 책을 마무리하며 그 생각들을 정리해보고자 한다.

효과적인 변화를 위한 5가지 원칙

1. 자신을 믿으라

교육이나 기타 불평등한 시스템을 바꾸기 위해 노력할 때, 첫 번째 원칙은 자신에 대한 믿음의 중요성을 기억하는 것이다. 미국은 다른 사회와 마찬가지로 교육자뿐만 아니라 유색 인종, 여성, 성 소수자, 비 이성애자, 트랜스젠더, 신체장애가 있는 사람, 그 외 '전형적인'이지 않은 모든 사람을 무시하는 문화가 있다. 이런 범주 중 하나 이상에 속하는 경우 무례함은 더욱 커진다.

교육자들은 비록 존중받지 못하지만, 다른 전문가들이 갖지 못한 전문 지식을 가지고 있다. 저명한 교수인 리 슐먼Lee Shulman은 교육학적 콘텐츠 지식PCK, pedagogical content knowledge이라는 지식의 한 형태를 세상에 소개했다.[47] 잘 가르치는 방법에 대한 이 지식은 콘텐츠와 교육학의 교차점에 놓여 있다. 예를 들어, 학습자가 가장 이해하기 쉬운 방식으로 지식을 공유하려면 어떻게 해야 할까? 어떤 표현이 아이디어를 가장 잘 강조할 수 있을까? 일반적인 오해에는 어떤 것이 있을까? 실수는 어떻게 처리할까? 일부 대학교수들은 자기 분야에 대한 매우 높은 수준의 지식을 가지고 있지만, PCK가 전혀 없어 잘 가르치지 못한다. 훌륭한 교사는 고도로 전문화된 PCK를 가지고 있는데, 이것은 개발하는 데 수년이 걸리기도 하지만 교육 현장에서 가장 잘 개발된다. 미시간대학교의 전 학장이자 교육 전문가인 데보라 볼Deborah Ball은 교육 현장 밖에서 가르치는 법을 배우는 것은 길거리에서 수영하는 법을 배우는 것과 비슷하다고 설명한다.[48]

어떤 사람들은 가르치는 일이 지적으로 어려운 일이 아니라고 생각한다. 내게 이런 생각을 말하면, 나는 특정 시나리오를 예로 들어 반박한다. 학생 30명과 함께 수학적 아이디어에 대한 수업 토론을 한다고 상상해보자. 아마도 교사는 학생들에게 질문을 하고 한 학생이 답을 제시할 것이다. 그 순간 교사는 답변을 구성하면서 여러 가지 질문을 고려하는 등 많은 결정을 내려야 한다. 학생이 무엇을 이해했는가? 그 이해가 내가 논의하고 있는 수학과 어떻게 연결되는가? 학생의 사고는 더 넓은 수학적 지평과 어떻게 연결되는가? 그리고 어디로 이어질 수 있는가? 후속 조치로 지금 학생에게 수학적으로 가장 필요한 것은 무엇이며, 학급의 다른 학생에게도 필요한 것은 무엇인가? 이런 모든 생각은 교사의 다음 질문이나 진술에 영향을 미치며, 교사는 30명이 지켜보고 기다리는 동안 순식간에 결정을 내려야 한다. 이렇게 복잡한 사고와 의사 결정을 빠른 속도로 해야 하는 직업은 거의 없다. 물론 이것은 하나의 작은 예에 불과하다. 교사는 학생들을 모든 학습 내용에 깊이 몰입하게 만드는 방법을 알아야 하며, 이를 위해서는 대부분의 사람과는 달리 그 내용을 철저하게 파악해야 한다. 리 슐먼이 교육학적인 콘텐츠 지식을 파악하고, 그 위상을 중요한 위치로 끌어올린 것에 대해 기쁘게 생각한다.

교사들이 실무와 수년간의 연구를 통해 상당한 전문성과 지식을 가지고 있음에도, 교사가 아닌 사람 중 대부분은 자신이 학교에 다녔기 때문에 교실에서 어떤 일이 일어나야 하는지 더 잘 안다고 생각한다.[49] 정보가 거의 없으며 새롭고 다양한 아이디어에 반대하는 사람들을 마주하는 교육자들에게 나는 이렇게 조언하고 싶다. "**자신이 지식과 전문성을 갖춘 사람인 것을 알고 자신을 믿으세요.** 교육이 얼마나 복잡한지에 대해 의문을 제기하는 사람들에게 교육의 미묘한 현실을 설명해주세요. 교육학적인 콘텐츠 지식을 강조하는 것을 두려워하지 마세요." 대부분 교육자는 자신의 전문성을 발휘하는 것을 부끄러워한다. 하지만 이제 교육적 결정의 가치를 강조할 수 있는 사례를 공유해야 할 때이다.

2. 공감을 연습하라

두 번째 조언은 가능한 한 깊고 의도적인 공감을 연습하라는 것이다. 스탠퍼드대학교의 교수와 학생으로 구성된 학제 간 그룹은 정치적 견해 차이를 넘어 건강한 대화를 촉진할 수 있는 방법에 대한 연구를 수행했다. 이들은 4780명을 대상으로 한 4건의 연구를 검토한 결과, 사람들이 상대방의 입장과 의견에 공감하며 소통할 때 상대방의 생각에 영향을 미칠 가능성이 훨씬 더 높다는 사실을 발견했다.[50]

상대방에게 그의 우려를 이해한다고 말하면서, 그의 사고 과정에 도움이 될 만한 몇 가지 사례를 제시해보자. 우리 대다수가 사람과 생각의 다양성을 소중히 여기지만, 자신과 다른 생각은 그다지 환영하지 않는다.[51] 진정으로 다양성을 소중히 여긴다면 다른 관점을 환영하는 것으로 대화를 시작해야 한다. 나와 생각이 반대되는 사람과 대화할 때, 굳건하고 강한 나무보다는 버드나무가 되는 것이 더 도움이 된다는 불교의 조언이 떠오른다. 눈이 내리기 시작하면, 두 나무 모두 가지에 쌓이는 눈의 무게를 견뎌야 한다. 눈이 쌓일수록 단단한 나무의 가지들은 딱딱한 상태를 유지하다가 결국 꺾이고 부러진다. 하지만 버드나무는 눈을 받아들이며 구부러지고 결국에는 가지가 다시 돋아나 새롭고 싱싱해진다.[52] 나는 새로운 상황과 다른 관점에 접근할 때 유연성을 갖는 것이 중요하다는 글을 쓴 적이 있다.[53] 때로는 유연성이 가장 어려운 목표를 달성하는 데 도움이 된다.

이 시점에서, 캘리포니아주 수학 프레임워크에 반대하고 나의 신뢰도를 떨어뜨리려고 했던 사람 중 그 누구도 생각의 차이에 대해 열린 마음으로 토론하지 않았다는 점을 짚고 싶다. 만약 그랬다면, 우리는 의견 충돌이 아니라 훨씬 더 많은 합의를 경험했을 것이고, 그들의 견해가 어떤 변화를 가져왔을 것이다. 나는 항상 서로를 존중하는 도전을 환영한다. 활발한 토론은 공동체가 건강하고 생산적이라는 것을 나타내는 신호이며, 이를 통해 우리 모두가 배울 수 있다. 건전하지 않은 것은 의견의 신뢰도가 아닌, 그것을 주장하는 사람의 신뢰도를 떨어뜨리려는 시도와 인신공격이다.[54]

3. 네트워크를 구축하라

세 번째 조언은 다른 사람들의 놀라운 가치를 인정하고 소통하라는 것이다. 어려운 영역에서 일하고 있다면 지지자를 찾을 것을 강력히 권한다. 지지자는 친구, 가족, 동료 등 주변의 모든 사람이 될 수 있다. 수년 동안 살핀 결과, 나를 포함해 공격을 받는 사람들은 자연스럽게 내면을 향하고 침묵하는 경향이 있다는 것을 발견했다. 스트레스를 받을 때 가장 회복적이고 발전적인 접근 방식은 다른 사람들과 소통하는 것이기 때문에 이는 매우 안타까운 일이다. 내가 결국 내 연구에 대한 공격에 대해 입을 열었을 때, 비슷한 괴롭힘과 명예훼손 경험을 공유한 수백 명의 여성 과학자들이 연락을 해왔다.[55] 나와 같은 상황에 처한 사람들의 지지는 나의 모든 것을 바꿔놓았다.

4. 조사하라

네 번째 조언은 다양한 형태의 데이터를 수집하고 공유하라는 것이다. 나는 동영상을 통해 가장 큰 변화 중 하나를 목격했다. 그것은 교육 현장에서 확산되고 있는 성장 마인드셋 원칙의 가치를 중시하는 토론토의 한 학교 교장이, 학생들을 인터뷰하면서 수학에 대해 어떻게 생각하는지 묻고 그들의 대답을 촬영한 것이었다. 이 교장은 이 동영상을 교사들에게 보여주면서 교육 방식에서 광범위한 변화를 이끌어냈다.[56] 변화의 필요성이 있는 시스템의 측면을 관찰하고 있다면, 데이터를 수집하는 것을 권장한다. 그렇게 하면서 다양성의 렌즈를 통해 발견한 것을 살펴보길 바란다. 앞선 예에서 알 수 있듯이 데이터는 학생의 진로, 학생의 성취도, 인종 불평등, 시간 압박이 심한 좁은 의미의 수학 시험을 치른 후 학생의 감정 등 다양한 형태를 취할 수 있으며, 이 모든 것이 긍정적인 결과에 영향을 미치는 강력한 힘을 발휘할 수 있다.

5. 전사의 마인드셋을 가지라

다섯 번째이자 마지막 조언은 우리의 마인드셋 그리고 반대와 시련을 대하는 방식에 관한 것이며, 이런 점에서 가장 중요한 것일 수 있다. 이 접근 방식은 불교와 도교의 가르침에서 비롯되었다(물론 나는 이 두 종교의 전문가는 아니다). 이 두 종교 모두 전문가라는 개념을 거부하며, 가장 현명한 사상의 전달자조차 끊임없이 배우는 사람이라는 입장을 취한다. 나는 교육받을 권리를 모든 학생의 기본적인 인권으로 만들기 위해 노력해왔는데, 지금부터 이 지속적인 노력에 도움이 되는 생각에 대한 내 해석을 공유하고자 한다.

불교와 도교의 가르침에 따르면, 변화를 일으키는 일은 전사warrior가 하는 일이다. **전사**라는 단어의 어원은 **전쟁**에서 유래했지만, 불교와 도교의 전사 개념은 싸움이나 전쟁에 관한 것이 아니라, 변화를 지향하는 새롭고 다른 방식으로 세상과 연결되는 것을 말한다.[57] 이러한 형평성 작업의 틀에서 비롯된 인식은 우리가 세상을 살아가는 방식을 바꿀 수 있고, 더 높은 수준의 효율성을 발휘할 수 있는 힘을 주며, 변화를 가로막으려는 해로운 세력들로부터 우리를 보호한다. 무엇보다, 전사가 된다는 것은 내적인 인식을 할 수 있는 상태가 되는 것이다. 내적인 인식은 우리를 다른 방식으로 우리의 마음과 연결하는 수단이다.

할리우드 무술 전문가로 유명한 존 리틀John Little은 삶에 대한 발전된 마인드셋과 접근 방식으로도 주목받은 이소룡의 철학을 전달한다.[58] 리틀은 서구 세계의 많은 사람이 전사의 힘과 연결하는 것을 소홀히 하고 그 존재를 무시하기 때문에, 실제로 자신이 가질 수 있는 힘보다 더 적은 힘을 가지게 된다고 말한다. 내면의 전사와 연결되는 모든 사람은 그 전에는 이용하지 못했던 내면의 힘으로부터 혜택을 받아 관계를 형성하고 잠재력을 극대화할 수 있다.[59]

전사가 된다는 것은 자신이나 자녀의 삶이 아니라 세상을 위해 변화를 일으키는 데 헌신한다는 뜻이다. 그러기 위해서는 먼저 자신의 강점과 선함을 인정하고, 이를 다른 사람에게 투영할 수 있어야 한다. 전사들은 끝없이 긍정적이거나 낙관적인 태도를 취하는 것이 아니라, 자신에게서 눈을 돌려 상황을 개선하고 세상에 좋은 생각과 선함을 전파하는 것을 선택한 사람들이다.

나와 동료들은 스탠퍼드에서 첫 유큐브드 캠프를 진행하면서 마인드셋, 뇌 성장, 수학적 다양성에 대한 아이디어를 공유했는데, 나중에 학생들이 학교로 돌아가 캠프에 참가하지 않은 학생들과도 이 아이디어를 나누었다는 소식을 들었다. 이들은 같이 수학을 배우는 반 친구들에게 포기하지 말고, **아직** 무언가를 배우지 못했다고 생각해야 한다고 말했다. 예를 들어, 이 학생들은 수학 문제를 묘사하는 그림을 그리거나 만들기를 하는 등 다른 방식으로 생각하도록 서로를 격려했다. 나는 다른 교사들로부터 학급에서 마인드셋 아이디어를 공유하는 데 열정적인 학생들에 대해 듣기도 한다. 이 학생들은 자신이 알고 있는 유용한 정보를 다른 학생들과 공유하기 위해 자기 밖으로 향하는 마인드셋 전사의 역할을 하고 있다.

자신이 다른 사람에게 제공할 수 있는 가치를 인식하고 변화를 만들기 위해 노력한 후에는 진정한 자신과 연결해야 한다. 고정관념을 버리고 보다 유연한 마음을 키울 때 우리가 세상에서 진정한 존재가 될 가능성이 높아진다. 세상에 선한 영향력을 끼칠 수 있는 자신의 힘과 잠재력을 스스로 깨닫는 전사 정신을 갖는 것은 진정한 나, 즉 정직한 자아를 알아가는 일을 포함한다. 다른 사람을 아는 것보다 자신을 아는 것이 더 중요하다. 자신에 대한 지식은 주변 세상을 최대한으로 해석할 수 있게 해주기 때문이다. 마음속에 더 큰 자각을 할수록 진정한 자아에 대한 의심과 망설임을 초월하는 데 도움이 될 것이다. 이러한 존재 방식에 대해서는, 진정성은 한 번 얻으면 절대 잃지 않는다는 것 외에는 더 이상 말하지 않겠다.

전사 정신을 발달시키는 다음 측면은 불교와 도교뿐 아니라, 현대 고고학이 연구하는 거의 모든 고대 문화에서 중요한 개념으로 위치하는 음양 사상과 관련이 있다.[60] 음양은 태양과 그늘, 불과 물 또는 옳고 그름과 같은, 세상의 자연적 이중성을 뜻하며, 이러한 상반된 개념이 중요한 방식으로 서로 연결되어 있다는 것을 전달한다. 음양 사상에 따르면, 이런 개념들은 균형을 이루며 함께 존재해야 한다. 그러므로 어떤 연속체를 따라 너무 멀리 이동했다면(예를 들어 음을 향해) 양을 경험함으로써 도움을 받을 수 있다. 우리 중 일부는 항상 행복하거나 강하거나 긍정적이어야 하고, 슬프거나 약하거나 부정적이어서는 안 된다고 생각하며 자랐지만, 이런 사고방식은 세상의 자연스러운 균형과 모순된다. 누구도 끝없이 행복하거나, 긍정적이거나, 강할 수는 없다. 이를 깨닫고 우리가 밀어내려 했던 감정을 인정하는 것이 중요하다. 부정적 감정이나 무력감을 밀어내는 대신에 인정하고 느끼면 균형 상태로 돌아갈 수 있다.[61]

어떤 사람들은 **전사**라는 개념이 강함을 뜻한다고 생각한다. 때로 힘이 필요한 것은 사실이지만, 항상 강해지는 것은 가능하지도 않고 때로는 바람직하지도 않다. 전사도 자신의 취약성을 인정해야 한다. 항상 강하거나 성공해야 한다는 생각, 절대 실수하거나 실패해서는 안 된다는 생각은 사람들이 꿈과 목표를 포기하게 만드는 원인이 된다. 전쟁과 삶의 모든 측면에서 음과 양의 필요성을 인정한다면 매우 자유로워질 수 있다.

티베트 불교 승려이자 작가인 초걈 트룽파Chögyam Trungpa는 전사가 경험의 이중성과 접촉하는 방법에 대해 다음과 같이 말했다.

> 경험의 충만함은 자신의 것이며, 누구든 자신의 진실을 가지고 살아야 한다. 그럼에도 사람은 점점 더 세상을 사랑하게 된다. 이런 애정과 외로움의 결합은 전사가 끊임없이 다른 사람들을 돕기 위해 손을 뻗을 수 있게 해준다.[62]

음양의 개념은 항상 균형이 존재한다는 것을 상기시키는 데 도움이 된다. 변화의 아이디어를 전파하기 위해 노력하다 보면 긍정적인 피드백을 많이 받을 수도 있지만, 저항도 항상 존재하기 마련이다. 이를 예상해야 하며, 이런 저항을 자신의 아이디어가 무언가를 바꿀 수 있는 잠재력을 가지고 있다는 신호로 받아들여야 한다. 여러분의 아이디어가 변화를 불러올 수 있다고 생각하지 않는 한 (어떤 이유에서든 두려움을 느끼지 않는 한), 누구든 굳이 반발하려고 하지 않을 것이다. 나는 수학에 대한 다른 접근 방식의 가치를 공유하는 일을 하면서 힘들 때마다 전사의 용기를 발휘해야 했다. 이 일은 포기하기에는 너무 중요하기 때문이다. 전사가 되기 위한 핵심적인 요건은 다양한 존재 방식에 더 익숙해지는 것이다. 나를 공격하고 불신을 조장하는 사람들은 교육과 수학에 대한 이해뿐만 아니라,

자신과 생각이 다른 동료들과 함께 자비롭게 살아가는 방법에 대한 이해도 부족하다는 것을 알기에, 나는 더욱 힘을 얻는다. 이해력이 부족한 사람은 배우고 발전할 기회가 없었던 사람이기 때문에 그런 사람에게 짜증을 내지 않는다. 또한 나의 강함과 용기는 나의 취약성과 균형을 이루고 있다는 것을 잘 알고 있으며, 이 사실을 나는 편안하게 받아들이려고 한다.

전사 정신이라는 개념은, 도전에 대처하는 주의 깊고 다양한 전략을 제공하는 마인드셋과 전망에 대한, 복합적인 아이디어를 전달한다. 3장에서 이해 능력의 한계점에서 노력하는 것이 중요하다고 했는데, 그 이유는 가장 큰 지식 개발이 일어나는 곳이 바로 그곳이기 때문이다. 형평성을 유지하면서 일하는 것은 다른 한계점, 즉 변화의 한계점에서 노력하는 것과 같다. 이 한계점에서 변화를 일으킬 수 있는 잠재력을 가진 사람은 공격의 대상이 될 때가 많다. 한계점에서 노력하다 보면 아마도 화살이 날아올 것이다.

건너편으로 가기 위해서는 이를 견뎌내야 한다. 대개 그 반대편은 아름다운 곳이다. 화살 때문에 후퇴하거나 쓰러져선 안 된다. 애씀의 한계점에 익숙해지는 것이 중요하듯이 변화의 한계점에 익숙해지는 것도 중요하다. 사람들은 한계점에서 노력하는 데 필요한 마인드셋과 용기를 가지지 못한 채 첫 번째 화살이 발사되면 다시 안전한 곳으로 돌아간다. 중요한 변화가 일어나지 않는 이유 중 하나가 바로 여기에 있다.

교육 시스템을 더욱 공평하게 만들기 위해 노력하는 사람들은 특히 공격에 취약하다. 우리의 학교 시스템이 특권에 기반을 두고 있기 때문이다. 교육계에서 여전히 사용되고 있는 많은 구시대적 관행은 신경 가소성, 신경 다양성, 사고방식, 뇌의 연결성에 대한 현재의 증거가 발견되기 전인 과거에 형성되었다. 이런 관행이 여전히 굳건하게 유지되는 이유는 그 혜택을 받는 힘 있는 사람들의 지지를 받고 있기 때문이다. 반발을 긍정적인 신호로, 무언가를 바꿀 수 있다는 신호로 받아들이고 재구성하는 법을 배울 수 있다면, 전사의 정신을 불러일으킬 수 있을 것이다.

몇 년 전, 뉴멕시코주에서 마인드셋과 수학적 다양성에 대한 아이디어를 공유할 준비를 마치고 청중을 바라보던 중, 두 젊은 여성 교사에게 시선을 사로잡혔다. 자나 워드Jana Ward와 자이라 팔리너Zaira Falliner라는 교사들이 '#트루볼리버trueBoaliever'*라는 슬로건이 적힌 티셔츠를 입고 있었던 것이다. 나는 그 티셔츠를 만들게 된 계기를 물었다. 그러자 그들은 자신들이 이제 막 석사 학위를 마치고 교사로 일하면서, 지역 강사들과 마인드셋과 수학적 다양성에 대한 아이디어를 공유하고 있다고 말했다. 그날 행사는 이렇게 교사들의 열정과 학생들의 성취와 신념 모두에서 측정할 수 있는 성과가 있었기 때문에 흥미진진한 시간이었다. 자나와 자이라는 '수학 액션팀'이라는 그룹을 만들었다고 했다. 하지만 전통적으로 가르치던 교사들은 이 단체를 사이비 단체라고 부르며 반발했다. 나 역시 이런 이상한 비

---

* Boaliever는 저자의 성 Boaler와 '믿는 자'를 뜻하는 believer를 합쳐서 만든 말이다.

난을 받은 적이 있다. 자나와 자이라의 대응은 그 비난에 맞서 자신들이 '조 볼러의 신념을 지지하는 사람'임을 대놓고 선언하는 티셔츠를 만드는 것이었다! 자나는 학생들에게 무엇이 옳은 일인지 그들 둘 다 알고 있었기 때문에 주저하지 않았다고 말했다. 이 일은 전사 정신을 보여주는 완벽한 예다. 자나와 자이라는 낙인이 찍힌 상태에서 공격받으면서도 내 아이디어를 받아들이고 자신의 것으로 만들었다.

선사이자 심리치료사이자 저자인 고신Koshin 스님은 모든 위대한 영웅 이야기에는 시련이 등장한다고 말한다. 시련을 어떻게 해결하느냐가 그 사람을 만들어낸다.63 여러분이 모든 학생에게 기회를 열어주고, 기회가 주어지지 않은 학생들을 끌어올리고, 우리 사회의 소외된 사람들을 위해 싸우는 교육자라면, 여러분도 이러한 영웅 중 한 명이다. 그리고 여러분의 이야기에는 아마도 약간의 고난이나 도전이 포함되어 있을 것이다. 여러분의 이야기는 고난과 도전에 대한 반응, 특히 그러한 경험을 강점으로 바꾸기 위해 지식과 마인드셋을 어떻게 활용하느냐에 따라 달라질 것이다.

다른 사람들이 내 아이디어에 논란거리라는 꼬리표를 붙이더라도 나는 내 아이디어가 특별히 논란의 여지가 있다고 생각하지 않는다. 하지만 모든 학생이 배울 수 있다고 믿고, 학교와 대학의 고등 수학 교실에서 인종차별을 허용할 수 없다고 믿는 것이 논란을 불러일으킬 수 있다면, 나는 기꺼이 그 꼬리표를 달 것이다. 오히려 그 꼬리표를 자랑스럽게 달고 다닐 것이다. 여러분이 하고 있는 일이 현 상태를 뒤흔들 수 있는 잠재력을 가지고 있다면, 여러분도 자부심을 가지고 그 꼬리표를 달아야 한다. 자신에게 붙여진 꼬리표를 재구성하고, 받아들이고, 소유하기로 선택할 때 중요한 일을 하게 될 것이기 때문이다. 여러분이 가진 전사의 마인드셋은 삶을 살아가는 방식에 불굴의 의지를 더해줄 것이다. 여러분은 공격자들이 어디에서 왔고 무엇이 그들에게 동기를 부여하는지 알기 때문에 그들의 말에 겁먹거나, 주눅 들거나, 괴로워하지 않을 것이며, 이러한 사실을 세상에 보여주게 될 것이다. 자나와 자이라는 옳다고 믿는 접근 방식을 취했다가 사이비로 분류됐지만, 이런 생각을 가지고 있었기에 자신들이 '조 볼러의 신념을 지지하는 사람'임을 자랑스럽게 드러냈다. 이것이 바로 공정한 결과를 촉진하기 위해 노력하는 우리 모두가 개발해야 할 전사 정신이다.

이 책에서 나는 수학적 다양성과 형평성을 장려하는 교사의 자질을 공유하고, 교사들이 교실에서 이를 어떻게 달성했는지 보여주는 다양한 사례를 제시했다. 처음에는, 모든 학습자가 사용할 수 있는 몇 가지 주요 메타인지 및 수학적 전략을 사용해 학습하는 방법을 가르치는 목표를 다루었다. 그런 다음 애씀을 포용하는 일의 중요성을 고려하고, 우리 모두가 애씀에 대해 편안함을 키울 수 있는 전략을 공유했다. 하지만 수학적 다양성을 향한 우리의 진정한 여정은 수학에서 가장 중요한 영역을 알고, 각 영역에 다양한 관점으로 접근할 방법을 파악하는 데에서 시작됐다. 그 뒤 우리는 학습과 삶에서 대략적 수와 도형이 얼마나 가치가 있는지 살피고, 여러 학년에 걸친 사례들을 통해 시각적 수학의 힘에 대해 생각해보았다. 그다음에는 수학을 개념적이고 연결성이 강한 과목으로서 유연하게 접근하는 것이 중요하다는 점을 지적하고, 수학적 연습, 평가 및 피드백의 다양성에 대한 토론으로 마무리했다.

이런 설명과 사례를 통해 내가 전달하고자 한 것은, 학생들은 학습 콘텐츠에 다양한 방식으로 참여할 때 더 흥미를 느끼고 더 성공적으로 배울 수 있다는 사실이다. 이 사실은 모든 연령과 수준의 모든 콘텐츠 학습에서 유효하다. 미국에는 수학을 잘 못하는 사람들이 있는 것이 아니라, 수학적 다양성과 대략적인 수학을 경험한다면 훨씬 더 성공하고 더 몰입할 수 있는 수백만 명의 사람들이 있다. 이런 아이디어, 전략 및 접근법을 실행하기 위해 여러분이 전사의 정신을 채택해야 하든 그렇지 않든, 이런 것들이 인생을 살아가는 여러분을 더욱 강하게 만들어주기 바란다. 여러분이 수학적 다양성과 아름다움에 영감을 받아, 마주치는 모든 상황에서 더 많은 것을 보고 더 많은 것을 배우며, 다른 사람들을 자신이 도달할 수 있으리라 생각조차 못 했던 수준까지 끌어올릴 수 있기를 바란다.

감사의 말

유큐브드 파트너이자 절친한 친구 캐시 윌리엄스가 없었다면 나는 형평성 있는 수학 접근법에 대한 연구를 계속할 수 없었을 것이다. 이 책의 수학 시각 자료, 각 장의 초고를 읽어주고 항상 아이디어의 공명판이 되어준 캐시에게 엄청난 빚을 졌다(반드시 갚을 것이다). 캐시 없이는 이 책을 쓸 수 없었다.

저작권 에이전트인 질 마살은 항상 큰 도움을 주었다. 내가 또 다른 책을 쓸 수 있다고 믿게 해준 질에게 감사의 마음을 전한다. 수많은 이메일 질문에 친절하게 답변해주고 내 아이디어에 대해 끝없이 긍정적인 태도를 보여준 하퍼원 팀, 특히 마야와 섀넌에게도 감사드린다.

이 책에 등장한 인물들에게 생명을 불어넣은 케인 린치의 능력도 큰 도움이 됐다. 아름다운 삽화를 그려준 케인에게 감사드린다.

많은 선생님과 교육자가 내가 이 책에 수록한 아이디어와 이미지를 공유해주셨다. 그들의 관대함과 동료애에 매우 감사하게 생각한다. 나는 운이 좋게도, 교육계를 더 공평한 공간으로 만들기 위해 끊임없이 노력하는 몇몇 전사를 알게 되었고, 그중 많은 분이 이 책에 소개되어 있다.

마지막으로, 필요할 때마다 글을 쓰기 위해 내가 휴양지로 떠나는 것을 허락해준 멋진 가족에게 감사의 마음을 전한다. 가족들은 미니 버니두들 강아지인 두걸을 휴양지로 데려가도록 허락해주기도 했다. 두걸은 항상 재미있는 일을 벌여 나를 즐겁게 했다. 우리 가족들은 내가 마지막 8장에서 이야기한 매우 힘든 시기를 지나올 수 있도록 응원, 유머, 음식, 영상통화, 사랑으로 도와주었다. 캘리포니아주 수학 프레임워크가 통과됐을 때 막내딸이 내게 해준 지혜로운 조언이 지금도 기억난다. "엄마를 싫어하는 사람한테 한 방 먹여요!"

주

1장 수학과 새로운 관계 맺기

1. A. F. Cabrera, J. L. Crissman, E. M. Bernal, A. Nora, P. T. Terenzini, and E. T. Pascarella, "Collaborative Learning: Its Impact on College Students' Development and Diversity," *Journal of College Student Development* 43, no. 1 (2002): 20–34; H. Jazaieri, K. McGonigal, T. Jinpa, J. R. Doty, J. J. Gross, and P. R. Goldin, "A Randomized Controlled Trial of Compassion Cultivation Training: Effects on Mindfulness, Affect, and Emotion Regulation," *Motivation and Emotion* 38 (2014): 23–35; Organisation for Economic Co-operation and Development, *PISA 2015 Results*, vol. 5: *Collaborative Problem Solving* (Paris: PISA, OECD, 2015); M. F. Winters, *Inclusive Conversations: Fostering Equity, Empathy, and Belonging Across Differences* (Oakland, CA: Berrett-Koehler Publishers, 2020).

2. J. Boaler and M. Staples, "Creating Mathematical Futures Through an Equitable Teaching Approach: The Case of Railside School," *Teachers College Record* 110, no. 3 (2008): 608–45; R. K. Anderson, J. Boaler, and J. A. Dieckmann, "Achieving Elusive Teacher Change Through Challenging Myths About Learning: A Blended Approach," *Education Sciences* 8, no. 3 (2018): 98, https://www.mdpi.com/2227-7102/8/3/98; J. Boaler, J. A. Dieckmann, G. Pérez-Núñez, K. L. Sun, and C. Williams, "Changing Students' Minds and Achievement in Mathematics: The Impact of a Free Online Student Course," *Frontiers in Education* (2018): 26; J. Boaler, J. A. Dieckmann, T. LaMar, M. Leshin, M. Selbach-Allen, and G. Pérez-Núñez, "The Transformative Impact of a Mathematical Mindset Experience Taught at Scale," *Frontiers in Education* (2021): 512.

3. 하버스톡중등학교에 대해서는 다음을 참조하라. https://www.haverstock.camden.sch.uk.

4. M. Suárez-Pellicioni, M. I. Núñez-Peña, and A. Colomé, "Math Anxiety: A Review of Its Cognitive Consequences, Psychophysiological Correlates, and Brain Bases," *Cogni-

tive, *Affective, and Behavioral Neuroscience* 16 (2016): 3−22, https://pubmed.ncbi.nlm.nih.gov/26250692/.

5. C. Drew, "Why Science Majors Change Their Minds (It's Just So Darn Hard)," *New York Times*, November 4, 2011, https://www.nytimes.com/2011/11/06/education/edlife/why-science-majors-change-their-mind-its-just-so-darn-hard.html.

6. C. Edley Jr., "At Cal State, Algebra Is a Civil Rights Issue," EdSource, June 5, 2017, https://edsource.org/2017/at-cal-state-algebra-is-a-civil-rights-issue/582950.

7. J. Boaler, "Op-Ed: How Can We Make More Students Fall in Love with Math?" *Los Angeles Times*, March 14, 2022, https://www.latimes.com/opinion/story/2022-03-14/math-framework-california-low-achieving.

8. J. Boaler, *What's Math Got to Do with It? How Teachers and Parents Can Transform Mathematics Learning and Inspire Success* (New York: Penguin, 2015).

9. Anderson et al., "Achieving Elusive Teacher Change," 98; Boaler and Staples, "Creating Mathematical Futures."

10. 'Our Team'에서 내 이력 참조. https://www.youcubed.org/our-team/.

11. Z. Clute, "Bad at Math No More," Hechinger Report, April 4, 2017, https://hechingerreport.org/opinion-bad-math-no/.

12. OECD, *Skills Matter: Additional Results from the Survey of Adult Skills* (Paris: OECD Publishing, 2019), https://doi.org/10.1787/1f029d8f-en.

13. OECD, *Skills Matter*.

14. L. Abrams, "Study: Math Skills at Age 7 Predict How Much Money You'll Make," *Atlantic*, May 9, 2013, https://www.theatlantic.com/health/archive/2013/05/study-math-skills-at-age-7-predict-how-much-money-youll-make/275690/.

15. J. Boaler, *Limitless Mind: Learn, Lead, and Live Without Barriers* (New York: HarperCollins, 2019).

16. "How to Learn Math for Teachers," Stanford Online, https://online.stanford.edu/courses/xeduc115n-how-learn-math-teachers.

17. J. Boaler, K. Dance, and E. Woodbury, *From Performance to Learning: Assessing to Encourage Growth Mindsets* (Stanford, CA: youcubed, 2018), https:// www.youcubed.org/wp-content/uploads/2018/04/Assessent-paper-final-4.23.18.pdf.

18. E. K. Chestnut, R. F. Lei, S. J. Leslie, and A. Cimpian, "The Myth That Only Brilliant People Are Good at Math and Its Implications for Diversity," *Education Sciences* 8, no. 2 (2018): 65; S. Leslie, A. Cimpian, M. Meyer, and E. Freeland, "Expectations of Brilliance Underlie Gender Distributions Across Academic Disciplines," *Science* 347 (2015): 262−65.

19. M. Merzenich, *Soft-Wired: How the New Science of Brain Plasticity Can Change Your Life* (San Francisco: Parnassus, 2013), 2; N. Doidge, *The Brain That Changes Itself* (New York: Penguin, 2007).

20. T. Iuculano, M. Rosenberg-Lee, J. Richardson, C. Tenison, L. Fuchs, K. Supekar, and V. Menon, "Cognitive Tutoring Induces Widespread Neuroplasticity and Remediates Brain Function in Children with Mathematical Learning Disabilities," *Nature Communications* 6

(2015): 8453, https://doi.org/10.1038/ncomms9453.

21. L. Letchford, *Reversed: A Memoir* (Irvine, CA: Acorn, 2018).

22. J. Boaler, "Crossing the Line: When Academic Disagreement Becomes Harassment and Abuse," Stanford University, March 2023, https://joboaler.people.stanford.edu/.

23. 2023 Mathematics Framework, California Department of Education, updated October 20, 2023, https://www.cde.ca.gov/ci/ma/cf/.

24. Anderson et al., "Achieving Elusive Teacher Change," 98.

25. 예를 들면 다음과 같다. 유지니아 쳉, 키스 데블린(Keith Devlin), 댄 핀켈(Dan Finkel), 마리암 미르자카니(Maryam Mirzakhani), 스티브 스트로가츠, 그리고 탤리시아 윌리엄스(Talithia Williams).

26. E. Cheng, "What If Nobody Is Bad at Maths?," *Guardian*, May 29, 2023, https://www.theguardian.com/books/2023/may/29/what-if-nobody-is-bad-at-maths.

27. L. Chen, S. R. Bae, C. Battista, S. Qin, T. Chen, T. M. Evans, and V. Menon, "Positive Attitude Toward Math Supports Early Academic Success: Behavioral Evidence and Neurocognitive Mechanisms," *Psychological Science* 29, no. 3 (2018): 390–402.

28. L. R. Aiken and R. M. Dreger, "The Effect of Attitudes on Performance in Mathematics," *Journal of Educational Psychology* 52, no. 1 (1961): 19–24, https://doi.org/10.1037/h0041309; L. R. Aiken, "Update on Attitudes and Other Affective Variables in Learning Mathematics," *Review of Educational Research* 46 (1976): 293–311, https://www.jstor.org/stable/1170042.

29. F. Pajares and M. D. Miller, "Role of Self-Efficacy and Self-Concept Beliefs in Mathematical Problem Solving: A Path Analysis," *Journal of Educational Psychology* 86 (1994): 193–203, https://doi.org/10.1037/0022-0663.86.2.193; K. Singh, M. Granville, and S. Dika, "Mathematics and Science Achievement: Effects of Motivation, Interest, and Academic Engagement," *Journal of Educational Research* 95 (2002): 323–32, https://doi.org/10.1080/00220670209 96607.

30. IQ 검사의 기원이 인종주의적이긴 하지만, 연구자들은 일반적으로 IQ를 일종의 척도로 사용한다. 다음을 참조하라. "History of the Race and Intelligence Controversy," Wikipedia, updated September 16, 2023, https://en.wikipedia.org/wiki/History_of_the_race_and_intelligence_controversy.

31. Chen et al., "Positive Attitude Toward Math."

32. S. Beilock, *How the Body Knows Its Mind: The Surprising Power of the Physical Environment to Influence How You Think and Feel* (New York: Simon and Schuster, 2015).

33. Chen et al., "Positive Attitude Toward Math."

34. C. B. Young, S. S. Wu, and V. Menon, "The Neurodevelopmental Basis of Math Anxiety," *Psychological Science* 23, no. 5 (2012): 492–501.

35. J. Boaler, "Prove It to Me!" *Mathematics Teaching in the Middle School* 24, no. 7 (2019): 422–28.

36. Boaler, "Prove It to Me!"

37. 유큐브드 팀과 그 팀원에 대해서는 다음을 참조하라. "Our Team" at https://www.youcubed.

org/our-team/.

38. Boaler et al., "Transformative Impact," 512.
39. Boaler et al., "Transformative Impact," 512.
40. Iuculano et al., "Cognitive Tutoring," 8453; Chen et al., "Positive Attitude Toward Math"; V. Menon, "Salience Network," in A. W. Toga, *Brain Mapping: An Encyclopedic Reference*, Academic Press, 2015, https://med.stanford.edu/content/dam/sm/scsnl/documents/Menon_Salience_Network_15.pdf.
41. C. S. Dweck, *Mindset: The New Psychology of Success* (New York: Random House, 2006); J. W. Stigler and J. Hiebert, *The Teaching Gap: Best Ideas from the World's Teachers for Improving Education in the Classroom* (New York: Simon and Schuster, 2009); H. Stevenson and J. W. Stigler, *Learning Gap: Why Our Schools Are Failing and What We Can Learn from Japanese and Chinese Education* (New York: Simon and Schuster, 1994); A. Ericsson and R. Pool, *Peak: Secrets from the New Science of Expertise* (New York: Random House, 2016).
42. Boaler et al., "Transformative Impact," 512.
43. P. Liljedahl, "Building Thinking Classrooms: Conditions for Problem-Solving," in *Posing and Solving Mathematical Problems: Advances and New Perspectives*, eds. P. Felmer, E. Pehkonen, and J. Kilpatrick, 361–86, (Switzerland: Springer, 2016).

2장 배우는 법 배우기

1. "John H. Flavell," Wikipedia, updated February 19, 2023, https://en.wikipedia.org/wiki/John_H._Flavell.
2. S. Moritz and P. H. Lysaker, "Metacognition—What Did James H. Flavell Really Say and the Implications for the Conceptualization and Design of Metacognitive Interventions," *Schizophrenia Research* 201 (2018): 20–26.
3. J. Boaler and P. Zoido, "Why Math Education in the US Doesn't Add Up," *Scientific American Mind* 27, no. 6 (2016): 18–19.
4. OECD Learning Compass for Mathematics, "The Future of Education and Skills: The Future We Want," https://www.oecd.org/education/2030/OECD-Learning-Compass-for-Mathematics-2023-13-Oct.pdf.
5. "Hattie Ranking: 252 Influences and Effect Sizes Related to Student Achievement," Visible Learning, n.d., https://visible-learning.org/hattie-ranking-influences-effect-sizes-learning-achievement/.
6. S. M. Fleming, "The Power of Reflection," *Scientific American Mind* 25, no. 5 (2014): 30–37.
7. E. Mitsea, A. Drigas, and P. Mantas, "Soft Skills and Metacognition as Inclusion Amplifiers in the 21st Century," *International Journal of Online and Biomedical Engineering (iJOE)* 17, no. 4 (2021): 121–32, https://doi.org/10.3991/ijoe.v17i04.20567.
8. A. Grant, "The Impact of Life Coaching on Goal Attainment, Metacognition and Mental

Health," *Social Behavior and Personality: An International Journal* 31 (2003): 253–63, https://doi.org/10.2224/sbp.2003.31.3.253.

9. D. Wilson and M. Conyers, *Teaching Students to Drive Their Brains: Metacognitive Strategies, Activities and Lesson Ideas* (Alexandria, VA: ASCD, 2016).

10. P. Black and D. Wiliam, "Assessment for Learning," in *Assessing Educational Achievement*, ed. D. Nutall, 7–18 (London: Falmer, 1986).

11. C. A. Hecht, M. C. Murphy, C. S. Dweck, C. J. Bryan, K. H. Trzesniewski, F. N. Medrano, . . . , and D. S. Yeager, "Shifting the Mindset Culture to Address Global Educational Disparities," *npj Science of Learning* 8, no. 29 (2023), https://doi.org/10.1038/s41539-023-00181-y.

12. A. Vrugt and F. J. Oort, "Metacognition, Achievement Goals, Study Strategies and Academic Achievement: Pathways to Achievement," *Metacognition and Learning* 3 (2008): 123–46, https://doi.org/10.1007/s11409-008-9022-4; G. Özsoy, "An Investigation of the Relationship Between Metacognition and Mathematics Achievement," *Asia Pacific Education Review* 12 (2011): 227–35, https://doi.org/10.1007/s12564-010-9129-6; M. V. Veenman, R. D. Hesselink, S. Sleeuwaegen, S. I. Liem, and M. G. Van Haaren, "Assessing Developmental Differences in Metacognitive Skills with Computer Logfiles: Gender by Age Interactions," *Psihologijske teme* 23, no. 1 (2014): 99–113; Wilson and Conyers, *Teaching Students to Drive Their Brains*.

13. Wilson and Conyers, *Teaching Students to Drive Their Brains*.

14. J. Boaler, "Promoting 'Relational Equity' and High Mathematics Achievement Through an Innovative Mixed-Ability Approach," *British Educational Research Journal* 34, no. 2 (2008): 167–94; Boaler and Staples, "Creating Mathematical Futures."

15. Boaler, "Promoting 'Relational Equity.'"

16. Boaler and Staples, "Creating Mathematical Futures."

17. Boaler, "Promoting 'Relational Equity.'"

18. S. F. Reardon, E. Weathers, E. Fahle, H. Jang, and D. Kalogrides, *Is Separate Still Unequal? New Evidence on School Segregation and Racial Academic Achievement Gaps* (Stanford, CA: Stanford CEPA, 2019); S. F. Reardon, E. Fahle, H. Jang, and E. Weathers, "Why School Desegregation Still Matters (a Lot)," *Educational Leadership* 80, no. 4 (2023): 38–44.

19. P. Cobb, T. Wood, E. Yackel, and B. McNeal, "Characteristics of Classroom Mathematics Traditions: An Interactional Analysis," *American Educational Research Journal* 29, no. 3 (1992): 573–604.

20. Wilson and Conyers, *Teaching Students to Drive Their Brains*; "Hattie Ranking: 252 Influences," Visible Learning.

21. M. Amalric and S. Dehaene, "Origins of the Brain Networks for Advanced Mathematics in Expert Mathematicians," *Proceedings of the National Academy of Sciences* 113, no. 18 (2016): 4909–17.

22. J. Boaler, "Paying the Price for 'Sugar and Spice': Shifting the Analytical Lens in Equity

Research," *Mathematical Thinking and Learning* 4, nos. 2–3 (2002): 127–44.

23. E. Gray and D. O. Tall, "Duality, Ambiguity, and Flexibility: A 'Proceptual' View of Simple Arithmetic," *Journal for Research in Mathematics Education* 25, no. 2 (1994): 116–40.
24. Boaler, *Limitless Mind*.
25. Vrugt and Oort, "Metacognition, Achievement Goals"; Özsoy, "Investigation of the Relationship"; Veenman et al., "Assessing Developmental Differences"; Wilson and Conyers, *Teaching Students to Drive Their Brains*.
26. J. Boaler, *Mathematical Mindsets: Unleashing Students' Potential Through Creative Math, Inspiring Messages and Innovative Teaching* (Hoboken, NJ: Wiley, 2015).
27. Boaler, *Mathematical Mindsets*, 47.
28. T. LaMar, M. Leshin, and J. Boaler, "The Derailing Impact of Content Standards—An Equity Focused District Held Back by Narrow Mathematics," *International Journal of Educational Research Open* 1 (2020): 100015; Boaler, "Promoting 'Relational Equity'"; Boaler and Staples, "Creating Mathematical Futures."
29. Boaler et al., "Transformative Impact," 512.
30. Boaler, "Promoting 'Relational Equity'"; Boaler and Staples, "Creating Mathematical Futures."
31. E. G. Cohen, R. A. Lotan, B. A. Scarloss, and A. R. Arellano, "Complex Instruction: Equity in Cooperative Learning Classrooms," *Theory into Practice* 38, no. 2 (1999): 80–86.
32. Cohen et al., "Complex Instruction."
33. E. G. Cohen and R. A. Lotan, *Designing Groupwork: Strategies for the Heterogeneous Classroom*, 3rd ed. (New York: Teachers College Press, 2014).
34. Boaler et al., *From Performance to Learning*.
35. Boaler, *Mathematical Mindsets*, 141–70.
36. "An Example of a Growth Mindset K–8 School," youcubed.org, n.d., https://www.youcubed.org/resources/an-example-of-a-growth-mindset-k-8-school/.
37. Boaler, *Limitless Mind*.
38. 『언락』의 비디오북 버전은 다음 링크에서 볼 수 있다. https://litvideobooks.com/limitless-mind.
39. Boaler et al., *From Performance to Learning*.

3장 성장 마인드셋 장착하기

1. C. S. Dweck and D. S. Yeager, "Mindsets: A View from Two Eras," *Perspectives on Psychological Science* 14, no. 3 (2019), 481–96; L. S. Blackwell, K. H. Trzesniewski, and C. S. Dweck, "Implicit Theories of Intelligence Predict Achievement Across an Adolescent Transition: A Longitudinal Study and an Intervention," *Child Development* 78, no. 1 (2007): 246–63;

O. H. Zahrt and A. J. Crum, "Perceived Physical Activity and Mortality: Evidence from Three Nationally Representative US Samples," *Health Psychology* 36, no. 11 (2017): 1017; D. S. Yeager, K. H. Trzesniewski, and C. S. Dweck, "An Implicit Theories of Personality Intervention Reduces Adolescent Aggression in Response to Victimization and Exclusion," *Child Development* 84, no. 3 (2013): 970–88; J. A. Okonofua, J. P. Goyer, C. A. Lindsay, J. Haugabrook, and G. M. Walton, "A Scalable Empathic-Mindset Intervention Reduces Group Disparities in School Suspensions," *Science Advances* 8, no. 12 (2022): eabj0691.

2. J. A. Mangels, B. Butterfield, J. Lamb, C. Good, and C. S. Dweck, "Why Do Beliefs About Intelligence Influence Learning Success?: A Social Cognitive Neuroscience Model," *Social Cognitive and Affective Neuroscience* 1, no. 2 (2006): 75–86; J. S. Moser, H. S. Schroder, C. Heeter, T. P. Moran, and Y. H. Lee, "Mind Your Errors: Evidence for a Neural Mechanism Linking Growth Mind-Set to Adaptive Posterror Adjustments," *Psychological Science* 22, no. 12 (2011): 1484–89.

3. H. S. Schroder, T. P. Moran, M. B. Donnellan, and J. S. Moser, "Mindset Induction Effects on Cognitive Control: A Neurobehavioral Investigation," *Biological Psychology* 103 (2014): 27–37.

4. Dweck and Yeager, "Mindsets."

5. J. W. Stigler and J. Hiebert, "Understanding and Improving Classroom Mathematics Instruction: An Overview of the TIMSS Video Study," *Phi Delta Kappan* 79, no. 1 (1997): 14; Stevenson and Stigler, *Learning Gap*; Stigler and Hiebert, *Teaching Gap*.

6. Stigler and Hiebert, *Teaching Gap*.

7. S. Olson, *Countdown: Six Kids Vie for Glory at the World's Toughest Math Competition* (Boston: Houghton Mifflin, 2004), 48–49, https://steveolson.com/assets/countdown.pdf.

8. Merzenich, *Soft-Wired*, 2; N. Doidge, *The Brain That Changes Itself* (New York: Penguin, 2007).

9. Dweck and Yeager, "Mindsets."

10. C. S. Dweck, "The Secret to Raising Smart Kids," *Scientific American*, January 1, 2015, https://www.scientificamerican.com/article/the-secret-to-raising-smart-kids1/.

11. Hecht et al., "Shifting the Mindset Culture"; D. S. Yeager, J. M. Carroll, J. Buontempo, A. Cimpian, S. Woody, R. Crosnoe, . . . , and C. S. Dweck, "Teacher Mindsets Help Explain Where a Growth-Mindset Intervention Does and Doesn't Work," *Psychological Science* 33, no. 1 (2022): 18–32, https://doi.org/10.1177/09567976211028984; Okonofua et al., "Scalable Empathic-Mindset Intervention"; Dweck and Yeager, "Mindsets"; D. S. Yeager, P. Hanselman, G. M. Walton, J. S. Murray, R. Crosnoe, C. Muller, . . . , and C. S. Dweck, "A National Experiment Reveals Where a Growth Mindset Improves Achievement," *Nature* 573, no. 7774 (2019): 364–69; Blackwell et al., "Implicit Theories of Intelligence."

12. C. Good, C. S. Dweck, and J. Aronson, "Social Identity, Stereotype Threat, and Self-Theories," in *Contesting Stereotypes and Creating Identities: Social Categories, Social Identities, and Educational Participation*, ed. A. J. Fuligni, 115–135 (New York: Russell Sage Foundation, 2007); S. R. Levy and C. S. Dweck, "The Impact of Children's Static Versus Dynamic Conceptions of People on Stereotype Formation," *Child Development* 70, no. 5 (1999): 1163–80.

13. Blackwell et al., "Implicit Theories of Intelligence."
14. Zahrt and Crum, "Perceived Physical Activity and Mortality," 1017.
15. Yeager et al., "Implicit Theories of Personality Intervention."
16. Okonofua et al., "Scalable Empathic-Mindset Intervention."
17. Yeager et al., "Teacher Mindsets Help Explain"; Anderson et al., "Achieving Elusive Teacher Change," 98; P. Bui, N. Pongsakdi, J. McMullen, E. Lehtinen, and M. M. Hannula-Sormunen, "A Systematic Review of Mindset Interventions in Mathematics Classrooms: What Works and What Does Not?" *Educational Research Review* 40 (August 2023): 100554.
18. D. Coyle, *The Talent Code: Unlocking the Secret of Skill in Maths, Art, Music, Sport and Just about Everything Else* (New York: Random House, 2009).
19. Coyle, *The Talent Code*.
20. Boaler, "Prove It to Me!"
21. "Steven Strogatz," Wikipedia, updated October 12, 2023, https://en.wikipedia.org/wiki/Steven_Strogatz.
22. D. J. Watts and S. H. Strogatz, "Collective Dynamics of 'Small-World' Networks," *Nature* 393, no. 6684 (1998): 440–42, https://www.nature.com/articles/30918.
23. S. D. Levitt, "Steven Strogatz Thinks You Don't Know What Math Is," *People I (Mostly) Admire*, podcast episode 96, produced by Morgan Levey, Freakonomics Radio, January 6, 2023, https://freakonomics.com/podcast/steven-strogatz-thinks-you-dont-know-what-math-is/.
24. L. Deslauriers, L. S. McCarty, K. Miller, K. Callaghan, and G. Kestin, Measuring Actual Learning versus Feeling of Learning in Response to being Actively Engaged in the Classroom, *Proceedings of the National Academy of Sciences* (2019): 201821936. M. Kapur, "Productive Failure in Learning Math," *Cognitive Science* 38, no. 5 (2014): 1008–22; D. L. Schwartz, C. C. Chase, M. A. Oppezzo, and D. B. Chin, "Practicing Versus Inventing with Contrasting Cases: The Effects of Telling First on Learning and Transfer," *Journal of Educational Psychology* 103, no. 4 (2011): 759; D. Schwartz and J. Bransford, "A Time for Telling," *Cognition and Instruction* 16, no. 4 (1998): 475–522.
25. Deslauriers et al., "Measuring Actual Learning"; Kapur, "Productive Failure in Learning Math"; Schwartz et al., "Practicing Versus Inventing," 759; Schwartz and Bransford, "Time for Telling."
26. Deslauriers et al., "Measuring Actual Learning."
27. Dweck and Yeager, "Mindsets"; Deslauriers et al., "Measuring Actual Learning"; P. Barrouillet, "Theories of Cognitive Development: From Piaget to Today," *Developmental Review* 38 (2015): 1–12; Kapur, "Productive Failure in Learning Math"; K. Shabani, M. Khatib, and S. Ebadi, "Vygotsky's Zone of Proximal Development: Instructional Implications and Teachers' Professional Development," *English Language Teaching* 3, no. 4 (2010): 237–48.

28. Ericsson and Pool, *Peak*.
29. "Ken Robinson (educationalist)," Wikipedia, August 17, 2023, https://en.wiki pedia.org/wiki/Ken_Robinson_(educationalist); Ken Robinson, "Do Schools Kill Creativity?," James Clear, transcript from TED Talk delivered February 2006, https://jamesclear.com/great-speeches/do-schools-kill-creativity-by-ken-robinson.
30. Merzenich, *Soft-Wired*, 2; Doidge, *Brain That Changes Itself*.
31. Coyle, *Talent Code*.
32. "Tasks," youcubed, n.d., https://www.youcubed.org/tasks/; "K–8 Curriculum," youcubed, n.d., https://www.youcubed.org/resource/k-8-curriculum/.
33. "Unlock Your Child's Limitless Potential with Math Education Based in Neuroscience," Struggly, n.d., https://www.struggly.com/.
34. '애쓺의 구덩이'에 대해서는 다음을 참조하라. https://www.learningpit.org/.
35. E. A. Gunderson, S. J. Gripshover, C. Romero, C. S. Dweck, S. Goldin-Meadow, and S. C. Levine, "Parent Praise to 1- to 3-Year-Olds Predicts Children's Motivational Frameworks 5 Years Later," *Child Development* 84, no. 5 (2013): 1526–41.
36. C. S. Dweck, "Secret to Raising Smart Kids."
37. "Rethinking Giftedness Film," youcubed, n.d., https://www.youcubed.org/rethinking-giftedness-film/.
38. Hecht et al., "Shifting the Mindset Culture"; J. Feldman, *Grading for Equity: What It Is, Why It Matters, and How It Can Transform Schools and Classrooms* (Thousand Oaks, CA: Corwin Press, 2018).
39. Boaler, *Limitless Mind*.
40. S. Singh, *Fermat's Enigma: The Epic Quest to Solve the World's Greatest Mathematical Problem* (New York: Anchor, 2017), 6.
41. P. Brown, "How Math's Most Famous Proof Nearly Broke," *Nautilus*, May 21, 2015, https://nautil.us/how-maths-most-famous-proof-nearly-broke-235447/.
42. "How to Learn Math for Teachers," Stanford Online.
43. 정답은 11/12이다. 2/3를 8/12로 바꾸고, 1/4을 3/12로 바꾸는 방법으로 이 답을 얻을 수 있다.
44. "The Importance of Struggle," youcubed.org, n.d., https://www.youcubed.org/resources/the-importance-of-struggle/; "Excerpt of Jo from 'The Importance of Struggle,'" youcubed.org, n.d., https://www.youcubed.org/resources/excerpt-of-jo-from-the-importance-of-struggle/.
45. R. Kehoe, "A Secret of Science: Mistakes Boost Understanding," Science News Explores, September 10, 2020, https://www.snexplores.org/article/secret-science-mistakes-boost-understanding.
46. Barrouillet, "Theories of Cognitive Development."
47. Shabani et al., "Vygotsky's Zone of Proximal Development."

4장 세상 속 진짜 수학

1. Cabrera et al., "Collaborative Learning"; Jazaieri et al., "Randomized Controlled Trial"; OECD, *PISA 2015 Results*, vol. 5; Winters, *Inclusive Conversations*; Boaler and Staples, "Creating Mathematical Futures"; Anderson et al., "Achieving Elusive Teacher Change," 98; Boaler et al., "Changing Students' Minds and Achievement," 26; Boaler et al., "Transformative Impact," 512.
2. Boaler et al., "Transformative Impact," 512.
3. Reardon et al., *Is Separate Still Unequal?*; Reardon et al., "Why School Desegregation Still Matters."
4. Reardon et al., "Why School Desegregation Still Matters."
5. Boaler, *Limitless Mind*.
6. Boaler, "Promoting 'Relational Equity.'"
7. S. D. Levitt and S. J. Dubner, *Freakonomics: A Rogue Economist Explores the Hidden Side of Everything*, rev. ed. (New York: William Morrow, 2010).
8. S. Levitt and S. Dubner, "America's Math Curriculum Doesn't Add Up," podcast episode 391, produced by Zack Lapinski, Freakonomics Radio, October 2, 2019, https://freakonomics.com/podcast/math-curriculum-doesnt-add-up-ep-391.
9. Levitt and Dubner, "America's Math Curriculum."
10. S. J. Ball, "Education, Majorism and 'the Curriculum of the Dead,'" *Curriculum Studies* 1, no. 2 (1993): 195–214.
11. C. Everett, *Numbers and the Making of Us: Counting and the Course of Human Cultures* (Cambridge, MA: Harvard Univ. Press, 2017).
12. Everett, *Numbers and the Making of Us*.
13. Everett, *Numbers and the Making of Us*.
14. "Cuisenaire Rods: Gattegno and Other Films," Association of Teachers of Mathematics, n.d., https://www.atm.org.uk/Cuisenaire-Rods---Gattegno-and-other-films#:~:text=Cuisenaire%20rods%20were%20invented%20in,music%20with%20an%20instrument%20gave.
15. "Factorization Diagrams," Math Less Traveled, n.d., https://mathlesstraveled.com/factorization/.
16. W. H. Cockcroft, *Mathematics Counts* (London: HM Stationery Office, 1982).
17. T. Requarth, "Global Brain," March 3, 2016, https://www.simonsfoundation.org/2016/03/03/how-do-different-brain-regions-interact-to-enhance-function/.
18. J. Clack, "Distinguishing Between 'Macro' and 'Micro' Possibility Thinking: Seen and Unseen Creativity," *Thinking Skills and Creativity* 26 (2017): 60–70.
19. A. Starr, M. E. Libertus, and E. M. Brannon, "Number Sense in Infancy Predicts Mathematical Abilities in Childhood," *Proceedings of the National Academy of Sciences* 110, no. 45 (2013):

18116-20.

20. Starr et al, "Number Sense in Infancy."
21. Sakshi Gupta, "Highest Paying Data Analytics Jobs in 2024," Springboard, December 21, 2023, https://www.springboard.com/blog/data-analytics/high est-paying-analyst-jobs/.
22. J. Boaler and S. D. Levitt, "Opinion: Modern High School Math Should Be About Data Science—Not Algebra 2," *Los Angeles Times*, October 23, 2019, https://www.youcubed.org/wp-content/uploads/2019/10/LA-times-op-ed.pdf.
23. "21st Century Teaching and Learning: Data Science," youcubed.org, n.d., https://www.youcubed.org/21st-century-teaching-and-learning/.
24. "Explorations in Data Science," youcubed.org, n.d., https://hsdatascience.you cubed.org/.
25. "Application Requirements," Harvard College, n.d., https://college.harvard.edu/admissions/apply/application-requirements.
26. "Committee of Ten," Wikipedia, updated September 19, 2023, https://en.wiki pedia.org/wiki/Committee_of_Ten#:~:text=The%20National%20Education%20Association%20of making%20recommendations%20for%20future%20 practice.
27. S. Strogatz, *Infinite Powers: How Calculus Reveals the Secrets of the Universe* (New York: Eamon Dolan Books, 2019).
28. National Center for Education Statistics, "High School Mathematics and Science Course Completion," *Condition of Education* (US Department of Education: Institute of Education Sciences, 2022), https://nces.ed.gov/programs/coe/indicator/sod/high-school-courses.
29. M. L. Hayes, *2018 NSSME+: Status of High School Mathematics* (Chapel Hill, NC: Horizon Research, 2019), http://horizon-research.com/NSSME/wp-content/uploads/2019/05/2018-NSSME-Status-of-High-School-Math.pdf.
30. D. Bressoud, ed., *The Role of Calculus in the Transition from High School to College Mathematics* (Mathematical Association of America & National Council of Teachers of Mathematics, 2017).
31. 다음을 참조하라. 2023 Mathematics Framework, California Department of Education.
32. J. Ewing, "Should I Take Calculus in High School?" *Forbes*, February 15, 2020, https://www.forbes.com/sites/johnewing/2020/02/15/should-i-take-calculus-in-high-school/?sh=69ae46867625.
33. 다음을 참조하라. "Explorations in Data Science," youcubed.org.
34. J. Boaler, K. Conte, K. Cor, J. Dieckmann, T. LaMar, J. Ramirez, and M. Selbach-Allen, "Studying the Opportunities Provided by an Applied High School Mathematics Course: Explorations in Data Science," *Journal of Statistics and Data Science Education* (forthcoming).
35. Jessica Furr (Waggener), "A Brief History of Mathematics Education in America," University of Georgia, spring 1996, http://jwilson.coe.uga.edu/EMAT 7050/HistoryWeggener.html.
36. R. Swartzentruber, "Data-Wisdom as a Framework for Building Data Literacy" (master's thesis, University of Tennessee, 2023), https://trace.tennessee.edu/utk_gradthes/9229.
37. 이 데이터 시각 자료의 컬러 버전은 다음 링크에서 확인할 수 있다. www.youcubed.org/re-

source/data-talks/.

38. InStat Sport, "InStat Football Webinar: Use of API with Michael Poma," YouTube.com, June 3, 2020, https://www.youtube.com/watch?app=desktop &v=qemgfwwbbPM.
39. T. Chartier, *Get in the Game: An Interactive Introduction to Sports Analytics* (Chicago: Univ. Press, 2022).
40. Dear Data, http://www.dear-data.com/.
41. Dear Data.
42. 다음을 참조하라. "Explorations in Data Science," youcubed.org.
43. T. LaMar, "Data Science as a Gateway to Belonging in STEM and Other Quantitative Fields" (PhD diss., Stanford University, 2023).
44. "Spurious Correlations," tylervigen.com, n.d., https://www.tylervigen.com/spurious-correlations.
45. "Facebook–Cambridge Analytica Data Scandal," Wikipedia, n.d., https://en.wikipedia.org/wiki/Facebook%E2%80%93Cambridge_Analytica_data_scandal.

5장 시각적 경험으로서의 수학

1. Boaler, "Prove It to Me!"
2. "Painted Cube," youcubed.org, n.d., https://www.youcubed.org/tasks/painted-cube/.
3. Menon, "Brain Networks for Mental Arithmetic."
4. Ericsson and Pool, *Peak*.
5. Ericsson and Pool, *Peak*.
6. Ericsson and Pool, *Peak*.
7. J. Hawkins, *A Thousand Brains: A New Theory of Intelligence* (New York: Basic Books, 2021).
8. L. Bofferding, "Negative Integer Understanding: Characterizing First Graders' Mental Models," *Journal for Research in Mathematics Education* 45, no. 2 (2014): 194–245; J. M. Tsang, K. P. Blair, L. Bofferding, and D. L. Schwartz, "Learning to 'See' Less Than Nothing: Putting Perceptual Skills to Work for Learning Numerical Structure," *Cognition and Instruction* 33, no. 2, (2015): 154–97; S. L. Macrine and J. M. Fugate, eds., *Movement Matters: How Embodied Cognition Informs Teaching and Learning* (Chicago: MIT Press, 2022).
9. Amalric and Dehaene, "Origins of the Brain Networks"; R. A. Cortes, E. G. Peterson, D. J. Kraemer, R. A. Kolvoord, D. H. Uttal, N. Dinh, . . . , and A. E. Green, "Transfer from Spatial Education to Verbal Reasoning and Prediction of Transfer from Learning-Related Neural Change," *Science Advances* 8, no. 31 (2022): eabo3555.
10. Menon, "Brain Networks for Mental Arithmetic."
11. C. Kalb, "What Makes a Genius?" *National Geographic*, May 2017.
12. J. Park and E. M. Brannon, "Training the Approximate Number System Improves Math

Proficiency," *Psychological Science* 24, no. 10 (2013): 2013–19; Cortes et al., "Transfer from Spatial Education."

13. Bofferding, "Negative Integer Understanding"; Tsang et al., "Learning to 'See'"; Macrine and Fugate, eds., *Movement Matters*.

14. Bruce McCandliss, Stanford Graduate School of Education, n.d., https://ed.stanford.edu/faculty/brucemc.

15. M. Guillaume, E. Roy, A. Van Rinsveld, G. S. Starkey, Project iLead Consortium, M. R. Uncapher, and B. D. McCandliss, "Groupitizing Reflects Conceptual Developments in Math Cognition and Inequities in Math Achievement from Childhood through Adolescence," *Child Development* 94, no. 2 (2023): 335–47.

16. I. Benson, N. Marriott, and B. D. McCandliss, "Equational Reasoning: A Systematic Review of the Cuisenaire-Gattegno Approach," *Frontiers in Education* (2022): 507.

17. M. Penner-Wilger, L. Fast, J.-A. LeFevre, B. L. Smith-Chant, S.-L. Skwarchuk, D. Kamawar, and J. Bisanz, "Subitizing, Finger Gnosis, and the Representation of Number," *Proceedings of the 31st Annual Cognitive Science Society* 31 (2009): 520–25.

18. J. Boaler and L. Chen, "Why Kids Should Use Their Fingers in Math Class," *Atlantic*, April 13, 2016, https://www.theatlantic.com/education/archive/2016/04/why-kids-should-use-their-fingers-in-math-class/478053/.

19. R. S. Siegler and G. B. Ramani, "Playing Linear Numerical Board Games Promotes Low-Income Children's Numerical Development," *Developmental Science* 11 (2008): 655–61.

20. Yeager et al., "Teacher Mindsets Help Explain."

21. Anderson et al., "Achieving Elusive Teacher Change," 98; Bui et al., "Systematic Review."

22. 나는 K-8(유치원에서 중학교에 해당하는 8학년까지의 과정) 수학 교과서를 젠 먼슨(Jen Munson), 캐시 윌리엄스와 함께 썼다. Youcubed.org에서 'K-8 Curriculum' 참조.

23. Gray and Tall, "Duality, Ambiguity, and Flexibility"; H. Chang, L. Chen, Y. Zhang, Y. Xie, C. de Los Angeles, E. Adair, . . . , and V. Menon, "Foundational Number Sense Training Gains Are Predicted by Hippocampal-Parietal Circuits," *Journal of Neuroscience* 42, no. 19 (2022): 4000–15.

24. L. Ma, Knowing and Teaching Elementary Mathematics: Teachers' Understanding of Fundamental Mathematics in China and the United States, Studies in Mathematical Thinking and Learning Series (Oxfordshire, UK: Routledge, 2010).

25. "Online Student Course," youcubed.org, n.d., https://www.youcubed.org

26. "WIM Videos," youcubed.org, n.d., https://www.youcubed.org/resource/wim-videos/.

27. J. Boaler and C. Humphreys, Connecting Mathematical Ideas: Middle School Video Cases to Support Teaching and Learning (Portsmouth, NH: Heinemann, 2005).

28. "Videos," youcubed.org, n.d., https://www.youcubed.org/resource/videos/.

29. M. Cordero, "It's (Not) Ours to Reason Why: A Comparative Analysis of Algorithms for the

Division of Fractions," (honor's thesis, Stanford University, 2017), 1.

30. Duane Habecker, "Dividing Fractions with Common Denominators," YouTube.com, May 17, 2019, https://www.youtube.com/watch?v=uixRVcArQDQ; Cordero, "It's (Not) Ours to Reason Why," 1.
31. Cordero, "It's (Not) Ours to Reason Why," 1.
32. D. D. Pesek and D. Kirshner, "Interference of Instrumental Instruction in Subsequent Relational Learning," *Journal for Research in Mathematics Education* 31, no. 5 (2000): 524–40.
33. T. P. Carpenter and M. K. Corbitt, eds., "Results from the Second Mathematics Assessment of the National Assessment of Educational Progress," Fraction Bars, n.d., https://fractionbars.com/Research_Tch_Fracs/Results2nd.html.
34. "Online Student Course," youcubed.org.
35. Merzenich, *Soft-Wired*, 2; Doidge, *Brain That Changes Itself*.
36. Dweck and Yeager, "Mindsets."
37. Boaler, "Prove It to Me!"
38. 폰 응우옌(Fawn Nguyen)이 만든 'Visual Patterns'라는 이름의 사이트에서 이런 대수 패턴들을 확인할 수 있다. https://www.visualpatterns.org/.
39. "Mathematical Mindset Algebra," youcubed.org, n.d., https://www.youcubed.org/algebra/.
40. A. Proehl, "For Bay Area Designer Diarra Bousso, Math + Art = Happiness," KQED, June 1, 2023, https://www.kqed.org/arts/13929878/for-bay-area-designer-diarra-bousso-math-art-happiness.
41. E. Farra, "A Senegal-Raised, Silicon Valley-Based Designer Shares Her Vision for a More Sustainable and Inclusive Future," *Vogue*, June 5, 2020, https://www.vogue.com/article/diarra-bousso-diarrablu-sustainable-made-in-senegal-collection; H. Jennings, "Meet Diarra Bousso: One of Senegal's Most Promising Designers," CNN, April 19, 2021, https://www.cnn.com/style/article/diarrablu-diarra-bousso-senegal/index.html.
42. "Diarra Bousso, MA '18 Stanford Teacher Education Program: Fusing Fashion and Math," Stanford Graduate School of Education, December 12, 2022, https://ed.stanford.edu/about/community/diarra-bousso.
43. Proehl, "For Bay Area Designer Diarra Bousso."
44. "What Is Notice and Wonder?" National Council of Teachers of Mathematics, n.d., https://www.nctm.org/noticeandwonder/.

6장 수학적 개념을 연결하기

1. Gray and Tall, "Duality, Ambiguity, and Flexibility."
2. Gray and Tall, "Duality, Ambiguity, and Flexibility."
3. W. P. Thurston, "Mathematical Education" (2005): 5, arXiv.org/abs/math/0503081.

4. Youcubed.org에서 업데이트 내용을 곧 확인할 수 있다.
5. California Digital Learning Integration and Standards Guidance, https:// www.cadlsg. com/.
6. J. D. Bransford, A. L. Brown, and R. R. Cocking, *How People Learn*, vol. 11 (Washington, DC: National Academy Press, 2000), 20.
7. 다음을 참조하라. 2023 Mathematics Framework, California Department of Education.
8. "K – 8 Curriculum," youcubed.org.
9. Hawkins, *A Thousand Brains*.
10. "Big Picture Thinking: Definition, Strategies and Careers," Indeed, updated June 24, 2022, https://www.indeed.com/career-advice/career-development/big-picture-thinking-strategies.
11. L. Fries, J. Y. Son, K. B. Givvin, and J. W. Stigler, "Practicing Connections: A Framework to Guide Instructional Design for Developing Understanding in Complex Domains," *Educational Psychology Review* 33, no. 2 (2021): 739 – 62.
12. "K – 8 Curriculum," youcubed.org.
13. "Sketchnoting in the Classroom," Verbal to Visual, n.d., https://verbaltovisual.com/sketchnoting-in-the-classroom/.
14. A. Fernández-Fontecha, K. L. O'Halloran, S. Tan, and P. Wignell, "A Multimodal Approach to Visual Thinking: The Scientific Sketchnote," *Visual Communication* 18, no. 1 (2019): 5 – 29, at 7, https://journals.sagepub.com/doi/pdf/10.1177/1470357218759808.
15. 스케치노트 작성 방법과 유용한 자료에 관한 정보는 교사 로라 윌러의 SNS와 'Verbal to Visual' 유튜브 채널에서 얻을 수 있다. 다음을 참조하라. "Tap Into the Power of Your Visual Brain," Verbal to Visual, n.d., https://verbaltovisual.com/an-introduction-to-visual-note-taking.
16. P. A. Mueller and D. M. Oppenheimer, "The Pen Is Mightier Than the Keyboard: Advantages of Longhand over Laptop Note Taking," *Psychological Science* 25, no. 6 (2014): 1159 – 68.
17. A. H. Ziadat, "Sketchnote and Working Memory to Improve Mathematical Word Problem Solving Among Children with Dyscalculia," *International Journal of Instruction* 15, no. 1 (2022): 509 – 26; K. Fernandez and J. He, "Designing Sketch and Learn: Creating a Playful Sketching Experience That Helps Learners Build a Practice Toward Visual Notetaking (aka Sketchnotes)," Stanford Libraries Digital Stack, 2018, https://stacks.stanford.edu/file/druid:jx835yk3980/fernandez_he_sketch_and_learn.pdf.
18. M. Rohde, "Heidee Vincent Creates Sketchnotes to Help Her University Students Learn and Understand Math," *Sketchnote Army* (blog), December 7, 2020, https://sketchnotearmy.com/blog/2020/12/7/heidee-vincent-math-sketch notes.
19. "Icons, Illustrations, Photos, Music, and Design Tools," Icons8, n.d., https://icons8.com/.
20. "How to Learn Math for Teachers," Stanford Online.

21. Anderson et al., "Achieving Elusive Teacher Change," 98.
22. Anderson et al., "Achieving Elusive Teacher Change," 98.
23. Boaler and Humphreys, *Connecting Mathematical Ideas*; C. Humphreys and R. Parker, *Making Number Talks Matter* (Grandview Heights, OH: Stenhouse Publishers, 2015); R. Parker and C. Humphreys, *Digging Deeper: Making Number Talks Matter Even More* (Grandview Heights, OH: Stenhouse Publishers, 2018).
24. M. T. Battista, "Fifth Graders' Enumeration of Cubes in 3D Arrays: Conceptual Progress in an Inquiry-Based Classroom," *Journal for Research in Mathematics Education* 30, no. 4 (1999): 417–48.
25. J. F. Shumway, *Number Sense Routines: Building Mathematical Understanding Every Day in Grades 3–5* (Grandview Heights, OH: Stenhouse Publishers, 2018).
26. Pesek and Kirshner, "Interference of Instrumental Instruction."
27. Pesek and Kirshner, "Interference of Instrumental Instruction."
28. C. Kieran, "A Comparison Between Novice and More-Expert Algebra Students on Tasks Dealing with the Equivalence of Equations," in *Proceedings of the Sixth Annual Meeting of the North American Chapter of the International Group for the Psychology of Mathematics Education*, ed. J. M. Moser, 83–91 (Madison: Univ. of Wisconsin, 1984).
29. D. Wearne and J. Hiebert, "A Cognitive Approach to Meaningful Mathematics Instruction: Testing a Local Theory Using Decimal Numbers," *Journal for Research in Mathematics Education* 19 (1988): 371–84.
30. N. K. Mack, "Learning Fractions with Understanding: Building on Informal Knowledge," *Journal for Research in Mathematics Education* 21 (1990): 16–32.
31. Pesek and Kirshner, "Interference of Instrumental Instruction," 526.
32. Pesek and Kirshner, "Interference of Instrumental Instruction."
33. M. Cordero, M. Leshin, M. Selbach-Allen, and T. LaMar, "Exploring Calculus," youcubed. org, n.d., https://www.youcubed.org/exploring-calculus/.
34. "What Can Math Reveal About Our World and Ourselves?" Steven Strogatz, n.d., https://www.stevenstrogatz.com/.
35. Strogatz, *Infinite Powers*.
36. Strogatz, *Infinite Powers*, xiv.
37. Strogatz, *Infinite Powers*, xv.
38. Strogatz, *Infinite Powers*.
39. "The Volume of a Lemon," youcubed.org, n.d., https://www.youcubed.org/resources/the-volume-of-a-lemon/.
40. J. Boaler, K. Brown, T. LaMar, M. Leshin, and M. Selbach-Allen, "Infusing Mindset Through Mathematical Problem Solving and Collaboration: Studying the Impact of a Short College Intervention," *Education Sciences* 12 (2022): 694, https://doi.org/10.3390/educsci12100694.

41. Cordero et al., "Exploring Calculus."
42. Boaler et al., "Infusing Mindset," 694.
43. "Our People," Nk'mip Desert Cultural Centre, n.d., https://nkmipdesert.com/our-people/.
44. Clack, "Distinguishing Between 'Macro' and 'Micro' Possibility Thinking."
45. Z. Hammond, *Culturally Responsive Teaching and the Brain: Promoting Authentic Engagement and Rigor Among Culturally and Linguistically Diverse Students* (Thousand Oaks, CA: Corwin Press, 2014).
46. "Indigenous Mathematical Art," youcubed.org., n.d., https://www.youcubed.org/resource/indigenous-maths-art/.
47. 풍부한 과제의 예로는 우리가 쓴 K-8 교과서 시리즈를 참조하라. 이 교과서 시리즈는 각 학년 학생을 위한 큰 아이디어들과 수학 교육 분야의 많은 학자가 제시한 아름답고 개념적인 과제들을 제공한다. 'K-8 Curriculum,' youcubed.org 참조.

7장 연습과 피드백의 재설계

1. "K. Anders Ericsson," Wikipedia, updated December 26, 2022, https://en.wikipedia.org/wiki/K._Anders_Ericsson.
2. Ericsson and Pool, *Peak*.
3. Ericsson and Pool, *Peak*.
4. Hecht et al., "Shifting the Mindset Culture."
5. J. Boaler, "Open and Closed Mathematics Approaches: Student Experiences and Understandings," *Journal for Research in Mathematics Education* 29, no. 1 (1998): 41–62; J. Boaler, *Experiencing School Mathematics: Traditional and Reform Approaches to Teaching and Their Impact on Student Learning* (Mahwah, NJ: Lawrence Erlbaum Associates, 2002).
6. Boaler, *Experiencing School Mathematics*.
7. Macrine and Fugate, eds., *Movement Matters*; L. Shapiro and S. A. Stolz, "Embodied Cognition and Its Significance for Education," *Theory and Research in Education* 17, no. 1 (2019): 19–39; D. Abrahamson and A. Bakker, "Making Sense of Movement in Embodied Design for Mathematics Learning," *Cognitive Research: Principles and Implications* 1, no. 1 (2016): 1–13; D. Abrahamson, "Embodied Design: Constructing Means for Constructing Meaning," *Educational Studies in Mathematics* 70 (2009): 27–47.
8. K. P. Blair, M. Rosenberg-Lee, J. M. Tsang, D. L. Schwartz, and V. Menon, "Beyond Natural Numbers: Negative Number Representation in Parietal Cortex," *Frontiers in Human Neuroscience* 6 (2012): 7.
9. D. L. Schwartz, J. M. Tsang, and K. P. Blair, *The ABCs of How We Learn: 26 Scientifically Proven Approaches, How They Work, and When to Use Them* (New York: W. W. Norton, 2016); Schwartz and Bransford, "Time for Telling"; S. Levine, "Contrasting Cases: A Simple Strat-

egy for Deep Understanding," Cult of Pedagogy, March 20, 2022, https://www.cultofpedagogy.com/contrasting-cases/.

10. Schwartz et al., *ABCs of How We Learn*; Schwartz and Bransford, "Time for Telling"; Levine, "Contrasting Cases."

11. Schwartz et al., *ABCs of How We Learn*; Schwartz and Bransford, "Time for Telling"; Levine, "Contrasting Cases."

12. Schwartz et al., *ABCs of How We Learn*; Schwartz and Bransford, "Time for Telling"; Levine, "Contrasting Cases."

13. H. Luo, T. Yang, J. Xue, and M. Zuo, "Impact of Student Agency on Learning Performance and Learning Experience in a Flipped Classroom," *British Journal of Educational Technology* 50, no. 2 (2019): 819–31; P. Wiliams, "Student Agency for Powerful Learning," *Knowledge Quest* 45, no. 4 (2017): 8–15; J. Boaler and T. Sengupta-Irving, "The Many Colors of Algebra: The Impact of Equity Focused Teaching upon Student Learning and Engagement," *Journal of Mathematical Behavior* 41 (2016): 179–90; J. Arnold and D. J. Clarke, "What Is 'Agency'? Perspectives in Science Education Research," *International Journal of Science Education* 36, no. 5 (2014): 735–54; J. Boaler and J. G. Greeno, "Identity, Agency, and Knowing," *Multiple Perspectives on Mathematics Teaching and Learning* 1 (2000): 171.

14. J. Boaler and S. K. Selling, "Psychological Imprisonment or Intellectual Freedom?: A Longitudinal Study of Contrasting School Mathematics Approaches and Their Impact on Adults' Lives," *Journal for Research in Mathematics Education* 48, no. 1 (2017): 78–105.

15. Boaler, *Experiencing School Mathematics*; Boaler, "Open and Closed Mathematics."

16. Boaler, *Experiencing School Mathematics*.

17. Boaler and Selling, "Psychological Imprisonment or Intellectual Freedom?"

18. G. Hatano and Y. Oura, "Commentary: Reconceptualizing School Learning Using Insight from Expertise Research," *Educational Researcher* 32, no. 8 (2003): 26–29.

19. Boaler and Selling, "Psychological Imprisonment or Intellectual Freedom?"

20. M. Suri, "Declines in Math Readiness Underscore the Urgency of Math Awareness," The 74, April 5, 2023, https://www.the74million.org/article/declines-in-math-readiness-underscore-the-urgency-of-math-awareness/.

21. M. D. Felton, C. O. Anhalt, and R. Cortez, "Going with the Flow: Challenging Students to Make Assumptions," *Mathematics Teaching in the Middle School* 20, no. 6 (2015): 342–49.

22. "Excerpt of Jo from 'The Importance of Struggle,'" youcubed.org; "The Importance of Struggle," youcubed.org.

23. Boaler, *Mathematical Mindsets*; Hecht et al., "Shifting the Mindset Culture."

24. "Wolfram Mathematica," Wolfram, n.d., https://www.wolfram.com/mathematica/.

25. "WolframAlpha," Wolfram, n.d., https://www.wolframalpha.com/.

26. C. Wolfram, "Teaching Kids Real Math with Computers," TED, July 2010, www.ted.com/talks/conrad_wolfram_teaching_kids_real_math_with_com puters?language=en.

27. "Let's Fix Maths Education," computerbasedmath.org, n.d., https://www.computerbasedmath.org/.
28. E. L. Bjork and R. A. Bjork, "Making Things Hard on Yourself, But in a Good Way: Creating Desirable Difficulties to Enhance Learning," *Psychology and the Real World: Essays Illustrating Fundamental Contributions to Society* 2 (2011): 59–68.
29. "Carl Wieman," Wikipedia, updated October 18, 2023, https://en.wikipedia.org/wiki/Carl_Wieman.
30. C. Wieman, "Why Not Try a Scientific Approach to Science Education?" *Change: The Magazine of Higher Learning* 39, no. 5 (2007): 9–15.
31. "Carl Wieman," Stanford Profiles, n.d., https://profiles.stanford.edu/carl-wieman.
32. L. Deslauriers, E. Schelew, and C. Wieman, "Improved Learning in a Large-Enrollment Physics Class," *Science* 332, no. 6031 (2011): 862–64.

8장 새로운 수학 공부의 미래

1. Bryan et al., "Shifting the Mindset Culture."
2. Lawyers' Committee for Civil Rights of the San Francisco Bay Area, *Held Back: Addressing Misplacement of 9th Grade Students in Bay Area School Math Classes*, January 2013, https://lccrsf.org/wp-content/uploads/HELD-BACK-9th-Grade-Math-Misplacement.pdf.
3. 2023 Mathematics Framework, California Department of Education.
4. Boaler and Staples, "Creating Mathematical Futures"; Boaler, "Open and Closed Mathematics."
5. Drew, "Why Science Majors Change Their Minds."
6. S. Clivaz and T. Miyakawa, "The Effects of Culture on Mathematics Lessons: An International Comparative Study of a Collaboratively Designed Lesson," *Educational Studies in Mathematics* 105, no. 1 (2020): 53–70.
7. Deslauriers et al., "Measuring Actual Learning"; Kapur, "Productive Failure in Learning Math"; Schwartz et al., "Practicing Versus Inventing," 759; Schwartz and Bransford, "Time for Telling."
8. Deslauriers et al., "Improved Learning."
9. Boaler et al., "Transformative Impact," 512.
10. 알렉세이의 직함은 에식스대학교 수석 강사(senior lecturer)다. 영국 대학의 수석 강사는 미국 대학의 교수(professor)에 해당한다.
11. I. Daly, J. Bourgaize, and A. Vernitski, "Mathematical Mindsets Increase Student Motivation: Evidence from the EEG," *Trends in Neuroscience and Education* 15 (2019): 18–28.
12. Daly et al., "Mathematical Mindsets Increase Student Motivation."
13. A. L. Campbell, M. Mokhithi, J. P. Shock, "Exploring Mathematical Mindset in Question

Design: Boaler's Taxonomy Applied to University Mathematics," in *REES AAEE 2021 Conference: Engineering Education Research Capability Development*, 980–88 (Perth, WA: Engineers Australia, 2021).

14. "Sol Garfunkel," Wikipedia, n.d., https://en.wikipedia.org/wiki/Sol_Garfunkel.
15. 수학 및 응용 콘소시엄에 대해서는 다음을 참조하라. https://www.comap.com/.
16. 다음을 참조하라. "The Mathematical Contest in Modeling (MCM) / The Interdisciplinary Contest in Modeling (ICM)," Consortium for Mathematics and Its Applications, https://www.comap.com/contests/mcm-icm.
17. 국제 수학올림피아드에 대해서는 다음을 참조하라. https://www.imo-official.org/.
18. Boaler, "Paying the Price for 'Sugar and Spice.'"
19. A. K. Whitney, "Math for Girls, Math for Boys," *Atlantic*, April 18, 2016, https://www.theatlantic.com/education/archive/2016/04/girls-math-international-competition/478533/.
20. "William Lowell Putnam Mathematical Competition," Wikipedia, updated October 1, 2023, https://en.wikipedia.org/wiki/William_Lowell_Putnam_Mathematical_Competition#:~:text=It%20is%20widely%20considered%20to,by%20students%20specializing%20in%20mathematics.
21. "William Lowell Putnam Mathematical Competition," Mathematical Association of America, n.d., https://www.maa.org/sites/default/files/pdf/Putnam/Competition_Archive/List%20of%20Previous%20Putnam%20Winners.pdf.
22. J. Boaler, M. Cordero, and J. Dieckmann, "Pursuing Gender Equity in Mathematics Competitions: A Case of Mathematical Freedom," *MAA Focus* (February/March 2019), http://digitaleditions.walsworthprintgroup.com/publication/?m=7656&l=1&i=566588&p=18&ver=html5.
23. 다음을 참조하라. https://www.comap.com/contests/mcm-icm.
24. Boaler et al., "Pursuing Gender Equity."
25. Boaler et al., "Pursuing Gender Equity."
26. T. Grandin, *Visual Thinking: The Hidden Gifts of People Who Think in Pictures, Patterns, and Abstractions* (New York: Penguin, 2022).
27. S. M. Iversen and C. J. Larson, "Simple Thinking Using Complex Math Vs. Complex Thinking Using Simple Math—A Study Using Model Eliciting Activities to Compare Students' Abilities in Standardized Tests to Their Modelling Abilities," *ZDM* 38 (2006): 281–92; Boaler et al., "Studying the Opportunities."
28. Anderson et al., "Achieving Elusive Teacher Change," 98.
29. "Tai-Danae Bradley," youcubed.org, n.d., https://www.youcubed.org/resources/tai-danae-bradley/.
30. "Research Articles," youcubed, n.d., https://www.youcubed.org/evidence/research-articles/.
31. Boaler, "Promoting 'Relational Equity.'"

32. Boaler and Greeno, "Identity, Agency, and Knowing," 171.
33. Boaler and Greeno, "Identity, Agency, and Knowing."
34. Boaler and Sengupta-Irving, "The Many Colors of Algebra."
35. Cheng, "What If Nobody Is Bad at Maths?"; E. Cheng, *Is Math Real? How Simple Questions Lead Us to Mathematics' Deepest Truths* (New York, Basic Books, 2023).
36. "The Interactive Mathematics Program (IMP)," Activate Learning, n.d., https://activatelearning.com/interactive-mathematics-program-imp/.
37. Grandin, *Visual Thinking*.
38. Boaler, "Crossing the Line."
39. Boaler and Staples, "Creating Mathematical Futures."
40. Boaler, "Open and Closed Mathematics."
41. Boaler, "Crossing the Line."
42. "Tucker Carlson," Wikipedia, updated October 20, 2023, https://en.wikipedia.org/wiki/Tucker_Carlson.
43. A. Oksanen, M. Celuch, R. Latikka, R. Oksa, and N. Savela, "Hate and Harassment in Academia: The Rising Concern of the Online Environment," *Higher Education* 84 (2022): 541–67, https://doi.org/10.1007/s10734-021-00787-4.
44. M. V. Valero, "Death Threats, Trolling, and Sexist Abuse: Climate Scientists Report Online Attacks," *Nature*, April 6, 2023, https://www.nature.com/articles/d41586-023-01018-9.
45. J. V. Chamary, "Wikipedia's 100 Most Controversial People," *Forbes*, January 25, 2016, https://www.forbes.com/sites/jvchamary/2016/01/25/wikipedia-people/?sh=5522df036ffb.
46. "Jo Boaler," Wikipedia, updated August 14, 2023, https://en.wikipedia.org/wiki/Jo_Boaler.
47. L. S. Shulman, "PCK: Its Genesis and Exodus," in *Re-Examining Pedagogical Content Knowledge in Science Education*, 13–23 (Oxfordshire, UK: Routledge, 2015).
48. D. L. Ball and D. K. Cohen, "Developing Practice, Developing Practitioners: Toward a Practice-Based Theory of Professional Education," Teaching as the Learning Profession: Handbook of Policy and Practice 1 (1999): 3–22.
49. J. Boaler, "Educators, You're the Real Experts. Here's How to Defend Your Profession," Education Week, November 3, 2022, https://www.edweek.org/teaching-learning/opinion-educators-youre-the-real-experts-heres-how-to-defend-your-profession/2022/11.
50. L. A. Santos, J. G. Voelkel, R. Willer, and J. Zaki, "Belief in the Utility of Cross-Partisan Empathy Reduces Partisan Animosity and Facilitates Political Persuasion," *Psychological Science* 33, no. 9 (2022), https://doi.org/10.1177/09567976221098594.
51. I. Manji, *Don't Label Me: An Incredible Conversation for Divided Times* (New York: St. Martin's Press, 2019).
52. J. Little, *The Warrior Within: The Philosophies of Bruce Lee* (New York: Chartwell Books, 2016).
53. Boaler, *Limitless Mind*.

54. G. Lukianoff and J. Haidt, *The Coddling of the American Mind: How Good Intentions and Bad Ideas Are Setting Up a Generation for Failure* (New York: Penguin, 2019).
55. Boaler, "Crossing the Line."
56. "An Example of a Growth Mindset K-8 School," youcubed.org, n.d., https://www.youcubed.org/resources/an-example-of-a-growth-mindset-k-8-school/.
57. C. Trungpa, *Shambhala: The Sacred Path of the Warrior* (Boulder, CO: Shambhala Publications, 2009).
58. "Bruce Lee," Wikipedia, updated October 17, 2023, https://en.wikipedia.org/wiki/Bruce_Lee.
59. Little, *Warrior Within*, xxii.
60. K. Danaos, *Nei Kung: The Secret Teachings of the Warrior Sages* (New York: Simon and Schuster, 2002).
61. Little, *Warrior Within*, xxii.
62. Trungpa, *Shambhala*, 262.
63. K. P. Ellison, *Untangled: Walking the Eightfold Path to Clarity, Courage, and Compassion* (New York: Balance Books, 2022), 62.

옮긴이 고현석

연세대학교 생화학과를 졸업하고 《서울신문》 과학부, 《경향신문》 생활과학부, 국제부, 사회부 등에서 기자로 일했다. 과학기술처와 정보통신부를 출입하면서 과학 정책, IT 관련 기사를 전문적으로 다루었다. 현재는 과학과 민주주의, 문화와 역사 등 다양한 분야의 책을 기획하고 우리말로 옮기고 있다. 옮긴 책으로 안토니오 다마지오의 『느낌의 진화』와 『느끼고 아는 존재』, 『느낌의 발견』을 비롯하여 『세상을 이해하는 아름다운 수학 공식』, 『사후 세계를 여행하는 모험가를 위한 안내서』, 『우리 몸은 전기다』 등이 있다.

수학 머리는 어떻게 만들어지는가

초판 1쇄 발행 2024년 10월 21일
초판 3쇄 발행 2024년 11월 18일

지은이 조 볼러
옮긴이 고현석

발행인 이봉주 **단행본사업본부장** 신동해
편집장 김경림 **책임편집** 이민경 **교정교열** 유지현
디자인 this-cover
마케팅 최혜진 백미숙 **홍보** 허지호
국제업무 김은정 김지민 **제작** 정석훈

브랜드 웅진지식하우스
주소 경기도 파주시 회동길 20
문의전화 031-956-7430(편집) 031-956-7129(마케팅)
홈페이지 www.wjbooks.co.kr
인스타그램 www.instagram.com/woongjin_readers
페이스북 www.facebook.com/woongjinreaders
블로그 blog.naver.com/wj_booking

발행처 ㈜웅진씽크빅
출판신고 1980년 3월 29일 제406-2007-000046호

한국어판 출판권 ⓒ ㈜웅진씽크빅, 2024
ISBN 978-89-01-28956-4 03370

- 웅진지식하우스는 ㈜웅진씽크빅 단행본사업본부의 브랜드입니다.
- 이 책 내용의 전부 또는 일부를 이용하려면 반드시 저작권자와 ㈜웅진씽크빅의 서면 동의를 받아야 합니다.
- 책값은 뒤표지에 있습니다.
- 잘못된 책은 구입하신 곳에서 바꾸어 드립니다.